Über die Verfasser

Hans-Martin Gutmann, geboren 1953, studierte Theologie und Pädagogik in Göttingen; Promotion 1988 und Habilitation 1994 an der dortigen Theologischen Fakultät im Fach Praktische Theologie; 1983–1985 Vikariat, 1988–1989 Pfarramt in der Braunschweiger Landeskirche; 1989–1994 Stiftsinspektor am Theologischen Stift der Universität Göttingen. Seit 1994 Universitätsprofessor für Evangelische Theologie mit den Schwerpunkten Kirchengeschichte und Didaktik der Evangelischen Religionslehre an der Universität/Gesamthochschule Paderborn. – Arbeitsgebiete: Reformationsgeschichte; neueste Kirchengeschichte; grenzübergreifende Diskussionen zwischen Theologie und Anthropologie; Symboldidaktik, Populäre Kultur und Religion.

Veröffentlichungen: Über Liebe und Herrschaft. Luthers Verständnis von Intimität und Autorität im Kontext des Zivilisationsprozesses, Göttingen 1991; Die tödlichen Spiele der Erwachsenen. Moderne Opfermythen in Religion, Politik und Kultur, Freiburg/Br. 1995; Symbole zwischen Macht und Spiel. Religionspädagogische und liturgische Untersuchungen zum «Opfer», Göttingen 1996; Der Herr der Heerscharen, die Prinzessin der Herzen und der König der Löwen. Religion lehren zwischen Kirche, Schule und populärer Kultur, Gütersloh 1998; Ich bin's nicht. Die praktische Theologie vor der Frage nach dem Subjekt des Glaubens, Neukirchen-Vluyn/Wuppertal 2000.

Norbert Mette, geboren 1946, studierte Theologie und Sozialwissenschaften in Münster; Promotion 1977 und Habilitation für Pastoraltheologie und Religionspädagogik 1983; 1973–1984 Wissenschaftlicher Assistent am Seminar für Pastoraltheorie und Religionspädagogik der WWU Münster, Lehraufträge an den Universitäten Bochum, Paderborn und Siegen. Seit 1984 Universitätsprofessor für Katholische Theologie mit dem Schwerpunkt Praktische Theologie an der Universität/Gesamthochschule Paderborn – Arbeitsgebiete: Grundlagenfragen der Praktischen Theologie (als Handlungstheorie); Theorie religiöser Sozialisation/Erziehung und Bildung; Befreiungstheologie und Sozialpastoral; Gemeindetheologie.

Veröffentlichungen: Theorie der Praxis. Wissenschaftsgeschichtliche und methodologische Untersuchungen zur Theorie-Praxis-Problematik innerhalb der praktischen Theologie, Düsseldorf 1978; Kirchlich distanzierte Christlichkeit. Eine Herausforderung für die praktische Kirchentheologie, München 1982; Voraussetzungen christlicher Elementarerziehung. Vorbereitende Studien zu einer Religionspädagogik des Kleinkindalters, Düsseldorf 1983; Sozialwissenschaften und Praktische Theologie (zusammen mit H. Steinkamp), Düsseldorf 1983; Kirche auf dem Weg ins Jahr 2000. Zur Situation und Zukunft der Pastoral (zusammen mit M. Blasberg-Kuhnke), Düsseldorf 1986; Religionspädagogik, Düsseldorf 1994; Praktisch-theologische Erkundungen, Münster 1998.

Hans-Martin Gutmann
Norbert Mette

Orientierung
Theologie
Was sie kann,
was sie will

rowohlts enzyklopädie
im Rowohlt Taschenbuch Verlag

rowohlts enzyklopädie
Herausgegeben von Burghard König

Originalausgabe
Veröffentlicht im Rowohlt Taschenbuch Verlag
GmbH, Reinbek bei Hamburg, Oktober 2000
Copyright © 2000 by Rowohlt Taschenbuch Verlag
GmbH, Reinbek bei Hamburg
Umschlaggestaltung Beate Becker
Satz Sabon und Syntax PostScript (PageOne)
Gesamtherstellung Clausen & Bosse, Leck
Printed in Germany
ISBN 3 499 55613 8

Die Schreibweise entspricht den Regeln
der neuen Rechtschreibung.

INHALT

Zur Einführung: «Als ob es Gott – nicht – gäbe»

«Etsi deus non daretur» – d. h. so zu denken, zu forschen, zu experimentieren, als gäbe es keinen Gott (von dem alles abhängig ist) – ist spätestens in der Neuzeit das Grundprinzip wissenschaftlicher Vernunft geworden. Es bedurfte eines harten Ringens mit mächtigen Instanzen, um dieses Grundprinzip zur Geltung zu bringen – allen voran mit der (römisch-katholischen) Kirche, die für sich reklamieren zu können meinte: Weil sie im Besitze des göttlichen Wissens sei, sei sie zugleich auch die letztliche Instanz allen Wissens. Schließlich durchgesetzt, brachte die Befolgung dieses Grundprinzips vor allem im naturwissenschaftlichen Bereich eine solche Erfolgsgeschichte mit sich, dass sich ins Abseits stellt(e), wer es bezweifelt(e). So gut wie alle technischen Errungenschaften, auf die kaum jemand mehr verzichten wollte und könnte, aber auch gängig gewordene gesellschaftliche Ordnungsvorstellungen und vieles mehr gehen aus von der Hypothese, man könne den den verschiedensten Bereichen innewohnenden Gesetzmäßigkeiten am ehesten auf die Spur kommen, wenn man darauf verzichte, sie als von einem Gott gemacht und bestimmt zu begreifen.

Wie kann unter solchen Bedingungen ein «Fach» überhaupt noch Anspruch auf Wissenschaftlichkeit erheben, das sich von seinem Grundverständnis her nicht auf diese Hypothese «etsi deus non daretur» einlassen kann, sondern vom Gegenteil ausgeht – die Theologie? Solange Theologie Theo-logie, d. h. vernünftig verantwortete Rede von Gott sein und bleiben will, wird sie ja wohl nicht umhinkönnen, zumindest hypothetisch daran festzuhalten, dass ein solches Bemühen um «Gottesverständigung» nicht ein aussichtsloses Unterfangen ist. Anders verhält es sich mit einer wissenschaftlichen Beschäftigung mit Religion; diese kann durchaus – etwa in phänomenologischer, psychologischer oder soziologischer Perspektive – unter der Annahme erfolgen, als gäbe es keinen Gott. Zwar trifft auch für die Theologie zu, dass sie in vielen Bereichen mit den «atheistischen» Methoden anderer Wissenschaften (z. B. mit der historisch-kritischen Methode in der Exegese oder mit empirischen Methoden in der Praktischen Theologie) arbeitet; aber sie unterscheidet sich von den anderen theoretischen Zugangsweisen dadurch, dass sie sich nicht auf die objektivierende Beschreibung und Erklärung religiöser Phänomene beschränkt, sondern sie von ihrem genuinen Selbstverständnis her aus- und darzulegen bestrebt ist. Damit bildet – zumindest im Kontext der monotheistischen Religionen – die Gottesfrage ihren umfassenden Bezugspunkt. Die Theologie geht so gesehen – anders als die Religionswissenschaften – von der Hypothese aus, als gäbe es einen Gott (etsi deus daretur).

Dass genau dies ein sinnloses Unterfangen sei, ist der Theologie im Laufe der Geschichte immer wieder bescheinigt worden. Zusätzlich schlägt ihr der Verdacht entgegen, sie könne sowieso nicht den Standards moderner wissenschaftlicher Rationalität (z. B. Kommunikabilität und Überprüfbarkeit der Ergebnisse) standhalten. Entsprechend stigmatisiert und marginalisiert findet sich die Theologie vielfach im gegenwärtigen Konzert der Wissenschaften vor – toleriert als Relikt einer vergangenen und überholten Epoche, in der ihr aufgrund der «Unüberbietbarkeit» des «Gegenstandes», mit dem sie sich beschäftigte, der erste Platz innerhalb der Universitäten zugewiesen war.

Nun könnte man sagen, dass allein aufgrund der Tatsache, dass sich die Hypothese «etsi deus non daretur» im wissenschaftlichen Verfahren weitgehend bewähre, noch keineswegs über die Gottesfrage entschieden ist. Dafür spricht nicht zuletzt, dass es hervorragende und anerkannte Wissenschaftler und Wissenschaftlerinnen gibt, die bekennen, dass sie persönlich an Gott glauben, und darin keinen Widerspruch zu ihrer wissenschaftlichen Arbeit sehen. Aber mit Blick auf die allgemeine Stimmungslage wird man in aller Nüchternheit zu konstatieren haben, dass es sich bei solchen Persönlichkeiten im hiesigen wissenschaftlichen und öffentlichen Kontext um Ausnahmen handelt.

Der strenge «methodische Atheismus» in den Wissenschaften findet nicht unbedingt in einer generell atheistischen Weltanschauung seine Entsprechung. Dies wurde zweifelsohne so lange begünstigt, wie das Grundprinzip des «etsi deus non daretur» gegen Positionen und Institutionen durchgefochten werden musste, die den Namen und die Weisheit Gottes für sich reklamierten. Aber diese Zeiten sind inzwischen endgültig vorbei – mögen vereinzelt fundamentalistische Positionen auch heute selbst im akademisch-wissenschaftlichen Raum noch vorkommen. Vorherrschend geworden ist stattdessen eine eher als agnostisch zu charakterisierende Einstellung, die darin besteht, dass man die über die Hypothese des «etsi deus non daretur» hinausgehenden Fragen auf sich beruhen lässt bzw. bewusst für unentschieden und unentscheidbar hält.[1] Gott wird zwar nicht unbedingt geleugnet, aber er wird doch im Großen und Ganzen für überflüssig erklärt.

Aufgrund der Bedeutung, die die Wissenschaften in der gegenwärtigen Gesellschaft innehaben, kann es nicht verwundern, dass die als für ihre eigene Rationalität für unabdingbar angegebene Voraussetzung des «etsi deus non daretur» mehr und mehr zur allgemeinen Lebensmaxime geworden ist. Ein Großteil der Menschen hierzulande lebt augenscheinlich so – und dies wird durch entsprechende Umfragen bestätigt –, als wenn es Gott nicht gäbe; und sie erwecken damit keineswegs den Eindruck, als würde ihnen etwas Wesentliches fehlen. Dabei wird Gott keineswegs – wie es früher der Fall war – ausdrücklich geleugnet; nur selten begegnet man noch Leuten, die militant für einen Atheismus agitieren. Vielmehr wird man sagen dürfen, dass mehrheitlich die eben angeführte agnostische bzw. teilweise auch adäquater als religiös indifferent zu bestimmende Einstellung den Lebensstil der Bevölkerung prägt: Die Frage nach Gott wird nicht prinzipiell als sinnlos zurückgewiesen, sondern in der Schwebe gehalten; für ihren normalen Alltag ist sie für die meisten unerheblich.

Damit hat sich in kürzester Zeit jedenfalls in unseren (west- und mitteleuropäischen) Breiten ein epochaler Wandel vollzogen, wie er tief greifender kaum vorstellbar ist: Aus dem für das Lebensgefühl früherer Generationen selbstverständlichen und vertrauten Gott ist ein ferner und fremder Gott geworden, eine diffuse Vorstellung von einer höheren Macht, die irgendwie da, aber eigentlich folgenlos ist – jedenfalls solange alles in gewohnter Routine verläuft.

Diese Situation, die hier nur in aller Vorläufigkeit grob skizziert werden kann und im Einzelnen noch differenzierter darzustellen ist, ist dermaßen neuartig, dass gerade unter denen, die gewissermaßen im Paradigma einer selbstverständlichen Gottvertrautheit denken und handeln, sich viele schwer tun, sich auf sie einzulassen. Neuartig meint hier nicht, dass es heute zum allerersten Mal Formen des Atheismus, des Agnostizismus oder des religiösen Indifferentismus gäbe; diese begegnen in den unterschiedlichsten Varianten so gut wie durch die ganze Menschheitsgeschichte hindurch. Neuartig ist diese Situation deswegen, weil nunmehr breite Kreise der Bevölkerung davon geprägt sind. Das bedeutet umgekehrt, dass diejenigen, die mehr oder weniger ausdrücklich und intensiv an einer Beziehung zu Gott festzuhalten bestrebt sind, sich nunmehr in einer Minderheitssituation vorfinden und deshalb nicht umhinkönnen, wenigstens für sich selbst plausible Gründe für diese ihre Gottesbezogenheit anzuführen. Ihre Reaktionen fallen sehr unterschiedlich aus – angefangen bei Lamentationen über die gottlos gewordene Welt mitsamt dem daraus resultierenden Werteverfall bis hin zum Insistieren darauf, dass der Mensch ein homo religiosus (religiöser Mensch) sei und bleibe und dass von daher eine allgemeine Rückkehr der Zeitgenossen und Zeitgenossinnen zu Gott nur noch eine Frage der Zeit sei, die man mit leidenschaftlicher Gelassenheit abwarten könne. Beliebt ist weiterhin der Verweis darauf, dass es sich beim Glauben um eine ureigen persönliche Angelegenheit handele und dass keiner das Recht habe, sich in diese Privatsache einzumischen – so wie man es selbst ja auch jedem anderen freistelle, nach eigener Façon selig zu werden. Dass es zu einem Streit zwischen unterschiedlichen Lebensauffassungen kommt, wird als unnütz betrachtet und darum von vornherein vermieden.

Es liegt nahe, dass sich diese Vielfalt und Unterschiedlichkeit an Einschätzungen auch in der Theologie der Gegenwart widerspiegelt. Ist doch die Theologie in besonderer Weise durch die aktuelle Situation, in der Gott bis in den wissenschaftlichen Diskurs hinein zu einem Fremden geworden ist, herausgefordert:[2] Wie kann der Rede von Gott neue Relevanz verliehen werden, ohne sie einfach an den gerade gegebenen Modegeschmack preisgeben zu wollen?

Was sind authentische Essentials der Gottesrede und -verständigung, an denen unbedingt festzuhalten ist? Je nachdem, wie das hier angedeutete Verhältnis von Identität und Relevanz der Gottesrede theologisch bestimmt wird, fallen die Antworten selbst zu diesen fundamentalen Fragen höchst unterschiedlich aus.

So viel sollten die bisherigen Überlegungen deutlich machen: Die Theologie steht insofern innerhalb des gegenwärtigen Wissenschaftsbetriebs einzigartig dar, als sie von der Hypothese ausgeht, es gäbe einen Gott. Damit partizipiert die Theologie an jener Fremdheit, die für die Gottesrede im hiesigen Kontext insgesamt kennzeichnend geworden ist. Wer sich auf das Studium der Theologie einlässt, sollte sich deshalb darauf gefasst machen, in der einen oder anderen Weise die Erfahrung des Fremdseins zu machen.

Die mit den Stichwörtern «Fremdheit» und «Fremdsein» umrissene Charakterisierung der Theologie und des Theologiestudiums erfahren in dem Maß eine Radikalisierung, als sich zeigt, dass dieses Fremde nicht nur ein äußeres Moment der Theologie ist, sondern ihr als inneres Moment konstitutiv anhaftet. Es ist ein verhängnisvoller Irrtum zu meinen, mit ihrer Bezugnahme auf die Hypothese «Gott» als Voraussetzung für alles Weitere bleibe der Theologie jene Unsicherheit erspart, wie sie für die übrigen Wissenschaften kennzeichnend sei; ihr sei eine klare Orientierung, ein fester Halt vorgegeben, durch den sie absolute Sicherheit gewönne. Wer diese Vorstellung hat, sollte sich nicht auf die Theologie einlassen. Sie ist nämlich ein höchst riskantes Unternehmen.

Johann Baptist Metz, ein prominenter Vordenker der Theologie in der zweiten Hälfte des gerade vergangenen Jahrhunderts, hat dies mit Blick auf seine eigene Biographie wie folgt zum Ausdruck gebracht: «Nun habe ich, siebzigjährig, seit Jahrzehnten Theologie getrieben und habe gleichwohl den Eindruck, ich stünde noch ganz am Anfang, hätte jedenfalls das Wichtigste noch kaum gesagt und wäre zu viele Antworten schuldig geblieben. Hängt das nur an mir, am eigenen Unvermögen – oder nicht doch an der Theologie selbst, an der Theologie nicht als dies oder das, sondern als der immer neu gewagte Versuch der Rede von Gott? Gott ist ja kein Problem im zünftigen Sinn, kein Problem, das sich lösen und damit ad acta legen ließe. Theologie ist darum auch kein übliches Problemlösungsverfahren. Ihre Antworten bringen die Fragen, auf die sie antwortet, nicht einfach zum Verstummen oder zum Verschwinden, sie schärfen sie vielmehr an.»[3]

Was Metz damit gemeint hat oder gemeint haben könnte, sei anhand einiger theologischer Grundfragen näherhin zu erläutern versucht, nämlich anhand von Problemen, die sich mit der Gottesfrage – zumindest im christlichen Kontext – auftun.

Das beginnt schon mit der angemessenen Rede von Gott: Wie kann man von Gott überhaupt reden, wenn es gilt, dass Gott nicht unter den üblichen menschlichen Begriffen verrechnet werden kann – würde er damit doch unweigerlich zu einem Produkt des Menschen? Bereits die Theologie des Mittelalters hat sich intensiv mit dieser Problematik auseinander gesetzt: Wenn Menschen von Gott reden, dann können sie es nur in ihren Vorstellungen und Begriffen. Kann damit aber Gott überhaupt adäquat zur Darstellung gebracht werden? Auf einer Kirchenversammlung, dem 4. Laterankonzil von 1215, ist die damit gegebene Paradoxie für als nicht hintergehbar festgehalten worden: «Denn vom Schöpfer und Geschöpf kann keine Ähnlichkeit ausgesagt werden, ohne dass sie eine größere Unähnlichkeit zwischen beiden einschlösse.» (DH 806[4]) In seinem letzten Vortrag «Erfahrungen eines katholischen Theologen» kurz vor seinem Tod hat der bekannte Jesuitenpater Karl Rahner, achtzigjährig geworden, dies als eine seiner schmerzlichsten Erfahrungen als Theologe bezeichnet, nämlich «die Überforderung, die jedem theologischen Bemühen wesentlich innewohnt, weil es von der Unbegreiflichkeit Gottes sprechen muss»[5]. Auf den zitierten Ausspruch des Laterankonzils Bezug nehmend, hat er dazu ausgeführt:

«Wir reden von Gott, von seiner Existenz, von seiner Persönlichkeit, von drei Personen in Gott, von seiner Freiheit, seinem uns verpflichtenden Willen usf.; wir müssen dies selbstverständlich, wir können nicht bloß von Gott schweigen, weil man dies nur kann, wirklich kann, wenn man zuerst geredet hat. Aber bei diesem Reden vergessen wir dann meistens, dass eine solche Zusage immer nur dann einigermaßen legitim von Gott ausgesagt werden kann, wenn wir sie gleichzeitig auch immer wieder zurücknehmen, die unheimliche Schwebe zwischen Ja und Nein als den wahren und einzigen festen Punkt unseres Erkennens aushalten und so unsere Aussagen immer auch hineinfallen lassen in die schweigende Unbegreiflichkeit Gottes selber, wenn auch unsere theoretischen Aussagen noch einmal mit uns selber zusammen unser existentielles Schicksal teilen einer liebend vertrauenden Hingabe unserer selbst an die undurchschaute Verfügung Gottes, an sein Gnadengericht, an heilige Unbegreiflichkeit.»

Ganz ehrlich meinte Rahner, für sich eingestehen zu müssen, «dass ich als einzelner armer Theologe bei all meiner Theologie zu wenig an diese Analogheit aller meiner Aussagen denke. Wir halten uns zu sehr in der *Rede* über die Sache auf und vergessen bei all dieser Rede im Grunde die beredete Sache selber.»

Ein zweiter Punkt steht in engem Zusammenhang mit diesem ersten: Das Wort «Gott» ist in seiner Ambivalenz nicht nur nicht vor Missverständnis geschützt; es ist auch immer wieder von Menschen für ihre Interessen in Anspruch genommen und sogar missbraucht worden. Wie lässt es sich angesichts dessen überhaupt noch rechtfertigen, von Gott weiterhin zu reden? Von dem jüdischen Philosophen und Theologen Martin Buber ist zu diesem Punkt ein eindrückliches Streitgespräch zwischen ihm und einem anderen Philosophen überliefert, das es wert ist, hier dokumentiert zu werden:

«Wie bringen Sie das fertig, so Mal um Mal ‹Gott› zu sagen? Wie können Sie erwarten, dass Ihre Leser das Wort in der Bedeutung aufnehmen, in der Sie es aufgenommen wissen wollen? Was Sie damit meinen, ist doch über alles menschliche Greifen und Ergreifen erhoben, eben dieses Erhobensein meinen Sie; aber indem Sie es aussprechen, werfen Sie es dem menschlichen Zugriff hin. Welches Wort der Menschensprache ist so missbraucht, so befleckt, so geschändet worden wie dieses! All das schuldlose Blut, das um es vergossen wurde, hat ihm seinen Glanz geraubt. All die Ungerechtigkeit, die zu decken es herhalten musste, hat ihm sein Gepräge verwischt.»

«Ja … es ist das beladenste aller Menschenworte. Keines ist so besudelt, so zerfetzt worden. Gerade deshalb darf ich darauf nicht verzichten. Die Geschlechter der Menschen haben die Last ihres geängstigten Lebens auf dieses Wort gewälzt und es zu Boden gedrückt; es liegt im Staub und trägt ihrer aller Last. Die Geschlechter der Menschen mit ihren Religionsparteiungen haben das Wort zerrissen; sie haben dafür getötet und sind dafür gestorben; es trägt ihrer aller Fingerspur und ihrer aller Blut. Wo fände ich ein Wort, das ihm gliche, um das Höchste zu bezeichnen! ... Wie gut lässt es sich verstehen, dass manche vorschlagen, eine Zeit über von den ‹letzten Dingen› zu schweigen, damit die missbrauchten Worte erlöst werden! Aber *so* sind sie nicht zu erlösen. Wir können das Wort ‹Gott› nicht reinwaschen, und wir können es nicht ganz machen; aber wir können es, befleckt und zerfetzt, wie es ist, vom Boden erheben und aufrichten über eine Stunde großer Sorge.»[6]

Dieses Streitgespräch – von Martin Buber 1932 aufgezeichnet – erinnerte nicht nur an die Tragik der Gottesrede, sondern nahm auf beklemmende Weise vorweg, was mit den vorsätzlich – vor allem zur Ausrottung des jüdischen Volks – geplanten Vernichtungslagern während der nationalsozialistischen Diktatur in Deutschland grausamste Wirklichkeit geworden ist. Spätestens diese Irritation, ja Infragestellung jeglicher Gottesrede durch die Katastrophe von Auschwitz und in ihr kann die – christliche – Theologie nicht unberührt lassen.[7]

Wenn auch nicht unmittelbar, so doch mittelbar muss die Tatsache, dass es zu Auschwitz kommen konnte, mit jener jahrhundertelangen unheilvollen Geschichte des Verhältnisses von Christentum und Judentum zusammengesehen werden. Nicht zuletzt mitgetragen durch die allmählich sich ausbildende Theologie war im christlichen Raum eine Gottesvorstellung tragend geworden, die Gott gewissermaßen exklusiv für sich pachtete und anderes nicht nur nicht zuließ, sondern – wenn andere Mittel nicht mehr griffen – vernichtete, selbst in den eigenen Reihen. Ist dies wirklich und endlich Vergangenheit? Eine Bewährungsprobe steht an. Denn eine zwar eben nicht neue, aber radikalisierte Herausforderung für die Gottesrede hat sich dadurch ergeben, dass mit der zunehmenden Präsenz von Menschen verschiedener Kulturen in unserer Gesellschaft zusätzlich bislang ferne und fremde Religionen in die unmittelbare Nähe gerückt sind. Damit wird nicht wie früher abstrakt darum gewusst, dass es über die monotheistischen Gottesvorstellungen, die Judentum, Christentum und Islam immerhin miteinander teilten und teilen, noch ganz andere Vorstellungen des Göttlichen oder nicht Benennbaren gibt; sondern dies ist zur alltäglichen Erfahrung geworden. Kann da noch – wie es in der Vergangenheit etwa das Christentum beansprucht hat – eine Religion ihr Gottesverständnis als das einzig wahre und darum universal gültige ausgeben? Wird nicht Gott relativiert, wenn sich die verschiedenen Religionen in unterschiedlicher Weise auf ihn beziehen – oder ohne eine solche Beziehung auskommen, wie es etwa beim Buddhismus der Fall ist? Oder ist es doch ein und derselbe Gott, der verschiedene Heilswege zu sich zulässt? «Wir glauben ja doch letztlich an denselben Gott» ist eine Überzeugung, mit der viele Menschen für sich die Komplexität der multireligiös gewordenen Umgebung zu reduzieren versuchen. Lässt sich unter diesen Bedingungen überhaupt noch etwas Verbindliches und Gültiges über Gott ausmachen? Und wie kann um Verbindliches und Gültiges, also um Wahrheit gerungen werden, ohne dass man sich erneut gegenseitig «die Köpfe abschlägt»?

Eine weitere aktuelle Herausforderung für die Theologie ergibt sich aus dem Phänomen, dass sich offensichtlich in – wenn auch eher randständigen – Bereichen der (post)modernen Gesellschaft eine lange Zeit nicht für denkbar gehaltene Religionsproduktivität aufgetan hat und auftut – mit teilweise ganz neuen Göttern und Göttinnen, die dort gewissermaßen aus dem Boden sprießen. Und selbst unter Angehörigen ein und derselben Religionsgemeinschaft sind höchst heterogene, teilweise synkretistisch zusammengebastelte Gottesvorstellungen anzutreffen. Kann das alles gelten gelassen werden? Wer kann angesichts dieser Unübersichtlichkeit überhaupt noch Kriterien einer wahren oder falschen, einer heilsamen oder gewalttätigen Gottesrede und -beziehung an die Hand geben?

Spätestens die letzten hier vorgetragenen Überlegungen lassen deutlich werden, dass hinter der Hypothese «etsi deus daretur» doch ein größerer und aktuellerer Realitätsbezug steckt, als es auf den ersten Blick den Anschein hat. Auch in der sich noch so aufgeklärt und rational wähnenden Gesellschaft hat sich bislang noch nicht jenes Ende der Religion eingestellt, wie es ihr vor längerer Zeit noch prognostiziert worden ist; im Gegenteil, vieles deutet darauf hin, dass die (Nach-)Frage nach Religion im Anwachsen begriffen ist. Nur verläuft sie anders als früher, als im hiesigen Kontext die christlichen Kirchen gewissermaßen über ein Monopol in

Sachen Religion innerhalb der Gesellschaft verfügten. Losgelöst von den institutionellen Vorgaben suchen Menschen je für sich nach religiösem Halt. Entsprechend individualisiert und pluralisiert begegnet Religion in der Gegenwart. Selbst im wissenschaftlichen Bereich findet das Thema «Religion» inzwischen wieder größere Aufmerksamkeit und wird vorurteilsfreier angegangen als zu der Zeit, als die Kirchen noch mit allen Mitteln die Kontrolle darüber auszuüben versuchten.

Religion scheint sich überall dort wieder besonderer Beliebtheit zu erfreuen, wo die alltäglichen Routinen, die man von sich aus hinreichend im Griff hat, nicht mehr greifen, wo sie in eine Krise geraten: An erster Stelle stehen hier immer noch und weiterhin die sog. Kontingenzsituationen im menschlichen Leben, also das unverhoffte Herausgerissenwerden aus dem Alltag durch Not, Krankheit und Tod oder das Konfrontiertwerden mit Erfolglosigkeit, Scheitern und schuldhafter Verstrickung. Aber auch in Situationen des Glücks machen viele die Erfahrung eines «Mehr» als des Normalen. Als Gegenreaktion zu einer Überbetonung des Rationalen entdecken manche neu die Dimension des Emotionalen; ein teilweise exzessives Ausleben der eigenen Körperlichkeit in der Freizeit dient als Kompensation zu der vielfach, vor allem in der Arbeitswelt, einseitig abverlangten Kopflastigkeit. Ein neues Bewusstsein für die Ambivalenzen des Modernisierungsprozesses ist anzutreffen: Ängste vor unkalkulierbaren und unkontrollierbaren Risiken sind weit verbreitet und sitzen tief. Konsum- und andere Räusche erweisen sich für die einen oder anderen doch nicht als die dauerhaften Glücksbringer, die zu sein sie verheißen. Die Zahl derer, die an den Gewinnen der globalen Totalisierung der Wirtschaft partizipieren, sinkt eher, als dass sie steigt – weltweit allemal, aber auch im eigenen Nahbereich in immer unübersehbarerem Ausmaß.

Es sei bei diesen skizzenartigen Hinweisen belassen, um einen Eindruck davon zu vermitteln, wo Religion wieder Konjunktur hat und wodurch das veranlasst ist oder sein mag. Damit soll nicht behauptet werden, dass alle diese Problembereiche bereits eindeutig religiös besetzt seien und dass sie letztlich auch nur religiös gelöst werden könnten. Und selbst wenn Religion zum Zuge kommen sollte, ist damit keineswegs ausgemacht, was sie bewirkt; Marx'

Verdikt, Religion diene dem Volk als Opium, sei also nichts anderes als Kompensation, lässt sich eben nicht einfach von der Hand weisen.

Die Theologie wäre darum schlecht beraten, würde sie solche Erscheinungsformen des Weiterlebens oder des Neuaufkommens von Religion(en) zum Anlass nehmen, um triumphierend zu behaupten, mit ihrer Hypothese «etsi deus daretur» läge sie doch wohl nicht so falsch, wie ihr häufig unterstellt wird. Ist es doch alles andere als geklärt, was das Religiöse darin ausmacht, und erst recht nicht, ob Gott überhaupt darin vorkommt, und wenn ja, welcher Gott es ist, der jeweils für die ersehnte Lösung von Problemen und Krisen herhalten muss. Religions- und Gotteskritik ist darum erforderlich, die sich gerade die Theologie angelegen sein lassen muss; und dazu hat sie auch auf die Unterstützung von anderen Humanwissenschaften, die z. B. Religion in philosophischer, psychologischer, soziologischer, medizinischer u. a. Perspektive beleuchten, zurückzugreifen.

Doch, so könnte man fragen, macht die Theologie nicht allzu große Konzessionen an die neuzeitliche Religionskritik, wenn sie sich ihrerseits kritisch auf vorfindbare Umgangsformen mit Religion und Gott bezieht? Trägt sie damit nicht in letzter Konsequenz von sich aus zum Ende von Religion und zum – wie schon Nietzsche u. a. es emphatisch beschworen haben – «Tod von Gott» bei?

Macht man sich mit der Religionsgeschichte vertraut, zeigt sich allerdings, dass es zumindest im jüdischen und christlichen Raum nicht erst des Anstoßes «von außen» bedurfte, um nicht bloß affirmativ, sondern gerade auch kritisch mit sich als religiös deklarierenden Erscheinungsformen umzugehen. Kritisches Aufdecken und Anprangern dessen, dass Menschen für ihre eigenen Interessen den Namen Gottes missbrauchen, bildet einen ureigenen und durchgängigen Bestandteil des jüdischen und christlichen Gottesglaubens.

Genau auf dieser Linie liegt es, wenn beispielsweise Martin Luther in seinem «Großen Katechismus» (1529) seine im Rahmen des ersten Gebots vorgenommene bemerkenswerte Gottesumschreibung («Woran du … dein Herz hängst und [worauf du dich] verlässest, das ist eigentlich dein Gott.»[8]) zum Ausgangspunkt einer kritischen Unterscheidung und Klärung nimmt: Da sind die, die ihr Herz auf Geld und Gut setzen und meinen, damit Gott zu haben; oder die, die Wissen, Macht und Einfluss für das höchste Gut halten; weiterhin die, die ihre Wunschvorstellungen von Gott mit Gott verwechseln; und nicht zuletzt die, die meinen, Gott in ihrem Besitz zu haben und ihn – durch alle möglichen Frömmigkeitsübungen, gute Werke u.ä.m. – sich gefügig machen zu können. Luther erklärt unmissverständlich, dass alle diese Dinge nicht taugen, um daran bedingungslos sein Herz zu hängen; sie erweisen sich irgendwann als Abgötter oder Götzen, die wie alle endlichen Dinge schließlich gemeinsam mit dem Menschen in der «Grube» verschwinden. Luther ist hier sehr hellsichtig und bleibend aktuell, wenn er deutlich macht, dass das Gottesthema keineswegs eine Frage ist, die ausschließlich in einem wie auch immer als religiös deklarierten Zusammenhang ihren Ort hat, sondern die sich allenthalben im vermeintlich profanen Alltag stellt. Auf die Gegenwart übertragen drängt sich damit die Frage auf, ob es nicht sein könnte, dass der eigentlich einflussreiche Gottesdienst, den viele Menschen mit größter Inbrunst zelebrieren, ganz woanders stattfindet als an den herkömmlichen als sakral ausgewiesenen Plätzen.

Wenn die Theologie anfängt, solche Fragen aufzuwerfen, muss sie sich bewusst sein, dass sie sich auf eine schwierige Gratwanderung begibt. Auf der einen Seite lauert nämlich die integralistische oder fundamentalistische Gefahr; gemeint ist damit die Selbstüberschätzung der Theologie, für alle Fragen und Probleme der Welt probate Antworten parat zu haben. Theologie würde damit zu einer totalitären Ideologie. Auf der anderen Seite gibt es die Versuchung, sich auf das vermeintlich eigene und eigentliche Terrain zurückzuziehen und sich mit den übrigen «weltlichen» Dingen nicht die Finger schmutzig zu machen; Theologie würde damit auf das Niveau einer Sektenmentalität regredieren.

Unter der Hypothese «etsi deus daretur» zu denken und zu handeln bedeutet darum zweierlei: Auf der einen Seite gilt, dass, wenn Gott – dem jüdisch-christlichen Schöpfungsglauben zufolge – unbedingter Grund und Erhalter allen Daseins ist, alles, was ist, zugleich auch theologisch relevant ist; insofern kann alles in der Welt auch zum Gegenstand theologischer Reflexion genommen werden. Auf der anderen Seite wäre es aufgrund der Unterscheidung zwischen Gott und der Welt völlig unsachgemäß, alles wiederum als göttlich deklarieren und vereinnahmen zu wollen; den «weltlichen Dingen» wohnt eine Eigensinnigkeit inne, die von seiten der Theologie zu respektieren ist und die den für die wissenschaftliche Forschung notwendigen Freiraum dem Ermessen menschlicher Verantwortung überlässt.

Um dieses für zwei Bereiche exemplarisch zu veranschaulichen: In konkreten Einzelfragen der Ökonomie hat ein Theologe keine Kompetenz, es sei denn, er habe zusätzlich Ökonomie studiert. Aber wo es um die Fragen des Sinns und grundlegender Kriterien wirtschaftlichen Handelns geht, ist – weil davon viel für jeden einzelnen Menschen sowie für das menschliche Zusammenleben insgesamt abhängig – auch die Theologie sehr wohl aufgefordert, sich in den Streit der Meinungen einzumischen. Auch wenn sich die moderne Kunst aus jeglichen institutionell-religiösen Bezügen emanzipiert hat und zu einem autonomen Teilsystem der Gesellschaft geworden ist, spielt für sie die Auseinandersetzung mit der Gottesfrage eine größere Rolle, als es bei einem oberflächlichen Eindruck den Anschein erweckt. Die Theologie tut gut daran, wenn sie für diese «Fremdprophetie» sensibel ist und sie wahrnimmt, ohne sie damit ihrerseits vereinnahmen zu wollen.

Zusätzlich kann darauf verwiesen werden, dass und wie sehr sich innerhalb der modernsten Medizin und Biologie Entwicklungen auftun, die grundlegende anthropologische und theologische Fragen aufwerfen. Und Ähnliches gilt in vielen anderen Bereichen. In solchen interdisziplinären Zusammenhängen ist die Theologie mit ihrer speziellen Hypothese «etsi deus daretur» durchaus gefragt und anerkannt, weil sie damit eine Perspektive in die Forschung einbringt, die von den anderen Wissenschaften nicht von sich aus gesehen wird. Dass damit von seiten der Theologie ein hohes Maß an Fachkompetenz auch in der jeweils anderen Wissenschaft erforderlich ist, versteht sich von selbst – ebenso wie die Tatsache, dass das alles natürlich nicht von einem oder Einzelnen zu leisten ist und die dafür erforderliche Spezialbildung in der Regel noch nicht im grundständigen Studium erfolgt.

Vielleicht können diese Bemerkungen ein Stück weit deutlich werden lassen, dass Theologie alles andere als eine Beschäftigung mit verstaubten Büchern ist. Mit ihrer Hypothese «etsi deus daretur» verfolgt die Theologie auch keinesfalls die Absicht, ein bestimmtes Weltbild für zeitlos gültig erklären zu wollen. Sehr wohl verfügt sie aber mit und in ihren alten Schriften und anderen Zeugnissen (Bildern etc.) über einen Schatz von Erfahrungen der Menschen im Umgang mit sich selbst, mit anderen, mit der Natur und mit Gott, der sensibel werden lassen kann auch für neu aufkommende Fragen und Probleme in diesen Bereichen.

Wie eine solche Zeitgenossenschaft der Theologie im Streit um die Wirklichkeit sich näherhin ausgestaltet, fällt wiederum je nach theologischer Akzentuierung oder Positionierung unterschiedlich aus: Während etwa angesichts aktueller gesellschaftlicher Entwicklungen die einen stärker die Kontinuität der Moderne bzw. Postmoderne mit der christlichen Herkunft herauszustellen bemüht sind, erheben andere warnend ihre Stimme vor dem Bruch, der sich mit Nietzsches Proklamation des Todes Gottes vollzogen hat und der ihrer Ansicht nach immer deutlicher katastrophale Folgen für das Selbstverständnis des Menschen zeitigt. Theologie – selbst wenn sie alte und uns fremd gewordene Texte zu erschließen und zu verstehen versucht – trägt immer so etwas wie eine Signatur ihrer Zeit in sich, ist je neu gewagte Rede von Gott.

Ihre entscheidende Bewährung findet die Hypothese «etsi deus daretur» allerdings nicht im theoretischen Streit um die Wirklichkeit. Scharfsinnig hat dies Bertolt Brecht in seinen «Geschichten von Herrn Keuner» auf den Punkt gebracht:

«Einer fragte Herrn K., ob es einen Gott gäbe. Herr K. sagte: ‹Ich rate dir, nachzudenken, ob dein Verhalten je nach der Antwort auf diese Frage sich ändern würde. Würde es sich nicht ändern, dann können wir die Frage fallen lassen. Würde es sich ändern, dann kann ich dir wenigstens noch so weit behilflich sein, dass ich dir sage, du hast dich schon entschieden: Du brauchst einen Gott.›»[9]

Die neuere Theologie hat die konstitutiv praktische Dimension der Gottesrede wiederentdeckt.[10] Wenn und solange sich aufgrund der Hypothese «etsi deus daretur» nichts in Richtung einer befreiend und heilsam erfahrbaren Wirklichkeit ändert, ist es nicht verwunderlich, wenn sie von den Menschen als für ihr Leben bedeutungslos zur Seite gelegt wird. Selbst eine vermeintlich theoretisch bleibende Theologie zeitigt praktische Wirkungen, indem sie zumindest implizit zur Legitimation des Status quo dient. Es ist ein Verdienst der neueren politischen Theologie sowie der Befreiungstheologie in ihren verschiedenen Ausprägungen (siehe dazu Kapitel 2), ein Bewusstsein für diese Zusammenhänge entwickelt zu haben und die allen Menschen zugesprochene Verheißung des Evangeliums auf ein «Leben in Fülle» (Joh 10,10) nicht länger als bloße Vertröstung auf ein besseres Jenseits misszuverstehen. Vermessen wäre allerdings die Theologie, wenn sie meinte, dass sie es wäre, die alles verändern könnte und zu verändern hätte; dies bleibt gläubiger Einsicht zufolge letztlich Gott vorbehalten. Dieses Anheim-geben-Können an Gott, was allein ihm zukommt, ist neben ihrer aktionalen Dimension die für die Theologie ebenso unverzichtbare mystische Dimension; beide gehören untrennbar zusammen und bedingen sich gegenseitig.

Die einführenden Überlegungen seien an dieser Stelle abgebrochen. Geht es hier doch nicht darum, einen systematischen Gottestraktat vorlegen zu wollen. Es sollte vielmehr eingangs etwas zu einigen Grundbedingungen der Theologie und damit auch des Theologiestudiums bemerkt werden. Als Zwischenfazit soll mit Blick auf die sich anschließenden Ausführungen festgehalten werden:

1. Wer Theologie studiert, lässt sich auf die Gottesfrage ein und muss damit rechnen, dass sie ihn oder sie ein Leben lang umtreibt.

2. Die Gottesfrage ist innerhalb der Theologie so anzugehen, dass sie als Menschheitsfrage erörtert wird (und nicht bloß als ein «Geheimwissen» für die eh schon Eingeweihten). Dafür ist für die Theologie ein Dialog mit anderen Wissenschaften notwendig.

3. Wer Theologie treibt, bedarf einer besonderen Aufgeschlossenheit für die Herausforderungen der jeweiligen Zeit.

4. Wie von allen Bereichen der Wirklichkeit eine theologische Spur – «etsi deus daretur» – aufgenommen werden kann, so heißt das nicht, dass alles, was eine theologische Spur zu sein beansprucht, auch eine solche ist.

5. Wann Theologie bei ihrer ureigenen Sache ist, kann mit einem Aphorismus von Ludwig Wittgenstein wie folgt umschrieben werden: «An einen Gott glauben heißt sehen, dass es mit den Tatsachen der Welt noch nicht abgetan ist.»[11]

Anmerkungen

1 Vgl. zu einer solchen Position etwa A. Künzli, Gotteskrise, Reinbek 1998.

2 Vgl. P. Hünermann (Hg.), Gott – ein Fremder in unserem Haus?, Freiburg/Br. 1996.

3 J.B. Metz, Gott. Wider den Mythos von der Ewigkeit der Zeit, in: T.R. Peters/C. Urban (Hg.), Ende der Zeit? Die Provokation der Rede von Gott, Mainz 1999, 32–49, hier: 32.

4 Zur Abkürzung DH vgl. den Anhang unter Punkt 2.

5 K. Rahner, Erfahrungen eines katholischen Theologen, in: K. Lehmann (Hg.), Vor dem Geheimnis Gottes den Menschen verstehen, Freiburg/Br. 1984, 105–119, hier: 105, 106f. und 108f.

6 M. Buber, Gottesfinsternis, Gerlingen 2. Aufl. 1994, 12–14.

7 Vgl. E. Kogon/J.B. Metz (Hg.), Gott nach Auschwitz, Freiburg/Br. 1979.

8 Zitiert nach: Unser Glaube. Die Bekenntnisschriften der evangelisch-lutherischen Kirche. Ausgabe für die Gemeinde, Gütersloh 1986, 596; vgl. zum Folgenden auch ebd., 596ff. (Abschnitte 589–596 des Großen Katechismus).

9 B. Brecht, Kalendergeschichten, Reinbek 1953, 104.

10 Vgl. E. Arens (Hg.), Gottesrede – Glaubenspraxis, Darmstadt 1994.

11 L. Wittgenstein, Tagebücher 1914–1916, in: ders, Schriften 1, Frankfurt/M. 1960, 85–277, hier: 167.

1 Das Theologiestudium und seine Subjekte

1.1 Zwischen subjektloser und professoraler Theologie

Im Rahmen des traditionellen Theologieverständnisses wäre die Rede von den Subjekten des Theologiestudiums, auf die dieses 1. Kapitel näher eingehen möchte, nicht nur merkwürdig, sondern eigentlich undenkbar. Denn Theologie galt als die Wissenschaft, die es mit dem Glauben als dem Für-wahr-Halten der von Gott geoffenbarten und ewig gültigen Wahrheiten zu tun hat; sie verbürge somit die Wahrheit schlechthin und sei damit auf höchste Objektivität verpflichtet. Jeglicher «subjektive Beigeschmack» musste vermieden werden, weil sonst der «Relativiererei» Tür und Tor geöffnet würden. Nicht zufällig wurde von einer «theologia perennis» gesprochen, also von einer Theologie, deren (dogmatische) Aussagen immer während wahr sind und somit einen ort- und zeitlosen Charakter haben. Natürlich sollte damit ein je persönliches Involviertsein in die Theologie nicht ausgeschlossen werden; im Gegenteil, dass der Theologe – bewusst wird hier die männliche Form gewählt, weil Frauen bis weit in das gerade vergangene Jahrhundert hinein aus der akademischen Theologie ausgeschlossen waren – eine gläubige Person sei, wurde vorausgesetzt. Nur wurde strikt unterschieden zwischen ihrer privaten Frömmigkeitspraxis und der theologischen Arbeit in Forschung und Lehre. Dieser Zustand ist von J.B. Metz treffend als ein «tief greifendes Schisma zwischen theologischem System und religiöser Erfahrung, zwischen Doxographie und Biographie»[1] charakterisiert worden.

Die Rede von dem Subjekt bzw. den Subjekten des Theologiestudiums könnte noch in einer anderen Weise verstanden werden, nämlich als Bestimmung desjenigen Personenkreises, der für dieses Studium und die in ihm vermittelte Wissenschaft die zentrale Verantwortung trägt. Wenn so gefragt wird, liegt auch heute noch für viele in der Theologie Tätigen die Antwort auf der Hand: Verantwortlich für die Theologie und ihr Studium sind vorzugsweise die, die sich zu wissenschaftlichen Experten bzw. Expertinnen dieses Fachs bzw. einer seiner Einzeldisziplinen haben ausbilden lassen und es offiziell als Lehrende an einer Hochschule vertreten. Dahinter steht die Auffassung: Nur wer sich jahrelang theologische Erkenntnisse angeeignet, schließlich selbständig auf dem einen oder anderen Gebiet geforscht und daraufhin auch die einschlägigen akademischen Abschlüsse (Promotion, Habilitation) erworben habe, sei in der Lage, theologisch kompetent zu urteilen, und könne darum auch nur als Subjekt der Theologie und ihres Studiums fungieren. Die Studierenden werden dieser Auffassung konsequent folgend als «Objekte» angesehen, die in ihrem Studium dieses Fach in seinen Einzeldisziplinen zuallererst zu lernen haben, bevor sie überhaupt mitreden können: Als anfänglich völlig Unwissende erwerben sie nach und nach die dafür als Voraussetzung geltenden Kenntnisse – wie genügend auch immer. Seinen nachhaltigen Niederschlag findet dieses Denken in manchen Studien- und Prüfungsordnungen, die offensichtlich von der Vorstellung geleitet sind, dass das eigentliche Ziel des Studiums in der Rekrutierung von wissenschaftlichem Nachwuchs für das Fach besteht.

Die folgenden Überlegungen zum Theologiestudium und seinen Subjekten weichen von den beiden hier referierten Auffassungen – die keineswegs als mittlerweile völlig überholt abgetan werden sollten – erheblich ab. Es soll bewusst gemacht und begründet werden, dass und inwiefern die Subjekte des Theologiestudiums die Studierenden selbst sind. Damit ist, wie zu zeigen sein wird, eine Reihe von Konsequenzen für den Eintritt in dieses Studium und von seinem Beginn an verbunden. Vorher sei wenigstens in einigen Grundzügen das den weiteren Überlegungen zugrunde liegende und sie leitende Theologieverständnis skizziert.

1.2 Theologie und ihre Subjekte

Bereits in den einleitenden Gedanken zur «Gottesrede» ist angedeutet worden, dass Theologie keine Wissenschaft ist, die fertige Lösungen für irgendwelche Probleme parat hält oder zu erforschen bestrebt ist, sodass es darauf ankäme, sich diese Expertenkenntnisse so gut und umfassend wie möglich anzueignen. Sondern Theologie ist ein unaufhörlicher Frageprozess, der immer neu zum Weiterfragen und -suchen anhält. Für diese Art von Wissenschaften, zu denen die Geisteswissenschaften insgesamt und auch zum Teil die Sozialwissenschaften gezählt werden können, hat Johann August Schülein die Bezeichnung «selbstreflexive Wissenschaften» vorgeschlagen.[2] Damit soll das Charakteristische dieser Wissenschaften und der Art, diese Wissenschaften zu betreiben, zum Ausdruck gebracht werden: Es besteht darin, dass der oder die Erkennende selbst immer in den Prozess der Erkenntnis verwickelt sind, ihn also nicht von einer ihm übergeordneten Warte aus betreiben, weil sie selbst zum Gegenstandsbereich der Forschung gehören. Der Philosoph Theodor W. Adorno hat diese spezifische Subjekt-Objekt-Relation für die Soziologie wie folgt umrissen:

> «In ihr ist das Subjekt der Erkenntnis, eben Gesellschaft, der Träger logischer Allgemeinheit, das Objekt. Subjektiv ist Gesellschaft, weil sie auf die Menschen zurückweist, die sie bilden, und auch ihre Organisationsprinzipien auf subjektives Bewusstsein und dessen allgemeine Abstraktionsform, die Logik, ein wesentlich Intersubjektives. Objektiv ist sie, weil aufgrund ihrer tragenden Struktur ihr die eigene Subjektivität nicht durchsichtig ist, weil sie kein Gesamtsubjekt hat und durch ihre Einrichtung dessen Instauration hintertreibt.»[3]

Das heißt: Wenn das Soziale, besonderer Gegenstandsbereich der Soziologie, zum Objekt der Erkenntnis gemacht wird, muss bewusst bleiben, dass die Erkennenden diesem Gegenstandsfeld zugehören.

Was für die intersubjektive Realität des Sozialen gilt, lässt sich analog auf die Theologie übertragen: Als Gottesrede macht sie nicht und kann sie nicht Gott zum Objekt ihrer Erkenntnis machen; sondern sie ist der Versuch und das Bemühen einer Verständigung über Gott auf der Grundlage der von Menschen mit diesem Geheimnis der Wirklichkeit gemachten Erfahrungen und zu ihr eingegangenen Beziehungen, in die die Theologie-Treibenden selbst verwickelt sind. Theologie hat also konstitutiv mit dem oder der, die sie treiben, zu tun, ohne damit zur bloßen Selbstbespiegelung zu werden. In zwei Richtungen sei dieser Gedanke noch näherhin entfaltet:

1.2.1 Theologie und Biographie

«In der Theologie gehören das gelebte Leben und die Erkenntnis und Rede von Gott eng zusammen.»[4] Dieses ist keineswegs eine neue Einsicht, auch wenn sie in jüngster Zeit innerhalb der Theologie erst wieder zur Geltung zu kommen beginnt. Mit Verweis auf die ursprünglichen Dokumente des jüdischen und christlichen Glaubens kommentiert Stephanie Klein: «In der Bibel ist das Wissen um Gott kein kognitives Wissen, vielmehr ist es immer verbunden mit dem Bemühen, im Leben auch Gott zu entsprechen. Wer Gott erkennen will, ist in seiner ganzen Existenz gefordert. Gott immer besser zu erkennen bedeutet, sich im Handeln auf ihn einzulassen.» Dabei ist dieses Handeln, wie St. Klein weiter erläutert, kein beliebiges Handeln: «Da er (sc. Gott) selbst die Klage der Unterdrückten hört und ihre Not wendet, heißt Gott zu erkennen, sich für die Unterdrückten einzusetzen und Gerechtigkeit zu üben (vgl. Jer 22, 13–16). Die Beziehung zu Gott wird tiefer, die Erkenntnis Gottes klarer, je mehr sich der Mensch auch im Handeln bemüht, Gott zu entsprechen.» Diese Linien lassen sich über das Neue Testament – vor allem in den Erzählungen darüber, wie für Jesus von Nazareth sein Lebensweg und sein unbedingter Glaube an «Abba», seinen Vater, eine untrennbare, wenn auch an die Grenzen der Belastbarkeit reichende Einheit bildeten – bis in die Wirkungsgeschichten der biblischen Schriften hinein verfolgen.

Die Sorge, damit kehre purer Subjektivismus in die Theologie ein, kann dadurch entkräftet werden, dass «Biographie» sich nicht auf eine Spiegelung des eigenen Selbst erstreckt (und diese dann gewissermaßen in den Himmel hinein projiziert würde). Wie sich die je eigene Biographie wesentlich anderen Menschen verdankt, so lässt der Glaube die Lebensgeschichte als in jenem absoluten Geheimnis gegründet und auf es verwiesen erfahren, das dem Menschen unbegreiflich und unverfügbar bleibt und für ihn dennoch da ist. Theologie ist somit ein Auf-die-Spur-Kommen und Durchbuchstabieren der Biographie – der eigenen und der anderer –, si deus daretur, als ob Gott darin vorkäme oder – wie es Johann Georg Hamann im 18. Jahrhundert formuliert hat – als ob Gott ihr Autor wäre.

Manch einer oder eine könnte meinen, um solcherart Theologie treiben zu können, sei Voraussetzung, dass man sich gewissermaßen im Stand der Heiligkeit befinde, also von einer das ganze Leben durchdringenden positiven Gotteserfahrung geprägt ist. Sicherlich sind die Erfahrungen von Menschen, die so etwas zu bezeugen vermögen, theologisch (und lebenspraktisch) bedeutsam. Aber ebenso bedeutsam sind die Erfahrungen derjenigen, die Mühe haben, Gottes Spuren in ihrem alltäglichen Leben auszumachen, die möglicherweise ihr eigenes Leben so erleben, als habe Gott sich von ihnen abgewendet und sei ihnen fern.

Spätestens hier erweist sich die Leblosigkeit einer Theologie, die sich auf die bloße Rezitation und Auslegung tradierter Lehrformeln erstreckt. Dabei wird übersehen: Selbst solche dogmatischen Lehrsätze verdanken sich ursprünglich für Menschen wichtig gewordenen Erfahrungen und sind nichts anderes als deren verdichteter Ausdruck im Rahmen eines in der Zeit, als sie geprägt wurden, geläufigen Denk- und Sprachmusters. Deshalb müssen sie je neu auf die ihnen zugrunde liegenden Erfahrungen hin wieder «verflüssigt» werden, um in ihrer Bedeutsamkeit von später lebenden Zeitgenossen nachvollzogen werden zu können. Es kann nur dringend empfohlen werden, diese hermeneutische Regel von Anfang an im Theologiestudium zu befolgen, also immer wieder und immer neu nach dem Zusammenhang von Lehre und Leben zu fragen.

Übrigens sei hier vorgreifend auf einen späteren Abschnitt, in dem neuere theologische Strömungen vorgestellt werden, vermerkt, dass der hier dargelegte Zusammenhang von Theologie und Biographie in neuerer Zeit vor allem von Personen und Gruppen (wieder-)entdeckt worden ist, die in ihrer Beschäftigung mit der

überkommenen Theologie darauf stießen, dass darin ein Gottesbild als allgemein gültig ausgegeben wird, das höchst einseitig,
nämlich durch und durch von den im wahrsten Sinne des Wortes
«herr-schenden» Vorstellungen geprägt ist. Vor allem Frauen erkannten sich darin nicht wieder, aber auch die Angehörigen anderer Kulturen, anderer Schichten etc. Sie ließen so bewusst werden,
dass und inwiefern Theologie unweigerlich «kontextuell» verortet
ist und darum sich dieser ihrer Kontextualität jeweils eigens verge-
wissern muss.

1.2.2 Das (gläubige) Volk als Subjekt der Theologie

Aus dem engen Zusammenhang von religiöser Erfahrung und
theologischer Reflexion ergibt sich eine weitere Konsequenz: Vermessen wäre es nämlich demzufolge, die Eignung zur Theologie
ausschließlich von wissenschaftlichen Leistungen und durch sie erworbenen akademischen Graden abhängig machen zu wollen.
Gotteserkenntnis – so wurde mit Verweis auf die Bibel vermerkt –
geschieht vorrangig in einem Gott entsprechenden Handeln; die
verstandesmäßige Durchdringung dessen, so weit sie möglich ist,
ist zwar um der kritischen Unterscheidung (vor allem, um mit Martin Luther zu sprechen, zwischen Gott und den Abgöttern) willen
notwendig, aber erst der zweite Akt. Ohne Rückverweis auf die
Praxis hinge sie gleichsam in der Luft.

Wenn das Tun dermaßen konstitutiv für die Gotteserkenntnis
ist, dann ist es nicht angemessen, es bloß – verobjektiviert – zum
Gegenstandsbereich der theologischen Reflexion erklären zu wollen. Sondern dann ist diese Praxis ein originärer Ort theologischer
Erkenntnis. Und die, die diese Praxis betreiben, tragen grundlegend zu dieser Erkenntnis bei und sind darum als deren Subjekte
ernst zu nehmen. Mit ihrer Betonung des «allgemeinen Priestertums der Gläubigen» haben Martin Luther und andere Reformatoren diese Subjektwürde aller Christen und Christinnen wieder
zur Anerkennung gebracht und sind damit gegen eine Entwicklung
angegangen, die die theologische Reflexion ebenso wie das kir-
chenleitende Handeln ausschließlich für den Klerus vorbehalten
hatte. Auf katholischer Seite ist erst wieder auf dem Zweiten Vati-

kanischen Konzil (1962–1965) an die traditionelle Lehre vom «Glaubenssinn der Gläubigen» (sensus fidelium), dem theologische Dignität zukommt, angeknüpft worden. Faktisch muss jedoch gesehen werden, dass diese Auffassung von der «Theologenschaft» aller Gläubigen es schwer hatte und hat – zumal in dem Maße, wie die Theologie sich als akademische Wissenschaft etablierte –, sich die ihr zukommende Geltung zu verschaffen.[5] Umso not-wendiger muss gerade sie fortwährend daran erinnert werden:

> «Theologie ist Rede von Gott, welche in vielfältigen Formen und auf unterschiedliche Weisen geschieht: in Geschichten, Gebeten und Gesängen, in praktischen Handlungen wie in theoretischen Abhandlungen. Die Theologie geht nicht unter, auch wenn die akademische Disziplin der Theologie aus der Universität hinauskomplimentiert würde ... Theologie .. ist zuallererst eine elementare Lebensäußerung des Glaubens und als solche auf kein bestimmtes Forum angewiesen oder festgelegt.»[6]

Nicht zufällig wurde die genuine theologische Kompetenz des «gläubigen Volkes» in jüngster Zeit dort wieder rehabilitiert, wo die Theologie nicht die Möglichkeit hatte und hat, sich in den «elfenbeinernen Turm der Wissenschaft» zurückzuziehen und abzuschotten, sondern in enger Verbindung mit dem Leben und Tun der Leute betrieben wurde: in den Kirchen der sog. Dritten Welt. So waren es seine zahlreichen Begegnungen mit der armen und gläubigen Bevölkerung in Peru und ganz Lateinamerika, die den jahrelang in Lima/Peru lebenden und wirkenden katholischen Priester und Theologen Gustavo Gutiérrez dazu gebracht haben, die gerade prinzipiell formulierte Aussage über die Theologie mit konkreten Erfahrungen verbinden zu können:

> «Theologische Reflexion als verstandesmäßige Durchdringung des Glaubens entsteht ganz spontan – und ohne dass man es umgehen könnte – im Glaubenden, d. h. bei all denjenigen Menschen, die das Geschenk des Wortes Gottes angenommen haben. Theologie ist also mit einem Glaubensleben, das echt und voll sein will, immer schon gegeben und also auch mit dem gemeinsamen Ausdruck dieses Glaubens in der kirchlichen Gemeinschaft. In jedem Glaubenden und mehr noch in jeder christlichen Gemeinschaft besteht also ein Entwurf von Theologie, ein

Ansatz im Bemühen, den Glauben verstandesmäßig zu durchdringen. Es ist dies so etwas wie ein Vorverständnis eines Glaubens, der Leben, Gebärde und konkrete Haltung geworden ist. Auf dieser Grundlage und kraft ihrer Wirksamkeit kann sich das Gebäude der Theologie im präzisen und technischen Sinn des Wortes erheben.»[7]

Gutiérrez führt das dann weiter aus mit Hilfe der Metapher von den zwei Akten der Theologie: Der erste und damit grundlegende Akt der Theologie ist genau die im Zitat aufgeführte Praxis des Glaubens, und zwar in ihrer zweifachen Erscheinungsform: als Einsatz für die Gerechtigkeit und als schweigendes Verharren vor Gott, als Aktion und Kontemplation, Politik und Mystik. Der zweite Akt – und dies macht nach Gutiérrez die spezifische und unverzichtbare Aufgabe der akademischen Theologie aus – besteht in der kritischen Reflexion der (doppelten) Praxis des Glaubens, wobei er mit Kritik wiederum ein Zweifaches meint: zum einen die ausdrückliche Vergewisserung der erkenntnistheoretischen und methodologischen Bedingungen solcher Reflexion, zum anderen die Analyse der ökonomischen, sozialen und kulturellen Bedingungen, unter denen sich die Praxis des Glaubens – in ihrem jeweiligen Kontext – vollzieht.

Nicht zuletzt angestoßen durch diese Impulse aus der «Dritten Welt» wird im hiesigen Kontext die genuine Bedeutung des Zusammenhangs von dem Glauben entsprechender Praxis und theologischer Reflexion, der der akademischen Theologie vorausliegt und auf den sie sich zu beziehen hat, unter Stichworten wie «Theologie des Volkes» oder «Gemeinde und Theologie» wahrgenommen und erörtert.

1.3 Theologiestudierende als Subjekte

Spitzt man die Überlegungen des vorigen Abschnitts auf die Frage nach dem Status von Theologiestudierenden zu, ergibt sich im Vergleich zu der im ersten Abschnitt vorgetragenen eine gänzlich andere Einschätzung. Thesenartig ausgedrückt lässt sie sich wie folgt kennzeichnen: Zum einen ist ihr zufolge die Theologie keine Wissenschaft, bei der man sich, um sie zu studieren, vorher aus dem Leben verabschiedet haben muss, damit ihre Lehre(n) rezipiert werden können; im Gegenteil, beim Theologiestudium kommt – so oder so – die eigene Lebensgeschichte mit ins Spiel. Zum anderen insistiert sie darauf, dass der oder die Theologiestudierende sich zu Beginn ihres Studiums nicht als «tabula rasa» zu begreifen brauchen, denen zuallererst alle möglichen Wissensstücke vermittelt werden müssen. Sondern als wo und wie auch immer in einer Praxis des Glaubens Engagierte bringen sie ein theologisches Vor-Wissen mit, das es zwar im Studium kritisch aufzuarbeiten, aber keineswegs damit einfach hinter sich zu lassen gilt. Aufgrund dieses ihres Rückbezugs auf die – wie man es nennen könnte – «lebensweltliche Theologie» ist es innerhalb der «akademischen Theologie» nur begrenzt möglich, eine Trennungslinie zwischen Lehrenden und Lernenden zu ziehen und die «eigentliche» theologische Kompetenz ausschließlich den professionell in der akademischen Theologie Tätigen zuzuerkennen. Theologie-Treiben ist vielmehr ein gemeinsamer Lehr-Lern-Prozess, in dem alle Beteiligten Subjekte sind, und zwar über die Grenzen der Hochschule hinaus.

Zugegebenermaßen sind dies «steile» Behauptungen, die sich nicht unbedingt mit der erfahrbaren – und teilweise von den Betroffenen erlittenen – Realität des Theologiestudiums decken. Dass Studierende auch innerhalb der fachwissenschaftlichen Theologie immer noch als Objekte des Lehrbetriebs angesehen und so behandelt werden und dass das nicht zuletzt durch manche Vorgaben in den Studien- und Prüfungsordnungen gefördert wird, ist eine nicht abzustreitende Tatsache. Darum darf man sich nicht wundern, wenn Theologiestudierende mit einem entsprechenden Verhalten darauf reagieren. Doch auch wenn das Theorem von den «Theologiestudierenden als Subjekten» kontrafaktisch wirken mag, soll im Folgenden an ihm festgehalten und soll es in den weiteren Überlegungen in seinen Implikationen und Konsequenzen entfaltet werden. Dabei ist die Überzeugung leitend: Nur wer sich selbst im Kontext von Theologie und Kirche hat als Subjekt erfahren können und sich darin eingeübt hat, ist in der Lage, auch die anderen, mit denen er oder sie es im späteren Beruf zu tun haben, als Subjekte gelten zu lassen.

Eine kurze Vorbemerkung sei dem noch vorausgeschickt, um mögliche Missverständnisse erst gar nicht aufkommen zu lassen: Sosehr das Reden von den Theologiestudierenden als Subjekten darauf abhebt, dass dieses ihr Studium etwas mit ihnen selbst bis in existenzielle Tiefenschichten hinein zu tun hat, so wäre es kurzschlüssig, daraus ableiten zu wollen, dieser Bezug zum eigenen Selbst müsste während des Studiums immerzu ganz unmittelbar erlebbar sein. Wer von solchen Erwartungen, wie sie für den Habitus vieler im Kontext der sog. Erlebnisgesellschaft (G. Schulze) gang und gäbe geworden sind, auch mit Blick auf ein Studium ausgeht, sollte von vornherein die Finger davon lassen. Studium hat mit Theoriearbeit zu tun – und das ist etwas anderes, als einen «Kick» nach dem anderen mitzubekommen. Zumindest partienweise wird es zu einem anstrengenden Unternehmen, das mit einer gehörigen Portion an «Frustrationstoleranz» durchgestanden werden muss. «Durststrecken» können sich einstellen. Nicht selten leuchtet erst im Nachhinein ein, nachdem man sich möglicherweise meilenweise vom eigenen Selbst entfernt gefühlt hat, dass und inwiefern es doch damit zu tun hat.

Im Folgenden sollen zunächst einige Beobachtungen zur Situation und Motivation von Studierenden, die ein Theologiestudium aufnehmen wollen, zusammengestellt werden (1.3.1). Daran schließen sich auf der Grundlage entsprechender Forschungsbefunde verallgemeinernde Aussagen über die religiöse Entwicklung im jungen Erwachsenenalter an, aus denen Rückschlüsse für die spezifische biographische Situation Theologiestudierender geschlossen werden können (1.3.2). Schließlich soll das Ganze in dem aktuellen gesellschaftlichen und religiös-kirchlichen Kontext verortet werden, insofern er auf das Theologiestudium und seine Wahl Einfluss nimmt (1.3.3).

1.3.1 Zur Situation und Motivation der künftigen Theologiestudierenden

Da zum Thema dieses Abschnitts nur begrenzt abgesicherte Forschungsergebnisse vorliegen, muss zu einem guten Teil auf eigene Beobachtungen und mit ihnen einhergehende Vermutungen zurückgegriffen werden. Dabei ist angemessen zu berücksichtigen, dass es, ebenso wenig wie es *das* Theologiestudium gibt, *die* Theologiestudierenden gibt. Das hängt bereits mit der Tatsache zusammen, dass das Fach «nur» als evangelische oder katholische Theologie studiert werden kann – zusätzlich als orthodoxe Theologie in München und als altkatholische Theologie in Bonn. Zudem differenziert es sich jeweils noch in verschiedene Studiengänge mit je spezifischen Abschlüssen aus: Diplomstudiengänge; Lehramtsstudiengänge, nach den verschiedenen Schulformen bzw. -stufen unterschieden; Haupt- oder Nebenfach in Magisterstudiengängen; Fachhochschulstudiengänge – um nur die einschlägigen Varianten zu nennen. Dabei ist es keineswegs so, dass sich zwischen den verschiedenen Studiengängen ein eindeutiges Motivationsgefälle ausmachen ließe – etwa in dem Sinn, dass die Diplomstudierenden das größte Interesse an der Theologie und einer damit in engem Zusammenhang stehenden beruflichen Tätigkeiten hätten und die, die Theologie als Nebenfach in einem Magisterstudiengang belegen (wollen), das geringste. Die Motivationslagen sind vielmehr in allen Studiengängen sehr gemischt, und auch die soziale und kirchliche Herkunft der Studierenden fällt sehr unterschiedlich aus.

Einer Anfang der neunziger Jahre unter Theologiestudierenden in Österreich durchgeführten Enquete, die allerdings vornehmlich sog. Voll-Theologen und -Theologinnen, also Absolvierende eines Diplom- bzw. Magisterstudienganges in der katholischen (sowohl Priesteramtskandidaten als auch Laientheologen und -theologinnen) und in der evangelischen Theologie erfasste, lassen sich folgende Befunde entnehmen[8]:

1. Als ausschlagend für die Wahl des Theologiestudiums wurden vor allem folgende Motive angeführt: Interesse an theologischen Fragen; Bedürfnis, mit Menschen zu arbeiten; Bedürfnis, Menschen auf Fragen ihres Lebens eine Antwort geben zu können; Klärung des eigenen Glaubens.

2. Für die katholischen Studierenden ergab sich, dass für einen beträchtlichen Teil von ihnen die Überlegung, Priester zu werden, eine Rolle gespielt hat (bei Frauen für den Fall, dass sie es könnten); sie wurde jedoch von vielen schließlich fallen gelassen, weil

sie sich auf das derzeit lehramtlich vorgegebene Priesterbild nicht einlassen wollen.

3. Die Mehrzahl der Studierenden, sowohl der katholischen als auch der evangelischen, bekundet eine enge Verbundenheit mit der Kirche. Vom späteren Beruf wird vor allem gewünscht: Kirche als Gemeinschaft der Gläubigen erfahrbar machen oder Menschen Zugänge zu einer lebendigen Glaubenspraxis eröffnen zu können. Rund ein Drittel möchte den karitativ/diakonisch-sozialen Auftrag der Kirche verwirklichen oder christliche Wertvorstellungen in eine säkulare Berufswelt einbringen. Ob allerdings dafür wirklich die Bedingungen gegeben sind, wird mit Blick auf die vorfindliche kirchliche Realität eher skeptisch beurteilt.

Ohne dass sie damit völlig überholt wären, merkt man diesen Befunden an, dass sie inzwischen fast zehn Jahre alt sind und dass die Gruppe der evangelischen Theologiestudierenden deutlich unterrepräsentiert ist. Auch sind die Lehramtsstudiengänge nicht erfasst worden, die mittlerweile den größten Anteil unter den Theologiestudierenden sowohl im evangelischen als auch im katholischen Bereich ausmachen.

Zu dieser Gruppe gibt für die katholische Seite eine Umfrage näher Auskunft, die Anton A. Bucher 1997/98 unter den im ersten bzw. im zweiten Semester Studierenden durchgeführt hat; auch aus deren Auswertung seien nur die wichtigsten Ergebnisse referiert[9]:

1. Mit 75 Prozent überwog unter den befragten Studierenden eindeutig der Anteil der Frauen. (Primärbeobachtungen vor Ort vermögen diesen Befund zu bekräftigen.)

2. Als Motive für die Aufnahme des Theologiestudiums wurden genannt (Reihenfolge nach Häufigkeit der Nennungen): der selbst erlebte (sei es als gut, sei es als schlecht bewertete) Religionsunterricht; die aktiv erlebte und mitgestaltete religiöse Sozialisation; Interesse an Theologie als Wissenschaft und/oder an Erweiterung und Vertiefung des eigenen religiös-theologischen Wissens; Auseinandersetzung mit dem eigenen Glauben; die persönliche Berufung zur Glaubensweitergabe und Seelsorge; Wunsch nach Vertiefung des Glaubens; strategische Berufsplanung (Erhöhung der Berufsaussichten, z. B. als Lehrer oder Lehrerin eine dauerhafte Anstellung zu finden).

3. Die Erwartungen an das Studium richten sich vor allem auf den Erwerb von Bibelkenntnissen; es folgen: Vermittlung praktischer Fähigkeiten und Kenntnisse anderer Religionen. Vertiefung von Selbsterkenntnis, Glaube und Kirchlichkeit rangieren in der Skala der Erwartungen ebenfalls ziemlich hoch (ca. zwei Drittel).

4. Bei der Frage, welche dieser Erwartungen nicht oder zu wenig eingelöst würden, zeigt sich die Mehrheit der Studierenden aufgrund des mangelnden Praxisbezugs des Studiums sehr enttäuscht. Auch die Möglichkeit, Kenntnisse anderer Religionen zu erwerben, wird vermisst.

5. Signifikant ist die Trennung zwischen ihrem Glauben und der Kirche, die viele Studierende vornehmen. Ein distanziertes Verhältnis legen sie gegenüber der «amtlichen» Kirche an den Tag – von der viele auf keinen Fall angestellt werden möchten. Dabei kann die Anbindung zur konkreten Ortsgemeinde u. ä. durchaus groß sein.

Bucher und Arzt halten zusammenfassend fest: «Insgesamt hat sich die Berufsidentität der Theologiestudierenden stark verändert: Vor einigen Jahren war es vor allem *der Katechet*, der als Mann der Kirche Kinder und Jugendliche zum Glauben (und in die Kirche) führte, heute ist es vor allem *die Religionspädagogin*, die für die Lebens- und Glaubensfragen der Kinder und Jugendlichen da sein und sie für die Frohbotschaft begeistern will.»

Die Zahl der Theologiestudierenden im deutschsprachigen Raum bewegt sich über die letzten Jahre hinweg auf erstaunlich hohem Niveau. Für die katholische Theologie an deutschen Universitäten beispielsweise liegt sie seit Mitte der siebziger Jahre im Durchschnitt bei 20 000 pro Semester. Allerdings weist die Zahl der Studienanfänger und -anfängerinnen eine abnehmende Tendenz auf. Die Ursachen dafür sind unterschiedlich:

• Ein starker Einbruch ist auf katholischer Seite in der Gruppe der sog. Priesteramtskandidaten zu verzeichnen. Nur noch ein geringer Anteil unter den Studierenden nimmt das Theologiestudium auf mit dem Ziel, sich zum Priester weihen zu lassen. Übrigens sind die, die sich dazu entschließen, den Statistiken zufolge tendenziell älter als die «normalen» Studienanfänger und haben vielfach bereits eine Berufsausbildung in einem anderen Bereich absolviert.

• Auch die Zahl derjenigen, die als Laien und Laiinnen den Diplomstudiengang wählen, ist deutlich im Rückgang begriffen. Das hat zum einen mit der zunehmend begrenzter werdenden Möglichkeit zu tun, im kirchlich-pastoralen Dienst tätig zu werden, weil die Diözesen aus finanziellen Gründen in der Regel keine neuen Stellen mehr einrichten; zum anderen gibt es Anzeichen dafür, dass die entsprechenden Berufe (Pastoralassistent bzw. -assistentin) an Attraktivität verlieren.

• Sich verschlechternde berufliche Aussichten im kirchlichen Dienst sind innerhalb der evangelischen Theologie die ausschlaggebenden Gründe dafür, dass die Zahl der Studierenden drastisch geschrumpft ist.

• Im Unterschied zu den Diplomstudiengängen weisen die Lehramtsstudiengänge eine konstant bleibende, wenn nicht sogar eine sich leicht erhöhende Zahl auf. Sicherlich hängt das mit der festen Verankerung des Religionsunterrichts im gesamten Schulwesen zusammen. Das kann, wie bereits angedeutet, dazu führen, dass Lehramtsstudierende bewusst und teilweise zusätzlich zu ihren anderen Fächern noch das Fach – evangelische oder katholische – Theologie wählen, weil sie damit die Chancen für eine spätere Einstellung erhöhen möchten.

• Anders als vor Jahren noch, als die Bewerbungen für einen Fachhochschulstudiengang in – evangelischer oder katholischer – Theologie die Aufnahmekapazität überschritten und deswegen ein Aufnahmeverfahren durchgeführt wurde, hat sich inzwischen die Zahl so eingependelt, dass in der Regel alle Bewerber und Bewerberinnen aufgenommen werden können.

Hinsichtlich der sozialisatorischen Herkunft der Theologiestudierenden deutet manches darauf hin, dass sich auch hier das Gesamtbild weiter differenziert: Neben dem Anteil derer, die sich von ihrem starken Engagement in Gemeinden oder Jugendverbänden her zu diesem Studium haben bringen lassen, scheint der Anteil derer im Zunehmen begriffen zu sein, die in ihrer bisherigen Biographie ein eher lockeres Verhältnis zum Praxisfeld der Theologie, also vorab zu den Gemeinden und Kirchen aufweisen. Dass der selbst erfahrene schulische Religionsunterricht zum Theologiestudium (mit)motiviert, verdient gerade in diesem Kontext Beachtung.

Als Fazit zu diesem Abschnitt lässt sich ziehen, dass das Bild derer, die sich zum Theologiestudium entschließen, sowohl im evangelischen als auch im katholischen Bereich hinsichtlich Motivation, Berufsperspektive und sozialisatorischer Herkunft sehr viel «bunter» geworden ist – teilweise bis hin zu auffälligen Kontrasten –, als es vor einiger Zeit noch der Fall gewesen ist.

1.3.2 Zum lebensgeschichtlichen Kontext des Theologiestudiums

Unbeschadet dessen, dass jede Biographie mitsamt ihrem Träger bzw. ihrer Trägerin einmalig und unverwechselbar ist, lassen sich neueren entwicklungspsychologischen Theoriemodellen Anhaltspunkte dafür entnehmen, vor welchen spezifischen Herausforderungen und Aufgaben Menschen in einem bestimmten Lebensabschnitt stehen und welche «typischen» Krisen sich in diesem Zusammenhang einstellen können. Der Beginn des Studiums markiert insofern einen lebensgeschichtlichen Einschnitt, als – mehr oder weniger abrupt – die bisherigen Bezugsfelder, wie sie vor allem durch Familie und Schule bestimmt waren, verlassen werden und sich neue Interaktionsräume auftun. Hinzu kommen neue Anforderungen, die sich aus der Eigenart eines Hochschulstudiums ergeben, gerade wenn es – wie normalerweise in der Theologie – (noch) nicht dermaßen durchreglementiert ist, wie es in anderen Studiengängen der Fall ist, und von daher ein gewisses Maß an Eigenständigkeit abverlangt wird.

Es lässt sich ausgiebig darüber streiten, ob die Zeit des Studiums noch dem Jugendalter oder bereits dem Erwachsenenalter zuzurechnen ist. Viele Studierende fühlen sich, insbesondere wenn sie direkt von der Schule in die Hochschule wechseln, lange Zeit noch als Jugendliche (man spricht in diesem Zusammenhang von der «Spätadoleszenz» als Verlängerung der «klassischen» Jugendphase). Wer schon einmal im Berufsleben stand und dann sein Studium aufnimmt, schätzt sich demgegenüber eher als (junger bzw. junge) Erwachsener oder Erwachsene ein. So oder so, vor dem Studium und in seinem Verlauf stehen Lebensentscheidungen an, die nicht beliebig verschoben werden können: Das beginnt bereits

mit der Wahl des Studiums und der damit mehr oder weniger deutlich angestrebten beruflichen Perspektive. Hinzu kommen die Neu-
bildung von Bekannten- und Freundeskreisen, das Eingehen von
partnerschaftlichen Verbindungen, von denen «alles Glück» erwartet wird, aber auch die Erfahrung des Scheitern-Könnens und
Scheiterns einer solchen Beziehung, die Entscheidung, allein zu leben, oder auch – besonders und immer noch für junge Frauen – die
Frage, ob und wie sich demnächst (oder auch im Studium bereits)
der angestrebte Beruf und der Wunsch nach Kindern miteinander
verbinden lassen. Dass dies alles die eigene Sinnorientierung und
den Glauben nicht unberührt lässt, liegt auf der Hand. «Die Krise
zwischen zwanzig und dreißig bereitet die eigenständige Phase des
notwendigen ‹Sesshaftwerdens› vor. Einmal getroffene Entscheidungen müssen entweder bestätigt und für die Zukunft angenommen oder spätestens jetzt revidiert werden.»[10]

Folgt man dem psychosozialen Entwicklungsmodell von Erik H.
Erikson, lässt sich die Zeit des Studiums der Phase zuordnen, die er
mit dem polaren Begriffspaar «Intimität und Distanzierung gegen
Selbstbezogenheit»[11] bzw. mit «Intimität versus Isolation»[12] charakterisiert. Diese Bezeichnungen beinhalten als zentrale Herausforderung in diesem Abschnitt der Ich-Entwicklung, zu Intimität
und Liebe fähig zu werden. Voraussetzung dafür ist nach Erikson
die in der Adoleszenz erworbene Findung einer Identität, die «auf
eigenen Füßen» stehen lässt und somit beinhaltet, sich aus der
(psychischen) Abhängigkeit von Elternhaus und anderen Bezugs-
gruppen zu lösen. Denn nur wer zur Selbstverantwortung fähig ist,
kann auch Verantwortung für den oder die andere übernehmen,
der oder die einen exklusiven Platz in der weiteren Lebensgeschichte bekommen soll. Dabei ist zu lernen, wie die gegenseitigen
Verschmelzungswünsche und die Wahrung des eigenen Ich so eingependelt werden, dass eine partnerschaftliche Beziehung möglich
wird. «Intimität», so erläutert Martina Blasberg-Kunke, «umfasst
Gegenseitigkeit und Teilen, die Wahrnehmung der Bedürfnisse des
oder der anderen, Sensibilität und körperliche Nähe, Offenheit
und Verzicht auf eine Verteidigungshaltung dem oder der anderen
gegenüber, die Bereitschaft zu Beständigkeit, Verbindlichkeit und
Treue, zur Arbeit an der Beziehung, zur Aufgabe falscher Erwar-

tungen, zur Aufrechterhaltung bedeutungsvoller und sinnhaltiger Kommunikation und zur Akzeptanz der Entwicklung der Identität des oder der anderen.»[13] Die Fähigkeit zu solcher Intimität ist nach Erikson Voraussetzung, um die Entwicklungsaufgabe des mittleren Erwachsenenalters angehen zu können, nämlich schöpferisch über die gemeinsame Beziehung hinaus zu werden und für andere und anderes zu sorgen («Generativität»).

Der katholische Fundamentaltheologe Jürgen Werbick hat in einer bemerkenswerten Untersuchung aufgezeigt, dass und inwiefern näherhin sich eine Beziehung zwischen den verschiedenen «Lebensthemen» im Verlauf der lebensgeschichtlichen Entwicklung und zentralen Themen des (christlichen) Glaubens herstellen lässt.[14] Denn wenn die Hypothese zutrifft, dass Gott der Autor der jeweiligen Lebensgeschichte ist, haben die verschiedenen Entwicklungsphasen mit ihren jeweiligen Krisen unweigerlich Konsequenzen für die Gottesbeziehung; sie kann mitreifen, sie kann aber auch stagnieren, wenn nicht regredierend sich auswirken. Darum kommt es nach Werbick darauf an, soll der Glaube der menschlichen Freiheitsgeschichte förderlich sein, dass es gelingt, ihn thematisch zu der jeweiligen Entwicklungsphase in Korrelation zu bringen. Es geht also darum, jeweils die Glaubensthematik aufzuspüren, die gewissermaßen lebensgeschichtlich ansteht. Bezogen auf die Reifungskrise im jungen Erwachsenenalter sind das nach Werbick mit den Themen «Liebe», «Anerkennung der anderen» und «Berufung» Topoi, die große theologische Relevanz haben. Verheißt doch der Glaube, einen Weg gehen zu können, der Selbstfindung in Selbsthingabe ermöglicht und nicht beides gegenseitig ausschließt. Gottes- und Nächstenliebe – so ein weiterer Aspekt – dürfen nach ihm nicht in Konkurrenz zueinander gesehen werden, sondern sind auf engste miteinander verschränkt. Der Entdeckung und Entfaltung einer in solcher Weise lebensgeschichtlich «geerdeten» Theologie täte es gut, wenn sie im Verlauf des Studiums «am eigenen Leibe» erprobt würde.

Ein zusätzlicher, anders akzentuierter Aspekt der lebensgeschichtlichen Situation Theologiestudierender ergibt sich von dem Entwicklungsmodell des amerikanischen Theologen und Psychologen James W. Fowler her, das er unter dem Stichwort «Stufen des Glaubens» konzipiert hat.[15] Auch dies kann und soll hier nicht im Detail vorgestellt werden. Für das Verständnis des Begriffs «Glauben» in Fowlers Konzept ist wichtig, dass er auf die das Leben eines Menschen bestimmende Grundorientierung abhebt, die nicht unbedingt explizit religiös ausfallen muss. Gemäß diesem Modell[16] könnte der «ideale» Verlauf des Theologiestudiums so vor sich gehen, dass von der Stufe 3 des «synthetisch-konventionellen Glaubens» endgültig Abschied genommen wird und die Stufe 4 des «individuierend-reflektierenden Glaubens» so gefestigt wird, dass der weitere Schritt zum «verbindenden Glauben» der Stufe 5 möglich wird. Anders ausgedrückt: An die Stelle einer weitgehend von der eigenen Umgebung übernommenen und noch weitgehend inkonsistenten Lebenseinstellung – die je nach Umgebung eine Spannbreite zwischen «ungetrübter Kirchlichkeit» und «angepasstem Konsumismus» aufweisen kann – tritt nach Maßgabe der für sich selbst beanspruchten Kritikfähigkeit eine Absetzung von allem bloß Konventionellen und eine bewusste Wahl von Überzeugungen, Werten und Verpflichtungen bis hin zur Aufgabe bisheriger und gegebenenfalls zu einer eigenständigen Entscheidung für bestimmte Glaubensoptionen. Die von vielen Theologiestudierenden in den ersten Semestern ihres Studiums bekundete Orientierungskrise – die nicht selten als Glaubenskrise erlebt wird – steht nicht zuletzt im Zusammenhang mit diesem Entwicklungsschritt. Nur wer diesen teilweise als sehr schmerzhaft empfundenen Weg – der auch zum Abschied vom Theologiestudium führen kann – auf sich nimmt, wird nach langem Fragen und Suchen schließlich zu jener «zweiten Naivität» (Paul Ricœur) finden können, die für die Stufe 5 charakteristisch ist: ein neues Bewusstsein für Polaritäten und Doppeldeutigkeiten im Selbst und im Leben, die selbst mit der radikalsten Kritik nicht eliminiert werden können.

Was um der eigenen Entwicklung und Reifung willen notwendig ist – nämlich eine andauernde kritische (Selbst-)Reflexion –, wird mit Blick auf das Theologiestudium durch die veränderten gesellschaftlichen Bedingungen nochmals forciert: Wer glaubwürdig für sich selbst und vor anderen von Gott reden will, muss den «Feuerbach der Religionskritik» durchschritten haben. Oder umgekehrt:

Der oder die von kritischer (Selbst-) Reflexion Unangefochtene dürfte es heute schwer haben, außerhalb der Gruppe «der eh schon Überzeugten» Gehör zu finden.

1.3.3 Zum gesellschaftlichen und kirchlichen Kontext des Theologiestudiums

Der Theologe und Erziehungswissenschaftler Helmut Peukert hat bezüglich der derzeitigen Situation eines Studiums, das auf den Umgang mit der nachwachsenden Generation vorbereiten soll, folgende These vertreten:

> «In Erziehung geht es um die nächste Generation. Berücksichtigt man, dass Pädagogik eine Ausbildungsdisziplin ist, geht es auch um die übernächste Generation. Die jetzt Studierenden werden Kinder und Jugendliche zu erziehen haben, die zum Teil das 22. Jahrhundert erleben werden. Diese nächsten beiden Generationen werden in ihrer möglichen Lebenszeit vor Aufgaben gestellt sein wie keine Generation vor ihr. In diesem Zeitraum werden *radikale globale Veränderungen der äußeren und inneren Bedingungen des Lebens und Aufwachsens* tief eingreifende individuelle und kollektive Lernprozesse erfordern, wenn verhindert werden soll, dass selbstdestruktive Tendenzen die Übermacht gewinnen. Das stellt auch die Pädagogik vor neue Aufgaben.»[17]

Es muss genügen, die Herausforderungen, die Peukert meint, aufzulisten, ohne sie detaillierter zu analysieren: Sie reichen von vermehrt auftretenden und mit Gewalt ausgetragenen inner- und zwischenstaatlichen Konflikten über die zunehmende Ausgrenzung von Menschen aus dem sich globalisierenden Wirtschafts- und Arbeitsmarkt bis hin zu dem Raubbau der Natur, der mittlerweile die Grenzen des Erträglichen weit überschritten hat. Aufgrund «des Verlustes tradierter kultureller Verhaltensmuster und der Auflösung von Beziehungsmustern» geht das zusätzlich einher mit einer voranschreitenden Vereinzelung des Subjekts, dessen innere Ressourcen den Belastungen durch die globalen Probleme nicht unbegrenzt standhalten können.

Was Peukert für das erziehungswissenschaftliche Studium anmahnt, lässt sich ohne Abstriche auf das Theologiestudium übertragen.[18] Das hat nichts mit dem Errichten eines Horrorszenarios zu tun, um angesichts der damit aufkommenden Angst die Menschen wieder zu Religion und Glaube, Kirche und Theologie zurücklocken zu wollen. Die Auswirkungen der angedeuteten krisenhaften Tendenzen bekommt der Seelsorger oder die Seelsorgerin im Umgang mit Menschen ebenso zu spüren wie der Religionslehrer oder die Religionslehrerin in ihren Begegnungen mit Schülern und Schülerinnen. Und nicht zuletzt sie selbst sind darin involviert.

Nachhaltigen prophetischen Mahnern und Mahnerinnen außerhalb und innerhalb der christlichen Reihen ist es zu verdanken, dass auch unter Christinnen und Christen und ihren Kirchen seit einiger Zeit ein Bewusstwerdungsprozess, der sog. konziliare Prozess für Gerechtigkeit, Frieden und Bewahrung der Schöpfung in Gang gekommen ist, in dem sie gelernt haben, dass und wie die globalen sozialen und ökologischen Krisen mit der Mitte des eigenen Bekenntnisses zu tun haben:[19] Wie lässt sich ein Glaube an einen Gott, der die Welt geschaffen hat, bekennen, wenn zugelassen wird, dass eben diese Schöpfung zerstört wird? Wie lässt sich an Jesus Christus als den gewaltfreien Versöhner der Menschheit glauben, wenn nichts gegen die Eskalation von Gewalt unternommen wird? Wie kann glaubwürdig der Heilige Geist bezeugt werden, wenn nicht eindeutig dem sich verbreitenden Geist eines puren Materialismus und Konsumismus widersprochen wird? Immerhin findet sich in einem kirchlichen Dokument die provozierende Aussage: «Das Reich Gottes ist nicht indifferent gegenüber den Welthandelspreisen.»[20]

Es wäre fatal, wenn das Theologiestudium diese weltweit in den Kirchen in Gang befindliche Bewusstseinsbildung nicht wahrnähme. Vor diesem Hintergrund ist die Uninformiertheit bzw. das mangelnde Problembewusstsein vieler Theologiestudierenden erschreckend zu nennen. Bleiben sie damit doch weit hinter dem Erfordernis zurück, das H. Peukert für eine heutige theologische Fragestellung reklamiert, nämlich dass sie in ihrer Universalität nicht hinter dem alltäglichen Problembewusstsein eines normalen Zeitungslesers zurückbleiben darf.[21]

Wenn die Zeitgenossenschaft Theologiestudierender vorrangig in diesen die Zukunft der gesamten Menschheit und darüber hinaus der Welt insgesamt tangierenden Fragen so eindringlich gefordert wird, hat das nichts damit zu tun, sie über die teilweise prekäre und erbärmliche Situation in ihren eigenen Kirchen hinwegsehen lassen zu wollen. Im Gegenteil, in dem Maß, wie die Aktualität des christlichen Bekenntnisses in der heutigen Zeit bewusst wird, lässt es nicht gleichgültig, ob die Kirche sowohl in ihrem Sprechen als auch in ihrem Tun – bis in die eigene Sozialform und deren strukturelle Ausgestaltung hinein – auf der Höhe der Zeit ist. Nur erfährt von der Situierung der Kirchen in die gesamtgesellschaftlichen Problem- und Krisenlagen her das Bemühen um eine notwendige innerkirchliche Reform erst seine angemessene Dimensionierung.

Mit diesen Bemerkungen soll nicht heruntergespielt werden, dass kirchliche Gegebenheiten eine nicht zu unterschätzende Bedeutung für das Theologiestudium haben, und zwar in mehrfacher Hinsicht. Die Art, wie Kirche einerseits individuell erlebt wird und sich andererseits öffentlich präsentiert, kann sich motivierend für die Wahl dieses Studiums auswirken; zugleich ist sie aber auch eine mögliche Quelle für Enttäuschung, Resignation und Abkehr von diesem Studium. Hinzu kommt, dass hierzulande die gesellschaftlichen Rahmenbedingungen von Kirche – sowohl von der evangelischen als auch katholischen Kirche – in einer tief greifenden Veränderung begriffen sind. Wohin sich das schließlich entwickeln wird, kann derzeit nicht gesagt werden. Sicher ist nur so viel, dass die Bedeutung der Kirche als die gesamte Gesellschaft prägender Faktor, wie das für die volkskirchliche Situation (also als die Bevölkerung fast hundertprozentig kirchlich gebunden war) kennzeichnend gewesen ist, enorm zurückgegangen ist und noch weiter zurückgeht. Damit geht keineswegs eine antikirchliche Stimmung einher, viel eher ein Desinteresse. Für den Status eines Theologen oder einer Theologin heißt das: War früher vor allem der Beruf des Pfarrers angesehen und teilweise mit gesellschaftlichen Privilegien (z. B. öffentliche Repräsentationsfunktion) ausgestattet, so schlüpft, wer heute berufsmäßig Theologie betreibt, eher in die Rolle eines «komischen Vogels». Für die Betroffenen wirkt sich das so aus, dass sie über Ansehen und Anerkennung nicht schon allein kraft ihres Amtes verfügen, sondern dies als Person zuallererst und immer wieder erwerben müssen. Und nicht zuletzt bringt die veränderte Situation der Kirche es mit sich, dass aufgrund schrumpfender finanzieller Mittel (infolge des sich vermindernden Kirchensteueraufkommens) zumindest innerkirchlich die Zahl der von ausgebildeten Theologen und Theologinnen zu besetzenden Stellen erheblich begrenzter ausfällt als vor zehn oder 20 Jahren, als teilweise noch neue Stellen (z. B. Sonderpfarrämter im evangelischen Raum) eingerichtet werden konnten.

1.4 Die im Theologiestudium zu erwerbende bzw. zu vertiefende Kompetenz

In diesem letzten Abschnitt des ersten Kapitels soll eine grobe Orientierung gegeben werden, welche Kompetenzen von dem- oder derjenigen erwartet werden, die sich nach ihrem Theologiestudium in einen entsprechenden Beruf hineinbegeben (wollen). Kompetenz meint hier die Summe der Fähigkeiten, die benötigt werden, um diesen Beruf qualifiziert und mit der erforderlichen Professionalität unter den derzeitigen und sich abzeichnenden gesellschaftlichen und kirchlichen Bedingungen ausüben zu können. Natürlich macht es nochmals einen Unterschied, ob es sich um ein Berufsfeld in kirchlicher (z. B. Pfarrer oder Pfarrerin) oder anderer Anstellung (z. B. Religionslehrer bzw. -lehrerin) handelt, ob es ein Beruf ist, für den ein theologisches «Vollstudium» (z. B. Diplom) Voraussetzung ist oder ein «Teilstudium» neben anderen Fächern (z. B. Lehramt), im katholischen Raum zusätzlich, ob man (oder frau) Theologie beruflich als Priester oder als Laie praktizieren möchte u. a. m. Auf diese jeweiligen Besonderheiten soll hier keine Rücksicht genommen, stattdessen versucht werden, diejenige «theologische Kompetenz» zu bestimmen und in ihren verschiedenen Dimensionen jeweils zu umreißen, die – mit mehr oder weniger besonderen Akzentuierungen – berufsfeldübergreifend ist.

Zugrunde gelegt wird im Folgenden ein Modell, wie es vor einigen Jahren Manfred Josuttis und Rolf Zerfaß (beide Vertreter der Praktischen Theologie, der erste evangelisch, der zweite katholisch) vorgelegt haben.[22] Dieses Modell ist für die eigene Orientierung hilfreich, weil es zwischen verschiedenen (insgesamt vier) Dimensionen der Kompetenz für ein theologisches Berufsfeld unterscheidet:

• Als erste liegt die Dimension auf der Hand, die es mit der Theologie im engeren Sinn zu tun hat, also die fachwissenschaftliche oder *sachliche* Dimension: Vom Theologen bzw. von der Theologin wird erwartet, dass sie etwas von der Sache versteht, um die es in der Theologie geht, also in der christlichen Theologie um die Auslegung der Botschaft des Evangeliums und ihre Vermittlung in die heutige Zeit hinein. Nach R. Zerfaß lässt sich die dazu notwendige Kompetenz, mit der Überlieferung umzugehen, die sich der Botschaft Jesu – im Kontext seines jüdischen Glaubens – verdankt, und sie auf die Gegenwart hin zu «übersetzen», wie folgt differenzieren: Es geht um die Fähigkeit, «innerhalb der kirchlichen Überlieferung authentische Tradition von sekundären Traditionen zu unterscheiden, mit Hilfe historischer und hermeneutischer Methoden das ursprüngliche Zeugnis des Evangeliums gegen die sanften und gefährlichen Umdeutungen, die in jedem Übersetzungs- und Aktualisierungsversuch stecken, zur Geltung zu bringen: auch gegen das herrschende Bewusstsein unserer Zeit und gegen die herrschende Praxis der Kirche.» Letzteres ist natürlich nur möglich, wenn man sich nicht nur in der Geschichte bzw. in der Tradition einigermaßen auskennt, sondern wenn auch in der nötigen Differenziertheit ein Bewusstsein von der gegenwärtigen Situation erworben worden ist und dies «auf dem Laufenden» gehalten wird. Dazu gehört auch – um einen in diesem Kapitel bereits ausgeführten Gedanken wieder aufzunehmen – der Respekt vor der «Theologie der Leute» und das Vermögen, mit ihr in der gebührenden Sensibilität kritisch-konstruktiv umzugehen.

• In engem Zusammenhang mit dem sachlichen Aspekt der theologischen Kompetenz steht die *methodische* Dimension, die Fähigkeit also, das, was man gelernt hat, auch «anwenden» zu können – in der Predigt, im Unterricht, im seelsorgerlichen Gespräch, in einer Talkshow oder wo auch immer der Theologe oder die Theologin gefragt sind. Es geht darum, situationsgerecht kommunizieren zu können, sich verständlich ausdrücken zu können, zuallererst auf den anderen oder die andere hören und ihre Anliegen vernehmen zu können und vieles mehr. Manches davon verfestigt sich allmählich erst im Verlauf des beruflichen Alltags, unterstützt durch Fort- und Weiterbildungsmöglichkeiten, die in diesem Bereich allenthalben angeboten werden. Aber es gilt, sich ein Grundlagenwissen bereits in der ersten Ausbildungsphase zu erwerben und wenigstens ein Stück weit praktisch einzuüben. Denn wer merkt, dass er überhaupt nicht in der Lage ist, mit den Menschen umzugehen, mit denen er oder sie später beruflich in Berührung kommt, sollte sich rechtzeitig überlegen, ob das Theologiestudium für ihn oder sie wirklich ein sinnvolles Unterfangen ist.

In diesem Zusammenhang kann nur mit Nachdruck empfohlen werden, so ausgiebig wie möglich bereits vor dem Studium, aber auch während dieser Zeit Kontakt zu theologischen Berufsfeldern zu halten, nähere Einsicht in sie zu gewinnen und sich von daher für das eigene Studium – etwa mit Blick auf mögliche Schwerpunktsetzungen – anregen zu lassen.

• Wenn es zutrifft, dass, wie in den bisherigen Ausführungen wiederholt erwähnt worden ist, gerade in das Theologie-Treiben – in Theorie und Praxis – unweigerlich die eigene Existenz involviert ist, muss auch diese Dimension einbezogen werden, wenn die Bestimmung der durch das Studium zu erwerbenden bzw. zu vertiefenden Kompetenz betroffen ist. In dieser *personal-sozialen* Dimension geht es – wiederum in den Worten von R. Zerfaß – um die persönliche Erfahrung des Glaubens, um die eigene Praxis des Evangeliums, «d. h. des Versuchs, den eigenen Alltag an diesem Evangelium zu orientieren, die eigenen Ängste von dorther anzugehen, sich selber betreffen zu lassen und solche Erfahrungen mit anderen zu teilen. Hier wäre die Fähigkeit anzusiedeln zu schweigen, zu hören, fremde Erfahrungen gelten zu lassen, die Frage hinter einer Frage wahrzunehmen, aber auch einen Konflikt zu riskieren, um die eigene Erfahrung nicht zu verraten.» Theologie-Treiben hat es mit persönlicher Zeugenschaft zu tun. Dies gilt umso mehr, als nicht mehr davon ausgegangen werden kann, dass die Gottesrede kraft der hinter ihr stehenden Autorität auf kritiklose Zustimmung trifft.

• Aber auch davon kann theologische Arbeit nicht absehen: Sie hat ihre institutionell vorgegebenen Orte und unterliegt damit bestimmten, teilweise sogar in juristische Form gebrachten Bedingungen. Das beginnt etwa mit den Arbeitsverträgen und der darin ver- einbarten Stellenbeschreibung und reicht hin bis zu den Möglich- keiten und Grenzen einer kirchlichen Mitbeteiligung in gesell- schaftlichen Bereichen (z. B. im Schulwesen), wie sie durch Verträge zwischen Staat und Kirche festgelegt sind. Viele theologisch-beruf- liche Tätigkeiten spielen sich unter institutionellen Rahmenbedin- gungen ab, die gekannt und berücksichtigt werden müssen, um- sachgerecht in ihnen zu handeln: Sie lässt sich entsprechend als *institutionelle* Dimension der theologischen Kompetenz bezeich- nen. So macht es etwa einen Unterschied (oder sollte es zumindest machen), ob in der Schule Religionslehre erteilt wird oder ob in einer Kirchengemeinde Heranwachsende auf die Konfirmation oder Fir- mung vorbereitet werden. Im privaten seelsorgerlichen Gespräch kann und muss anders kommuniziert werden als in der öffentlichen theologischen Rede. Der Theologe und die Theologin hat damit zu rechnen, dass er oder sie als Repräsentant bzw. Repräsentantin je- ner Institution(en) wahrgenommen werden, die mit der Theologie gemeinhin identifiziert wird: der Kirche bzw. den Kirchen – mag er oder sie selbst gegenüber dieser Kirche eingestellt sein, wie auch im- mer sie wollen. Man kommt also nicht darum herum, sich irgend- wie mit dieser Gegebenheit arrangieren zu müssen. Und immerhin ist es zu einem guten Teil entlastend, die Orte und Zeiten, an und zu denen im theologischen Kontext gearbeitet werden soll, nicht erst immer wieder neu erfinden zu müssen, sondern von Vorgegeben- heiten ausgehen zu können: Der Sonntagsgottesdienst findet in der Kirche x um y Uhr statt; die beiden Religionsunterrichtsstunden in der Klasse a an der Gesamtschule b liegen am Wochentag c in der Stunde d und am Wochentag e in der Stunde f; Überraschungen, auf die man nicht vorbereitet ist, stellen sich noch genug ein – auch und gerade unter solchen institutionellen Rahmenbedingungen.

Anmerkungen
[1] J.B. Metz, Theologie als Biographie, in: Concilium 12 (1976), 311–315.
[2] Vgl. J.A. Schülein, Selbstbetroffenheit. Über die Aneignung und Vermittlung sozialwissenschaftlicher Kompetenz, Frankfurt/M. 1977.
[3] Th. W. Adorno, Einleitung, in: ders. u.a., Der Positivismusstreit in der deut-

schen Soziologie, Neuwied 1972, 43; hier zitiert nach J.A. Schülein, a.a.O., 19.

[4] St. Klein, Theologie im Kontext der Lebensgeschichte, in: Diakonia 26 (1995), 30–36, hier: 33. Vgl. in diesem Zusammenhang auch: M. Weinrich, Theologie und Biographie. Zum Verhältnis von Lehre und Leben, Wuppertal 1999, insbesondere 88 ff.

[5] Vgl. H.-M. Barth, Einander Priester sein. Allgemeines Priestertum in ökumenischer Perspektive, Göttingen 1990; D. Wiederkehr (Hg.), Der Glaubenssinn des Gottesvolkes – Konkurrent oder Partner des Lehramtes?, Freiburg/Br. 1994.

[6] E. Arens, Ist Theologie Luxus?, in: Orientierung 63 (1999), 81–84, hier: 82.

[7] G. Gutiérrez, Theologie der Befreiung, Mainz 10. Aufl. 1992, 67 und 77 f.

[8] Vgl. Chr. Friesl, TheologiestudentInnen '93. Identität und Beruf, Wien 1993.

[9] Vgl. A.A. Bucher/S. Arzt, Vom Katecheten zur Religionspädagogin. Eine empirische Untersuchung über die Studienmotive, die religiöse Sozialisation und die Studienerwartung von jungen TheologInnen, in: Religionspädagogische Beiträge 42/1999, 19–47.

[10] M. Blasberg-Kuhnke, Theologie studieren als Praxis, in: Religionspädagogische Beiträge 39/1997, 3–18, hier: 11. – Die Ausführungen dieses Abschnitts verdanken diesem Aufsatz viele Anregungen.

[11] E.H. Erikson, Identität und Lebenszyklus, Frankfurt/M. 8. Aufl. 1980, 114.

[12] Ders., Der vollständige Lebenszyklus, Frankfurt/M. 1988, 87.

[13] M. Blasberg-Kuhnke, a.a.O., 12.

[14] Vgl. J. Werbick, Glaube im Kontext, Zürich u.a. 1983, bes. 440–457; ders., Glaubenlernen aus Erfahrung, München 1989, bes. 105 ff.

[15] Vgl. J.W. Fowler, Stufen des Glaubens. Die Psychologie der menschlichen Entwicklung und die Suche nach Sinn, Gütersloh 1991, bes. 167–201.

[16] Solche Entwicklungsmodelle wie das Fowlers sollen nicht im Sinne einer Evolution zum «Höheren» bzw. «Besseren» verstanden werden, können aber zu der selbstreflexiven Wahrnehmung der eigenen Lebensgeschichte ebenso hilfreich sein wie zur Einschätzung der didaktischen Perspektiven von spezifischen Lerngruppen.

[17] H. Peukert, Pädagogik, in: Lexikon für Theologie und Kirche VII, Freiburg/Br. 3. Aufl. 1998, 1257–1264.

[18] Vgl. zum Folgenden auch M. Blasberg-Kuhnke, Lebenswirklichkeit und Glaubenssituation junger Erwachsener als Herausforderung an praktisch-theologische Ausbildung und pastorale Praxis, in: A. Schifferle (Hg.), Verantwortung und Freiheit, Fribourg 1990, 413–428.

[19] Vgl. U. Schmitthenner, Der konziliare Prozess. Gemeinsam für Gerechtigkeit, Frieden und Bewahrung der Schöpfung. Ein Kompendium, Idstein 1998.

[20] Synodenbeschluss «Unsere Hoffnung», in: L. Bertsch u.a. (Hg.), Gemein-

same Synode der Bistümer in der Bundesrepublik Deutschland. Bd. 1, Freiburg/Br. 1976, 84–111, hier: 96.

21 Vgl. H. Peukert, Was ist eine praktische Wissenschaft?, in: O. Fuchs (Hg.), Theologie und Handeln, Düsseldorf 1984, 64–79, hier: 77.

22 Vgl. R. Zerfaß, Die Kompetenz des Verkündigers und ihr christliches Fundament, in: Pastoraltheologische Informationen. Folge 8, Frankfurt/M. 1979, 38–56, bes. 46 ff.

2 Ein kurzer Schritt zum langen Anmarsch: zu Geschichte und Gestalt der theologischen Wissenschaft

Was ist Theologie? Man könnte sich die Antwort verhältnismäßig leicht machen und beschreiben, wie die theologische Wissenschaft an deutschen Universitäten heutzutage aufgebaut ist. Wer Theologie studieren will, muss das wissen. Darüber werden wir auch informieren, aber erst später. Im 3. Kapitel werden wir die Gegenstandsbereiche der verschiedenen theologischen Einzeldisziplinen vorstellen und erörtern, aber auch ihre Zueinanderordnung, wie sie heute im Forschungs- und Lehrbetrieb der Theologie an deutschen Universitäten (und nur sie sind im Blick) vorherrscht.

Zur vorläufigen Orientierung soll hier als «Faustregel» eine Übersicht über die grobe Struktur von Theologie vorausgeschickt werden, wie sie ihrer evangelischen und ihrer katholischen Ausprägung gemeinsam ist:

- Die *biblische Theologie*, die sich aus den beiden Einzeldisziplinen *Altes Testament* und *Neues Testament* zusammensetzt, fragt nach den Möglichkeiten des Verstehens biblischer Texte – beispielsweise nach der theologischen Intention von Verfassern oder Tradenten, nach ihrer historischen und gesellschaftlichen (ökonomischen, politischen, sozialen, religiösen, kulturellen usw.) Situation, nach ihrer Bedeutung für heutiges Leben.

- Die *historische Theologie* fragt als *Kirchengeschichte* nach der Gestalt, der Veränderung und Entwicklung des kirchlichen Lebens (z. B. in Gottesdienst und Diakonie, Kunst und Pastoral/Diakonie, in kirchlichen Ordnungen, im Verhältnis zwischen Kirche und Staat, in der Einbindung der Kirche in soziale Konflikte usw.), und zwar in historisch fortschreitender Zeit von den ersten Tagen der christlichen Gemeinden bis heute; in der *Dogmengeschichte* sind stärker die Inhalte, die Entstehungssituation und die Veränderung kirchlicher Bekenntnisse und ihrer theologischen Reflexion im Blick.

• Die *systematische Theologie* behandelt (in der Differenzierung der beiden Großbereiche *Dogmatik* und *Ethik* bzw. *Moraltheologie*) die innere Logik theologischen Denkens im Gegenüber von Bibel, kirchlichen Bekenntnissen und gesellschaftlich-kulturellem Leben (mit besonderem Blick auf seine geisteswissenschaftliche Wahrnehmung und hier vornehmlich auf die Philosophie) sowie das Verhältnis von Glauben und Handeln.

• Die *Praktische Theologie* untersucht kirchliche Handlungsfelder in Gottesdienst, Predigt und Seelsorge, im kirchlichen und schulischen Unterricht, in Diakonie und Pastoral und befasst sich mit der Problematik kirchlicher Ordnung.

• Des Weiteren gehört der Blick «von außen» auf Religion und Theologie, der nicht von vornherein mit *einer* Religion oder sogar Konfession identifiziert ist, zur universitären Theologie hinzu. Dies ist der Blick, den die *Religionswissenschaft* einnimmt; diese Perspektive «von außen» hat in anderer Weise auch die *Religionsphilosophie*, aber auch die *Philosophie* von ihren eigenen Fragestellungen aus, und insbesondere in der systematischen Theologie wird das Gespräch mit philosophischen Gesprächspartnern und -partnerinnen gesucht.

• Gewissermaßen «quer» zu den genannten Disziplinen stehen theologische Orientierungen und Optionen, wie sie sich in den letzten drei Jahrzehnten beispielsweise in der «Befreiungstheologie» oder in der «feministischen Theologie» entwickelt haben. Beide Perspektiven – die Orientierung theologischer Arbeit an einer befreienden Praxis für die Armen und am Blick der Frauen – werden von Vertretern und Vertreterinnen dieser theologischen Orientierungen *in allen* theologischen Disziplinen zur Geltung gebracht. Beispielsweise lesen feministische biblische Theologinnen nicht unbedingt andere biblische Texte als ihre männlichen Kollegen, aber sie lesen sie mit anderen Augen und schärfen (zunehmend auch bei männlichen Theologen) die Sensibilität für Ausblendungen, Ausgrenzungen und Verzerrungen des (über Jahrhunderte unreflektiert als «universal» behaupteten) männlichen Blicks.

Als «Faustregel» mag dies erst einmal reichen. Doch für viele, die «in die Theologie einsteigen», bringt ihre ausdifferenzierte Gestalt zunächst einmal mehr Verwirrung als Klarheit mit sich. Deswegen möchten wir in diesem Kapitel grundlegender ansetzen und versuchen, von verschiedenen Aspekten her eine Vorstellung darüber zu vermitteln, was Theologie überhaupt ist.

Was also ist Theologie? Es erscheint als ein unmögliches Unterfangen, hier eine knappe Zusammenfassung zu wagen. Denn die Geschichte der Theologie in jüdisch-christlicher Tradition beginnt mit den frühesten biblischen Texten (mitsamt deren vorherigen mündlichen Tradierung). Unübersehbar viele Menschen aus den verschiedensten historischen Epochen und Weltgegenden sind an dieser Geschichte beteiligt. Und es handelt sich keineswegs um eine harmonische Fortentwicklung, sondern um ein höchst lebendiges und konfliktreiches Hin und Her in einem oft unauflösbaren Ineinander von Glaubensweise, Lebensgestalt und Reflexion.

Die Schwierigkeit der Darstellung in diesem Kapitel ergibt sich nicht zuletzt aus einer Eigentümlichkeit, die Theologie von nahezu allen anderen Wissenschaften unterscheidet: Es gibt keine abgegoltenen Positionen, keine ein für alle Mal überholten und ausgemusterten Forschungsergebnisse. Deshalb ist es auch nicht sinnvoll, die Darstellung auf die Entwicklung der letzten 20 oder wenigstens 100 Jahre zu begrenzen. Wer Theologie studiert, muss dies von Anfang an in Rechnung stellen: Er bzw. sie wird immer wieder vor der Aufgabe stehen, gedanklich Situationen, Erfahrungen, auch Diskussionen noch einmal durchzuspielen, die Jahrhunderte, wenn nicht Jahrtausende zurückliegen. Diese Orientierung auf das Ganze der Geschichte ist grundlegend; zur entscheidenden Weichenstellung wird mit jedem Theologiestudium neu, dass hieraus keine Historisierung des Gegenstandes und ein Relevanzverlust für das aktuelle kirchliche und gesellschaftliche Leben entsteht, sondern ein Reichtum in der Gestalt des kirchlichen Lebens ebenso wie des theologischen Gesprächs.

Eine Überlegung hat uns bewogen, nicht gleich aufzugeben und trotz der Vielfalt des Gegenstandes eine zusammenfassende Darstellung zu wagen: Wir rechnen damit, dass alle, die am theologischen Wissenschaftsprozess als Lehrende und als Lernende beteiligt sind, einen Entwurf vom Ganzen der Theologie im Kopf haben – wie vorläufig und wie bewusst auch immer. Dies gilt gerade für die Situation des Studienbeginns. Studienanfänger und -anfängerinnen entschließen sich immerhin, «Theologie» zu studieren – und nicht einzelne Gegenstände, die ihnen begegnen werden, sobald sie das Studium begonnen haben: zum Beispiel die Grundlagen der altgriechischen Grammatik, methodische Fragen in der Lektüre eines biblischen Textes oder wichtige Weichenstellungen in der Theologie Karl Barths (1886–1968).

Wir beginnen deshalb dieses Kapitel mit einigen beispielhaften «Draufsichten» auf «die» Theologie. Es wird sich schnell herausstellen, dass sie alle einen spezifischen Blick einnehmen. Dies gilt übrigens auch für unsere Darstellung. Das «Wir», das oft als Subjekt in den Sätzen dieses Kapitels steht, schließt Gemeinsamkeiten und Unterschiede ein. Dazu gehört, dass wir über manches verschiedener Meinung sind, dass im Entstehungsprozess des Textes bisweilen eine unvollständige Sicht der Dinge bei dem einen durch eine Korrektur oder Ergänzung durch den anderen ergänzt wurde. Also: Das «Wir» dieses Textes ist kein «Plural Majestatis», sondern bezeichnet das Ergebnis eines gemeinsamen Diskussionsprozesses.

Dieser Diskussionsprozess ist nicht nur Ergebnis unseres spontanen Gedankenreichtums, sondern hat seinen «Sitz im Leben». Die beiden Autoren sind Männer; unsere Weise des Theologie-Treibens ist von den Anfragen von feministischen Theologinnen mit betroffen und muss sich ihnen stellen. Wir gehören als Hochschullehrer zu den reichen und sozial abgesicherten Bevölkerungsgruppen in der Bundesrepublik Deutschland und leben hier – trotz aller mit der Globalisierung der Ökonomien verbundenen Rücknahme sozialer Lebensstandards – in einem der reichsten Länder der Erde. Wir sind als Deutsche in die Schuldgeschichte des deutschen gegenüber dem jüdischen Volk eingebunden. Wir sind weiße Mitteleuropäer – wie stark dies unseren Blick prägt, merken wir schon im Kontakt mit afrikanischen Studierenden in Seminaren oder in der Mensa der Universität. Unsere Zugehörigkeit zu einer nicht zuletzt geographisch vorgegebenen Lebenswelt begrenzt zugleich die Reichweite unseres Blicks auf theologische Literatur und auf die gesellschaftliche Situation von Theologie und Kirche. Wir gehören als Universitätsprofessoren dem gleichen, als evangelischer und katholischer Christ in gewissem Umfang unterschiedlichen Milieus zu. Als Praktische Theologen haben wir einen anderen Blick auf das Ganze der Theologien als beispielsweise vornehmlich mit der Exegese und Theologie des Alten (Ersten) Testaments oder mit der systematischen Theologie Befasste. Beide haben wir unsere je unterschiedliche theologische Ausbildung durchlaufen. Unsere Freundesgruppen sind verschieden; unsere sozialen und politischen Verpflichtungen und Orientierungen decken sich nicht unbedingt. – Es ist zu erwarten, dass all dies in die Darstellung mit eingeht – und es steht zu hoffen, dass diese Kontextbedingungen den Blick nicht vollständig determinieren, sondern dass der Inhalt der Theologie demgegenüber seine Eigenständigkeit und Kraft durchsetzt. Dies wird in dem Maß der Fall sein – und damit ist eine hermeneutische «Faustregel»[1] genannt, der wir uns verpflichtet fühlen –, wie die Beziehung zwischen Inhalt und Kontextbedingungen des theologischen Nachdenkens nicht ausgeblendet, sondern als Bestandteil der theologischen wissenschaftlichen Arbeit selbst ernst genommen wird.

Wir nähern uns unserem Gegenstand – um in räumlichen Metaphern zu sprechen – mit Blick «von außen» und «aufs Ganze»: Mit der Vorstellung von einigen «Theologie-Bildern» und Bestimmungen der «Aufgabe der Theologie» wollen wir nicht zuletzt unsere Leser dazu herausfordern, sich ihre eigenen Meinungen und Entwürfe dazu bewusst zu machen und in ein inneres Gespräch mit den hier vorgeführten Konzepten einzubringen. In den folgenden Schritten werden wir dann deutlich machen, dass man besser von «den Theolog*ien*» spricht als von «der» Theologie. Aber jetzt geht es, sozusagen, ums Ganze.

2.1 Theologie-Bilder: «Höher, schneller, besser» – oder: «Die guten alten Zeiten, wo sind sie geblieben?»

In der jüngeren Diskussion – nehmen wir einmal den Zeitraum von 200 Jahren, in denen die Theologie die großen Anfragen der «Aufklärung» verarbeiten musste – hat es immer wieder wirkmächtige Gesprächsbeiträge gegeben, in denen mit einer *evolutionären Ent-*

wicklung gerechnet wird.[2] Dabei können Evolutionsvorstellungen in beiden Formen vorkommen: als Entwicklung zu «höheren» oder «besseren» Formen, aber auch umgekehrt als Entwicklung in negativer Richtung.

Angeregt durch ähnlich ansetzende Denker im 19. Jahrhundert, z. B. Auguste Comte (1798–1857), hat der amerikanische Philosoph Alfred North Whitehead (1861–1947) in seinen vier Vorlesungen über die Entstehung der Religion[3] das ungeheuer vielfältige dabei zu interpretierende Material im Sinne einer solchen *Entwicklungslogik* angeordnet und die Entstehung von theologischer Reflexion an einem bestimmten Punkt dieser Entwicklung angesiedelt. Am Anfang der Entwicklung von Religion (Whitehead hat vor allem die jüdisch-christliche Tradition vor Augen, weitet seine Überlegungen aber auch auf andere Religionen aus) steht die Orientierung am *Ritual*, in dem ein *Mythos* begangen wird. Beides, Ritual und Mythos, lebt vom *Gefühl* der Feiernden und ruft Gefühl hervor, und beides lebt aus der strikten Einbettung in eine jeweils gegebene *soziale Gruppe* und stärkt sie wiederum. «In dieser primitiven Phase der Religion, in der Ritual und Gefühl vorherrschen, haben wir es grundsätzlich mit sozialen Phänomenen zu tun. Das Ritual ist eindrucksvoller, das Gefühl kräftiger, wenn eine ganze Gesellschaft in dasselbe Ritual und dasselbe Gefühl vertieft ist.»[4] Ritual, Mythos und Gefühl wirken wechselseitig und bestärken einander; aber der Mythos beinhaltet – als machtvolle Erzählung von Personen oder Dingen, die am Anfang stehen und gut und böse unterscheidbar machen – bereits ein über das Gefühl hinausgehendes Element, nämlich die Orientierung am *Gedanken*. Diese Entwicklung eröffnet für die einzelnen Menschen zunehmend eine Möglichkeit, sich vom Druck der sie umgebenden Gesellschaft und der Dinge zu befreien. Whitehead sieht in dieser Tendenz zum *Rationalismus* das Charakteristikum der modernen Religion (wobei er diese Bezeichnung immerhin für die Epoche der letzten 6000 Jahre gelten lassen möchte), zugleich in einer Tendenz zu Individualisierung – er schlägt dafür den Begriff des *Solitärseins* im Sinne einer Befreiung des Einzelnen von unmittelbarem sozialen und natürlichen Druck vor. Das Aufkommen von Rationalismus und Solitärsein in der Religion ist zugleich die Geburtsstunde von

Theologie als Möglichkeit, sich auf Ritual, Mythos, Gefühl und Gesellschaftlichkeit reflexiv zu beziehen.

> «In dieser Weise durchliefen die Religionen eine Evolution auf indivi-
> dualistischere Formen zu und schüttelten ihren ausschließlich gemein-
> schaftsbezogenen Aspekt ab. Anstelle der Gemeinschaft wurde nun das
> Individuum die religiöse Einheit; der Stammestanz verlor seine Bedeu-
> tung im Vergleich mit dem Gebet des Einzelnen; und für die wenigen
> mündete das individuelle Gebet in Rechtfertigung durch individuelle
> Einsicht.»[5]

Whitehead wirft – als Philosoph – gewissermaßen einen Blick «von außen» auf die Theologie; aber er bringt doch auf den Punkt, was Vertreter des theologischen Gesprächszusammenhanges selber dachten und formulierten. Die begrifflichen Dimensionen mögen im Einzelnen wechseln, als wirkmächtig erweist sich dabei immer wieder die Annahme einer Entwicklungslogik: weg von sozialer Eingebundenheit und ritueller Orientierung von Religion, hin zu einer stärker individualisierten emotionalen und/oder rationalen Gestalt.

Zwei Beispiele seien für viele andere genannt. Einer der einfluss-reichsten protestantischen theologischen Lehrer, der die Debatte vom Beginn des 19. Jahrhunderts stark bestimmt hat, ist Friedrich Daniel Ernst Schleiermacher (1768–1834). Er verbindet an einer markanten Stelle das Postulat einer religiösen Evolution – weg von einer rituellen, sozial gebundenen Gestalt, hin zur freien Kommu-nikation des religiösen Gefühls – mit der Meinung, dass sich genau hierin, in der stärkeren Entfernung von ritueller Orientierung und sozialer Einbettung, eine Höherwertigkeit des christlichen gegen-über dem jüdischen und islamischen Monotheismus zeige. Im ers-ten Band seiner Glaubenslehre[6] heißt es:

> «Auf dieser höchsten Stufe des Monotheismus zeigt uns die Geschichte
> nur drei große Gemeinschaften, die jüdische, die christliche, die muha-
> medanische, die erste fast im Erlöschen, die andern um die Herrschaft
> in dem menschlichen Geschlecht sich streitend. Das Judentum zeigt
> durch die Beschränkung der Liebe des Jehovah auf den Abrahamiti-
> schen Stamm noch eine Verwandtschaft mit dem Fetischismus ... Das
> Christentum stellt sich daher schon deshalb, weil es sich von beiden

Ausweichungen frei hält, über jene beiden Formen, und behauptet sich als die reinste in der Geschichte hervorgetretene Gestaltung des Monotheismus …»

Das Christentum ist «… in der Tat die vollkommenste unter den am meisten entwickelten Religionsformen.» – Das Problem, die christliche Religion mit einem Absolutheitsanspruch gegenüber anderen versehen zu wollen, wird uns noch beschäftigen; hier geht es zunächst nur um diese Wahrnehmung: Schleiermachers Theologiekonzept ist offenbar zuinnerst von der Vorstellung einer evolutionären Entwicklungslogik zu einer höheren, positiver zu wertenden Gestalt bestimmt.

Das zweite Beispiel: Der Gesprächskontext, in dem Rudolf Bultmanns (1884–1976) berühmt gewordene Forderung einer «Entmythologisierung» des christlichen Glaubens steht – er erhebt sie zuerst in den vierziger Jahren des gerade vergangenen Jahrhunderts, als Naziherrschaft und Krieg noch längst nicht zu Ende sind[7] –, ist ein anderer; aber auch hier findet sich das Vorstellungsmuster einer evolutionären Veränderung von Weltbildern, in die sich christlicher Glaube und christliche Theologie eingebunden verstehen müssen. Bultmanns Ausgangsüberlegung ist, dass ein moderner Zeitgenosse, der der Lebenswelt der technologischen Moderne zugehört und beispielsweise Waschmaschine und Rasierapparat benutzt, von den mythischen Passagen des Neuen Testaments nicht mehr getroffen werde. Die mythischen Texte müssen entmythologisiert, d. h. auf ihren existenzialen Sinn hin konzentriert, und so für den heutigen Zeitgenossen verständlich gemacht werden. Bultmann ist der Ansicht, damit den eigentlichen Sinn der mythischen Erzählgestalten selbst herauszuarbeiten: «Der eigentliche Sinn des Mythos ist nicht der, ein objektives Weltbild zu geben; vielmehr spricht sich in ihm aus, wie sich der Mensch selbst in seiner Welt versteht; der Mythos will nicht kosmologisch, sondern anthropologisch – besser: existential interpretiert werden.» Bultmanns Postulat hat in Theologie und Kirche große, von vornherein nicht nur zustimmende Resonanz gefunden. Aus heutiger Sicht ist schwer verständlich, warum er seine Wahrnehmung des modernen, der Mythologie «abholden» Menschen nicht mit dem Problem konfrontiert hat, dass Millionen seiner Zeitgenossen und Zeitgenossinnen der modernen politischen Ideologie des Nationalsozialismus mit all ihren mythischen Elementen – Blut und Boden, Führerkult, bedingungslose Bereitschaft zu Selbstopfer und Massaker – ohne bewahrende entmythologisierende Begrenzung aufgesessen sind.

Eine programmatische Kritik am Entmythologisierungskonzept hat 1954 der Philosoph Karl Jaspers (1883–1969) formuliert. Er sieht dieses grundlegende theoretische Problem:[8] Einen Mythos zu erzählen schafft Sinn, der ohne solches Erzählen nicht zu haben wäre. «Der Mythus ist Bedeutungsträger, aber von Bedeutungen, die nur in dieser seiner Gestalt ihre Sprache haben. In mythischen Gestalten sprechen Symbole, deren Wesen es ist, nicht übersetzbar zu sein in eine andere Sprache. Sie sind nur in diesem Mythischen selber überhaupt zugänglich, sind unersetzlich, unüberholbar.» Mit diesem Argument ist zugleich der Stichhaltigkeit der Meinung widersprochen, religiöse Lebensformen und theologische Denkmuster wandelten sich unumkehrbar im Sinne einer evolutionären Entwicklungslogik zu stärker existenzialen oder auch rationalen oder verinnerlichten Gestalten.

In der aktuellen Diskussion finden wir das Modell einer evolutionären Entwicklungslogik im theologischen Gesprächszusammenhang mit besonderer Wirkmächtigkeit in der Praktischen Theologie, vor allem in der Religionspädagogik. Jetzt ist nicht zuerst die Entwicklung «der» Religion oder «der» Theologie im Blick, sondern die lebensgeschichtliche Entwicklung des menschlichen Individuums. Für viele ähnliche Positionen in diesem Gesprächszusammenhang, die zumindest in diese Richtung interpretiert werden können und teilweise auch werden, sei hier die von James W. Fowler[9] skizziert.

Fowler spricht von «(Lebens-)Glauben» (faith) und der «Entwicklung des Glaubens». Ausgangspunkt ist die Annahme, dass der Mensch auf Sinn angewiesen ist; der Mensch lebt in einer zugleich deutungsfähigen und deutungsbedürftigen Welt. «Sinn» steht für die Erfahrung des Vertrauens, verstanden als existenzieller und nicht nur verstandesmäßiger Vorgang. Es handelt sich dabei um ein interpersonales Verhältnis: Menschen teilen Wertvorstellungen, denen sie vertrauen, mit anderen; und sie finden in der Regel bildlich-symbolische Formen, in denen in ganzheitlicher Weise ausgedrückt ist, worin das Leben begründet ist und woran es orientiert werden kann. «Glauben» ist in diesem Sinn eine universelle Erscheinung, ist also nicht an eine spezifische Religion gebunden. Universal ist jedoch die Entwicklungslogik, eine Stufenfolge der Glaubensentwicklung, die mit der lebensgeschichtlichen Entwicklung des Menschenkindes einhergehen. Diese Entwicklung wird als irreversibel angesehen: Bei einem gesunden Menschen soll, so Fowler, damit gerechnet werden, dass einmal überwundene Entwicklungsstufen nicht wiederkehren. Die Entwicklung verläuft über die Stufen des «ersten Glaubens» (Stufe 0: Entstehung von Urvertrauen in einer vorsprachlichen Lebensphase) über den «intuitiv-projektiven Glauben» (Stufe 1: Überwiegen der Phantasietätigkeit gegenüber realitätsgerechter Wahrnehmung), den «mythisch-wörtlichen Glauben» (Stufe 2: keine Unterscheidung zwischen Symbol und Symbolisiertem möglich), den «synthetisch-konventionellen Glauben» (Stufe 3: Orientierung an Autoritäten), den «individuierend-reflektierenden Glauben» (Stufe 4: Herausbildung einer Fähigkeit zu unabhängigem Urteil), den «verbindenden Glauben» (Stufe 5: als Fähigkeit, verschiedene Glaubensweisen und Religionen miteinander ins Gespräch zu bringen) bis zur höchsten Entwicklungsstufe des «universalisierenden Glaubens» (Stufe 6: Das Gottesbild löst sich von den symbolischen Vorgaben je eigener Religion und wird z. B. als «absolute Liebe und Gerechtigkeit» verstanden, die dem Einzelnen «höchste Achtung vor dem Sein» abverlangt).

Die Stufen folgen in ihrer Entwicklungslogik der linearen Zeitstrecke des Lebensalters. Der Schwerpunkt bei Kindern liegt auf der Stufe 1 und 2, im Jugend- und jungen Erwachsenenalter auf Stufe 3. Stufe 4 ist die höchste Stufe, die vor dem Erwachsenenalter auftreten kann. Die höchsten Stufen werden nicht von allen Menschen erreicht, finden ihren Ort aber in jedem Fall im Erwachsenenalter. Fowler hat sich widersprüchlich zu der Frage geäußert, inwiefern die von ihm beschriebenen Stufen eine Hierarchie im Sinne einer positiv zu wertenden Höherentwicklung bilden. Einerseits will er Sinnorientierungen nicht gegeneinander aufrechnen.

Andererseits ist in der Weise, wie er die Stufen untersucht und zuordnet, eine Zielrichtung zum Besseren angelegt.

Es finden sich in der jüngeren theologischen Debatte bei der Wahrnehmung dessen, was als «die» Religion oder «die» Theologie gelten soll, auch Vorstellungen von einer evolutionären Entwicklungslogik, die im Gegensatz zu den bisher skizzierten Meinungen mit einer Entwicklung zum Schlechteren rechnen. Zwei Beispiele seien für viele andere genannt. Das erste stammt aus der alttestamentlichen Wissenschaft, das zweite aus der Praktischen Theologie.

Julius Wellhausen (1844–1918) ist einer der wichtigsten protestantischen Alttestamentler der Epoche des wilhelminischen Kaiserreiches. Er beschreibt[10] die Entwicklung der Beziehung zwischen Gott und Gottesvolk nach einem Frühstadium der Geschichte Israels – in der in der Zeit der Sesshaftwerdung eine quasi verwandtschaftliche Beziehung zwischen den Sippenverbänden und ihrem Gott vorherrschte und jede Sippe ein eigenes Heiligtum innehatte, an dem es durch Opfer mit Gott in Kontakt treten konnte – im Sinne einer zunehmenden *Zentralisierung* der Begegnungsmöglichkeit, die zugleich mit einer zunehmenden *Abstrahierung* und einem *Verlust an Nähe und Lebendigkeit* verbunden ist. Wellhausens Interpretationsthese beinhaltet die Vorstellung einer negativen Zielgerichtetheit, man könnte von einer Dekadenzhypothese sprechen: Die ursprüngliche dichte, nahe und gute Beziehung zwischen dem Gottesvolk Israel und «Jahwe»[11] wird, so Wellhausen, im Verlauf des Zentralisierungsprozesses zunehmend abstrakt, fern und unnahbar. Sie verliert ihre ursprüngliche Lebendigkeit. Steht am Anfang die intime Beziehung zwischen Menschen und Gott, die sich in gemeinsamer Mahlzeit, im Austausch vor Gaben, in intensiver naher Begegnung vor Ort zeigt, so am Schluss die rituelle Ordnung des Opferkults am Jerusalemer Zentralheiligtum, verbunden mit einer Sühnetheologie, die gegenüber den jeweiligen Lebensumständen der Menschen eher abstrakt bleibt.

In ähnlicher Weise wie Wellhausen in der alttestamentlichen Wissenschaft, so hat eine Generation später, in den zwanziger Jahren unseres Jahrhunderts, der protestantische Pfarrer und Praktische Theologe Paul Graff (1878–1955) eine negative Evolution in der Lebensgestalt des Glaubens beschworen.[12] Ihn interessiert die Entwicklung der Liturgie des evangelischen Gottesdienstes. Und genau das, was in den Augen des Philosophen Whitehead die positive Dimension in der Höherentwicklung der Religion ausmacht – der zunehmende Rationalismus und die Orientierung aufs Individuum –, gilt für Graff gerade als Kennzeichen einer negativen Entwicklungsrichtung. In dem Maß, wie der Gottesdienst in der Periode zwischen Reformation und Aufklärungszeit, also zwischen dem 16. und dem 17./18. Jahrhundert zum Ort rationalistischer Aufklärung und pädagogischer Bemühung um das Kirchenvolk wird, gehe der eigentliche Inhalt des Gottesdienstes – Ehrfurcht vor Gott, Gemeinschaft der Kommunizierenden – ebenso verloren wie der liturgische Reichtum des gottesdienstlichen Lebens. Schon mit der Reformation beginnt, so sieht es Graff, eine Entwicklung, in der der Gottesdienst immer mehr zu einem pädagogischen Unternehmen wird. Und in den folgenden Epochen – in der lutherischen Orthodoxie und im Pietismus, schließlich in der Aufklärungszeit – nehmen die Pädagogisierung, die Auflösung der gottesdienstlichen Gemeinschaft, die Orientierung an Gefühlsseligkeit oder aber an Vernunftmäßigkeit und Zweckmäßigkeit in einem Maß überhand, dass der eigentliche Inhalt des gottesdienstlichen Lebens mehr und mehr verschüttet wird.

Wir wollen es mit dieser knappen Skizze einiger einflussreicher theologischer Positionen belassen, in denen ein Bild von «der» Religion oder «der» Theologie entworfen wird, als lasse sich das Entscheidende im Sinn einer evolutionären Entwicklung von stärker ritualisierten, am Mythos orientierten, gemeinschaftsbezogenen zu stärker rationalisierten und individualisierten Formen verstehen – einer Entwicklung, die je nach Position als Gewinn oder Verlust gedeutet wird. Wir können eine solche Sicht der Dinge nicht ungebrochen übernehmen: Zu stark drängt sich der Verdacht auf, dass das Lebensgefühl der Autoren oder aber solche vorherrschenden Orientierungen in das Urteil eingegangen sind, die im gesellschaftlichen Kontext auch an anderer Stelle mächtig waren. Mit der Industrialisierung Deutschlands, die um 1830 verstärkt einsetzt, setzen sich evolutionäre Entwicklungsvorstellungen in allen Bereichen des wissenschaftlichen und kulturellen Lebens durch – man denke nur an Namen wie Karl Marx (1818–1883), Charles Darwin (1809–1882) oder den bereits erwähnten Auguste Comte. Aber auch jenseits des wissenschaftlichen Diskurses: Die Vorstellung, dass wir «goldenen Zeiten» entgegengehen – oder aber umgekehrt: dass sich die Lebensbedingungen der Massen zunehmend verschlechtern –, beherrscht, je nach Zugehörigkeit zu Milieu und sozialer Lage, auch die Gespräche an Stammtischen, auf Baustellen und in Werkskantinen. Wie verbreitet gerade in kirchlichen Kreisen die Vorstellung von einem die (moderne) Gesellschaft destruierenden «Verfall der Sitten» ist, könnte fallstudienartig an «Moralpredigten» vom Beginn des 19. Jahrhunderts an bis in die Gegenwart hinein aufgezeigt werden.

Mit diesem Hinweis ist zugleich ein Grundsatz für theologisches Arbeiten angedeutet, den wir auch in anderem thematischen Zusammenhang für wichtig halten: nämlich die Frage nach dem gesellschaftlichen Kontext theologischer Meinungen als Bestandteil der theologischen Urteilsbildung selbst ernst zu nehmen. Man könnte einem solchen Vorgehen entgegenhalten: Damit wird der inhaltliche Sinn des theologischen Gedankens aber noch nicht erreicht. Dieser Einwand ist in dem Maß berechtigt, wie ein solches Verfahren reduktiv angewendet würde: als hätte man schon zureichend erklärt oder sogar «entlarvt», was man auf psychologisch oder soziologisch zu erhebende Gefühls- und Interessenlagen im jeweiligen historisch-gesellschaftlichen Kontext beziehen kann. In der Tat kann eine inhaltliche Auseinandersetzung auf diese Weise niemals ersetzt werden.

Aber auch auf diesem Weg, in der Würdigung des inhaltlichen Arguments unter Absehung der Frage nach ihrem gesellschaftlichen Kontext, müssen sich die Evolutionskonzepte kritisch befragen lassen. Geht hier nicht, mehr oder weniger unreflektiert, eine philosophische Meinung in die Argumentation ein, die bereits von Platon (427–348/47 v. Chr.) klassisch formuliert wurde: als sei das wahrnehmbare, je gelebte Leben nur das Abbild der eigentlichen Wirklichkeit, nämlich der ewigen Ideen? Eine solche «ewige Idee» – die Evolutionstheoretiker des 19. Jahrhunderts würden, allerdings mit entsprechendem Sinn, je nach Gegenstandsbereich von «Naturgesetz» oder von «Gesetzen der gesellschaftlichen Entwicklung» sprechen – wäre dann die Evolution zu stärker verinnerlichten und rationalisierten Formen von Religion. Man kann mit Gründen über diese philosophische Meinung diskutieren. Sie sollte allerdings nicht unbefragt, vielleicht sogar vor jeder Reflexion als immer währende, universal gültige Selbstverständlichkeit den Blick auf die Dinge lenken. Denn dann würde beispielsweise ausgeblendet, dass – nach der Evolutionslogik – überwundene Stufen von Religion immer wiederkehren können und empirisch immer wiederkehren; und dass auch immer wieder der Fall eintritt, dass in ein und derselben historischen Situation, zudem im Rahmen einer (z. B. durch gemeinsamen Sprachraum) umgrenzten Gesellschaft religiöse Lebensformen gleichzeitig lebendig sind, die nach der Entwicklungslogik unterschiedlichen «Stufen» zugerechnet werden müssen – dass also mit einer Ungleichzeitigkeit gleicher Entwicklungsstufen, umgekehrt mit einer Gleichzeitigkeit ungleicher Entwicklungsstufen gerechnet werden muss. Dies hat nicht zuletzt die Konsequenz, dass die zunächst selbstverständliche Annahme, die linear fortschreitende Zeitstrecke sei der angemessene Rahmen, an dem religiöse Entwicklung zu messen sei, noch einmal kritisch befragt werden muss.

Wir meinen, dass andere Interpretationsmodelle stichhaltiger sind. Sie sollen im Folgenden entwickelt werden; zunächst jedoch, wie angekündigt, ein weiterer Blick auf das Ganze «der» Theologie. Was ist ihre Aufgabe? Und wie kann sie gelöst werden?

2.2 Die Aufgabe der Theologie

Es hat in der Geschichte der Theologie immer wieder Vorschläge gegeben, ihre Aufgabe zusammenfassend zu bestimmen. Common Sense unter den noch so heterogenen Stellungnahmen zu dieser Frage ist, dass die Theologie ihren Gegenstand nicht selbst konstruiert, sondern ihm nachfolgt. Vier charakteristische Vorschläge sollen hier genannt werden, nicht im Sinne einer historischen oder inhaltlichen Rangfolge, sondern als wichtige inhaltliche Bestimmungen des Problems.
• Der schweizerische Theologe Karl Barth (1886–1968) – sein

Name ist nach dem Ersten Weltkrieg eng mit einer theologischen Neuorientierung verbunden («dialektische Theologie») – hat 1931 ein Büchlein veröffentlicht, das er rückblickend als Weichenstellung für das eigene theologische Nachdenken, aber auch für die theologische Denkhaltung versteht, die sich ihm, wie er formuliert, «als die der Theologie allein angemessene nahe gelegt hat.» Barth liest und interpretiert[13] ein anderes theologisches Buch, das schon beinahe ein Jahrtausend alt ist. Hier führt der hochmittelalterliche Theologe Anselm von Canterbury (1033–1109) einen charakteristischen Gottesbeweis vor. Barth bezeichnet den von Anselm dabei gefundenen Satz «aliquid quo nihil maius cogitari possit» (etwas, über dem nichts Größeres gedacht werden kann) charakteristischerweise nicht als Beweis im wissenschaftlichen Sinn, sondern vielmehr als einen besonderen, dem Anselm offenbar gewordenen *Namen* Gottes, dem Anselm sich nicht in der Haltung distanzierter Beobachtung und logischen Schießens, sondern in der Haltung des Gebets nähert. Was Barth hier interessiert: Anselm ist an einem Beweis Gottes in dem Sinn völlig uninteressiert, als könne es darum gehen, seine Existenz solchen Gesprächspartnern aufzuweisen, die sie leugnen oder auch nur der Meinung sind, dass es eines äußeren Beweises überhaupt bedürfe. Denn wenn Gott «etwas ist, über dem ein Größeres nicht gedacht werden kann», dann ist keine Instanz auszumachen, von der aus, unabhängig von der Existenz und Macht Gottes, seine Existenz bewiesen werden könnte.

Barth identifiziert genau damit seine eigene theologische Haltung – und darüber hinaus die, wie er meint, der Theologie allein angemessene Haltung: Theologie ist in einem präzis gemeinten Sinn «einfältig». Sie versucht nicht, ihren Gegenstand zu übersteigen. Ihre Operationen des «Beweisens» sind weniger logische Verfahren als vielmehr eine spezifische Kommunikationsform: Sie setzen die Basis der gemeinsamen Verständigungsbemühung ebenso voraus wie den Raum, innerhalb dessen sie sich ereignet. Das «credo» (das Glaubensbekenntnis) des Einzelnen, das sich in diesem gemeinsamen Gespräch auslegt, hat das «Credo» der Kirche zur undiskutierbaren Voraussetzung und die Kirche als unüberschreitbaren Raum um sich. Das «Intelligere», nach dem der Glaube verlangt, hat nicht das «Was», sondern das «Inwiefern» des Glaubens zum Gegenstand. Theologie beginnt an dem Punkt, wo die Heilige Schrift und das Bekenntnis der Kirche nicht Wort für Wort wiederholt, sondern als eigene Denkbemühung artikuliert wird. «Der Theologe fragt, *inwiefern* es so ist, wie der Christ glaubt, dass es ist ... Das intelligere wird also über die Feststellung der *inneren* Notwendigkeit der Sätze des Credo, über die Feststellung des glaubensnotwendigen Seins, das diesen Sätzen entspricht, nicht hinausgehen.»

• Barth hat seinen theologischen Ansatz in Absetzung und Kritik gegenüber einer theologischen Tradition entwickelt, die er im 19. Jahrhundert als vorherrschend ansieht und als deren gemeinsamen Mittelpunkt er interpretiert, nach einer Synthese von Christentum und bürgerlicher Kultur zu suchen. Ein wichtiger Theologe, Philosoph und Pädagoge, der als Impulsgeber für diese theologische Orientierung angesehen werden kann und vor allem von Barth so verstanden wird, ist Friedrich Daniel Ernst Schleiermacher (1768–1834). Schleiermacher hat 1810 in einer ersten, 1830 in einer zweiten Auflage eine «Kurze Darstellung des theologischen Studiums zum Behuf einleitender Vorlesungen» herausgegeben, die unter anderem dadurch interessant erscheint, dass sie sich – trotz diametral unterschiedlichen theologischen Ansatzes und Sprachstils – in wesentlichen Punkten von Barths Gesprächsbeitrag kaum unterscheidet.[14] Die theologische Wissenschaft, so meint auch Schleiermacher, konstruiert ihren Gegenstand nicht, sondern findet ihn als ihre Voraussetzung vor: «Die Theologie ... ist eine positive Wissenschaft, deren Teile zu einem Ganzen nur verbunden sind durch ihre Beziehung auf eine bestimmte Glaubensweise, d. h. eine bestimmte Gestaltung des Gottesbewusstseins; die der christlichen also durch die Beziehung auf das Christentum» (§ 1). Es macht schon einen Unterschied, dass Schleiermacher von «Gottesbewusstsein» spricht und Barth von «Credo»; die Bewegungsrichtung der Vorordnung vor der theologischen Reflexion ist aber in beiden Fällen die gleiche. Und auch das, was Barth den umgebenden Raum der Theologie nennt, nämlich die Kirche, finden wir bei Schleiermacher wieder, allerdings in einer deutlich praktisch interessierten Perspektive als «Kirchenleitung». Damit ist zugleich gesagt, dass man als gläubiges Kirchenmitglied im Sinne Schleiermachers keine Theologie braucht, sondern nur dann, wenn man an der Gestaltung und Leitung des kirchlichen Zusammenlebens beteiligt ist: «Die Theologie eignet nicht allen, welche und sofern sie zu einer bestimmten Kirche gehören, sondern nur dann und sofern sie an der Kirchenleitung teilhaben ...» (§ 3). Schleiermacher radikalisiert diese Meinung dahin gehend, dass dieselben Kenntnisse, wenn sie nicht in Beziehung auf die Kirchenleitung erworben sind, aufhören, theologische zu sein, und an die jeweiligen Einzelwissenschaften (z. B. Geschichte; Philosophie; Ethik) zurückfallen. Stärker als Barth dies in dem zitierten Text artikuliert, besteht Schleiermacher auf der Kooperation und notwendigen Aufeinanderbeziehung der verschiedenen theologischen Disziplinen, und zwar ausdrücklich aus der praktischen Perspektive der Gestaltung des kirchlichen Lebenszusammenhanges: «Daher ist, die Grundzüge aller theologischen Disziplinen inne zu haben, die Bedingung, unter welcher auch nur eine einzelne derselben in theologischem Sinn und Geist kann behandelt werden» (§ 16). Es gehört in seinem Sinn zur wissenschaftlichen theologischen Arbeit hinzu, den Ort der Theologie im Gesamtzusammenhang aller Wissenschaften ebenso zu profilieren wie die Stellung des christlichen Glaubens gegenüber den anderen Religionen: Dies ist Aufgabe der «philosophischen Theologie». Aufgabe der «historischen Theologie» ist das wie auch immer in spezifische Forschungsgegenstände zu differenzierende Wissen, dass das Ganze von Theologie und Kirche geschichtlich entstanden ist und nur als Ergebnis der Vergangenheit begriffen werden kann. Aufgabe der «Praktischen Theologie» ist die Herausbildung aller Kompetenzen, die in der praktischen kirchlichen Arbeit – in erbauender und leitender Tätigkeit, in Seelsorge und Organisation des Gemeindelebens – benötigt werden. «In dieser Trilogie, philosophische, historische und praktische Theologie, ist das ganze theologische Studium beschlossen» (§ 31).

• Nach dem Zweiten Weltkrieg ist an den evangelisch-theologischen Fakultäten der Bundesrepublik Deutschland die «dialektische Theologie» in der Tradition Karl Barths zunehmend in die Kritik geraten. Es kommt, damit verbunden und zum Teil auch mit Auswirkungen bis in die katholische Theologie hinein, zu einer Vorherrschaft der historischen und exegetischen Disziplinen –

Altes und Neues Testament, Kirchengeschichte und eine sich weitgehend auf historische Problemstellungen orientierende Systematische Theologie. Als Impuls für diesen Richtungswechsel kann ein 1950 veröffentlichter Aufsatz des Systematikers Gerhard Ebeling gelten, «Die Bedeutung der historisch-kritischen Methode für die protestantische Theologie»[15]. Die Grundüberlegung Ebelings ist, dass es sich in den Verfahren der historisch-kritischen Lektüre biblischer Texte – wir werden diese Methoden unter dem Stichwort «Der zweifache Ausgang des Alten Testaments» erläutern – nicht um bloße methodische Techniken handelt, sondern um einen Zugang, der unmittelbar mit der reformatorischen Grundentscheidung verbunden sei, die Begegnung des Menschen mit der Offenbarung Gottes allein auf das *Wort* zu konzentrieren. Denn damit sei die Aufgabe verbunden, das einmalige geschichtliche Ereignis der Selbstoffenbarung Gottes in Jesus Christus *auszulegen*. Hermeneutik wird zum zentralen Inhalt reformatorischer Theologie; denn es muss ja erreicht werden, dass das historisch Einmalige, Vergangene über die lange Zeit bislang verstrichener Geschichte hinweg in seiner Bedeutung für unsere Gegenwart dargelegt wird.

In der Reformation werden die in der Kirche bisher begangenen Wege der Vermittlung – über das Sakrament; über die Kontinuität der Institution; über die mimetische Angleichung an die Lebensformen der frühen Christen z. B. im Mönchtum – als überflüssig abgewiesen. Das Heilsgeschehen soll «für mich», «allein im Glauben», «allein durch die Schrift» mitgeteilt werden. Wenn Schrift und Bekenntnis aber als unhistorische, im Extremfall: durch Gott selbst inspirierte Texte angesehen werden, dann ist ihre Bedeutung für die Gegenwart nur durch eine wortwörtliche Befolgung deutlich zu machen. Dem hatten die Reformatoren, so Ebeling, einen Riegel vorgeschoben, indem sie mit der Unterscheidung zwischen Gesetz und Evangelium einen kritischen Aspekt *in den heiligen Schriften selbst* gesehen hatten: Eine wortwörtliche Geltung von Bibel und Bekenntnis wäre nur als Gesetz möglich und also nicht reformatorisch. Die biblischen Texte müssen ausgelegt, müssen übersetzt und deshalb auf ihre Bedeutung für den heutigen Menschen befragt werden. Reformatorische Theologie muss heute, dies ist Ebelings zentrale Forderung, hermeneutische Theologie sein.

Ein historisch-kritischer Zugang zu den biblischen Texten ist deshalb mit der reformatorischen Grundentscheidung unmittelbar verbunden, weil das «für mich» des Glaubensverständnisses heute einschließt, die Verstehensbedingungen des neuzeitlichen Menschen in der hermeneutischen Auslegungsarbeit ernst zu nehmen. Und der neuzeitliche Mensch, so meint Ebeling, ist rational; alles Metaphysische gehört für ihn nicht mehr zum Selbstverständlichen, sondern zum Problematischen, und verfällt deshalb der historischen Kritik. Historische Kritik ist nicht nur in der Perspektive reformatorischer Theologie nötig, die das Wort in seiner Bedeutung «für mich» auslegen will, sondern auch zuinnerst mit dem Aufkommen der Neuzeit verbunden. Es gibt keine Heilsgeschichte, die von der Profangeschichte abgegrenzt wäre. Der historische Kritiker «behandelt alle geschichtlichen und literarischen Phänomene der Vergangenheit mit der gleichen, nämlich der historisch-kritischen Methode, die sich zwar je nach Art des historischen Gegenstandes unendlich modifizieren, aber durch kein historisches Objekt grundsätzlich außer Kurs gesetzt werden kann.»

Ebeling schlägt konsequenterweise eine Zentrierung des Theologiestudiums auf die historisch-hermeneutischen Disziplinen vor. Bis heute ist dieses Programm weitgehend wirksam geblieben. Von verschiedener Seite werden kritische Fragen gestellt: Stimmt das Bild vom neuzeitlich-modernen Menschen, ist er tatsächlich vor allem rational und vernünftig? Wird Theologie hier nicht zu stark auf geistesgeschichtliche Problemstellungen eingegrenzt, die die Lebenswirklichkeit der Menschen heute eben doch nicht erreichen? Droht hier nicht eine Selbsthistorisierung des christlichen Glaubens und umgekehrt die Gefahr, dass das Fremde der biblischen Texte an der Messlatte eines als neuzeitlich empfundenen Lebensgefühls einfach zurechtgestutzt wird? Geht es beim Glauben wirklich zuerst um die intellektuell-existenziellen Operationen von Auslegung, Verstehen und Selbstreflexion oder nicht eher um Leben aus der Kraft des Heiligen?

Solche kritischen Einsprüche haben die hermeneutische Orientierung der theologischen Wissenschaft nicht außer Kraft gesetzt, können ihr aber mindestens eine neue Tiefe geben. Ein zentraler Einspruch hat seit den siebziger Jahren besonders an Gewicht gewonnen: nämlich die Forderung, den gesellschaftlichen Kontext der biblischen und kirchengeschichtlichen Texte mit sozialgeschichtlichem Interesse ebenso ernst zu nehmen wie die – ökonomisch, soziologisch, politisch und psychologisch, aber auch medizinisch und rechtlich entfaltete – Frage nach der Lebenswirklichkeit der Menschen heute, die ja nicht nur als Einzelne, als Individuen leben, denen das Heil in Christus jeweils «für mich» mitgeteilt werden müsste. Menschen leben in Beziehungen und unter gesellschaftlichen Kontextbedingungen, die ihre Chancen individueller Freiheit entscheidend fördern oder einschränken. Ein theologischer Aufbruch hat die Sensibilität für diese Fragen in jüngerer Zeit besonders geschärft:

• Es hat wohl keine theologische Neuorientierung gegeben, die seit den siebziger Jahren unseres Jahrhunderts so einflussreich war und ist wie die lateinamerikanische «Theologie der Befreiung». Diese in der Atmosphäre des Zweiten Vatikanischen Konzils (1962 – 1965) mit seiner Wahrnehmung der Laien als Zentrum des Volkes Gottes, angesichts der ökumenischen Neuorientierung christlicher Kirchen und Gruppen auf die Probleme der Armut in den abhängigen Ländern hin, schließlich angesichts des zunehmenden politischen Befreiungskampfes dort entstandene kirchlich-theologische Neuorientierung ist nicht an eine mittlerweile vergangene Konjunktur gebunden, sondern stellt die Theologie weiterhin vor zentrale Fragen der Orientierung und Selbstkritik. Das Buch, das aus dieser theologischen Bewegung in Deutschland am stärksten rezipiert wurde, ist Gustavo Gutiérrez' «Theologie der Befreiung».

Gutiérrez will nicht neue theologische Themen behandeln, sondern traditionelle theologische Themen von einem anderen Ort und damit von einer anderen Perspektive aus. Nach seiner Definition ist ein Theologe «ein Mensch, der sich in persönlichem und erlebnisnahem Einsatz in historisch genau datierten und beschriebenen Tatsachen engagiert, mittels derer Länder, soziale Klassen und Menschen um ihre Befreiung von Herrschaft und Unterdrückung kämpfen, denen andere Länder, Klassen und Menschen sie unterworfen haben.» Damit ist ein methodologischer Ansatz benannt, der einen qualitativen Bruch mit der traditionellen Theologie anzeigt. Die Themen der jüdisch-christlichen Tradition – wie Schöpfung, Erlösung, Exodus, Exil, Reich Gottes – entfalten mit dem von Gutiérrez bezeichneten Ortswechsel eine neue Dynamik. Es handelt sich nicht mehr um dogmatische Formulierungen, aus denen Handlungssequenzen für individuelle und gesellschaftliche Lebensmöglichkeiten *deduziert* werden könnten; und die Perspektive dieses theologischen Ansatzes ist nicht die privat-individuelle Erfahrungsebene. Vielmehr ist diese Einsicht erkenntnisleitend: Menschen können den besonderen historisch-gesellschaftlichen Kontext ihres Lebens und Glaubens nur dann angemessen erkennen, wenn sie sich für seine Umgestaltung in Richtung Befreiung engagieren. Und nur am konkreten Ort des Engagements in besonderen sozialen und politischen Projekten, die der Befreiung der hier und jetzt betroffenen Menschen dienen, ist zu erkennen, wie Gottes Geschenk und sein Wille sich in dieser Situation konkretisiert. «Die verändernde, geschichtliche Praxis ist nicht eine heruntergekommene, inkarnierende *Anwendung* einer reinen, gut durchdachten Theorie, sondern sie ist die Gebärmutter einer authentischen Erkenntnis und die entscheidende Probe ihres Wertes.»[16]

Die methodologische Bedeutung der Praxis, des konkreten Engagements, betrifft zwei verschiedene, aber dennoch aufeinander beziehbare theoretische Ebenen: nämlich auf der einen Seite die wissenschaftliche Rationalität, insbesondere die Erkenntnis von der Gesellschaft, auf der anderen Seite die Theorie des Glaubens, die Theologie. Was eine Gesellschaft in ihrem Innersten ausmacht, ist nur von «unten», aus dem Blickwinkel der armen, der ausgeschlossenen und ausgebeuteten Menschen in Wahrheit zu erkennen. Und der Glaube an den Gott, der in Jesus Christus Mensch geworden und dessen Evangelium die gute Botschaft für die Armen ist, ist nicht durch Wiederholung von abstrakt-richtigen Dogmen in Wahrheit wahrzunehmen, sondern nur im konkreten Engagement für die Interessen – und vor allem: in Zusammenarbeit mit den Armen und Ausgegrenzten einer Gesellschaft.

«By the way» sind während der Vorstellung von «Theologie-Bildern» und von Aufgabenbestimmungen für «die» Theologie einige Probleme benannt worden, die in der weiteren Argumentation vertieft werden müssen. Sie seien hier noch einmal knapp notiert:

• Wie soll das Verhältnis zwischen Christentum und Judentum auf der einen, der jüdisch-christlichen Tradition und anderen Religionen auf der anderen Seite verstanden werden? Denn die von Schleiermacher und vielen anderen vertretene Meinung, das Christentum als «höchste» monotheistische Religion habe die übrigen überwunden, ist wahrscheinlich nicht umstandslos die zutreffende Antwort auf alle damit bezeichneten Probleme.

• Wie ist das Verhältnis von Männern und Frauen in der Theologie (Religion, Glauben) zu bestimmen? Es ist immerhin auffällig, dass unter den zitierten Autoren bisher nur Männer waren. Liegt das an den teilweise weiter zurückliegenden Abfassungsdaten der Texte? Wie hat sich dieses Verhältnis in jüngerer Zeit weiterentwickelt?

• In welchem Verhältnis stehen Religion, Glaube und Theologie zueinander?

• Möglicherweise hängt diese Fragestellung mit der zusammen, die mit verschiedener Wertung von Bultmann, Wellhausen und Graff diskutiert wurde: In welchem Verhältnis stehen Ritual, Mythos, religiöses Gefühl und rationaler Gedanke zueinander?

• In welcher Beziehung stehen die Lebensbereiche, die mit den Namen Religion, Glaube, Theologie benannt werden, zum jeweiligen historischen und gesellschaftlichen Kontext, der wiederum in unterschiedlichen wissenschaftlichen Fragehorizonten – z. B. Geschichtswissenschaft, Sozialwissenschaften, Psychologie, Ethnologie, Medizin, Rechtswissenschaft – der Wahrnehmung zugänglich wird?

• Damit stellt sich zugleich die Frage nach dem Verhältnis der theologischen Disziplinen zu nichttheologischen Wissenschaften, die teilweise identische Gegenstände bearbeiten. Was das Verhältnis zwischen der theologischen Wissenschaft und anderen Wissenschaften angeht, so vertreten wir, kurz gesagt, das Postulat einer nichtreduktiven Kooperation: Kein wissenschaftlicher Zugang kann ohne zentralen Verlust in den anderen überführt werden; aber das Bild wird nur zureichend, wenn neben dem eigenen der andere Blick eingenommen wird.

Wenn wir jetzt unseren eigenen Zugang zum Gegenstand: die Geschichte und Gestalt der theologischen Wissenschaft, entwickeln, so ist noch einmal an unsere Vorbemerkung zu erinnern. Die folgende Darstellung von Entwicklung und Gestalt der Theologien ist nicht unsere «Erfindung», sondern steht in einem Gesprächskontext, ohne dessen Anregungen und Abgrenzungen die eigene Position nicht möglich wäre. Wir geben einige Beispiele: Die Frage nach dem Zusammenhang von Inhalt und Kontextualität theologischer Arbeit ist nicht denkbar ohne die Anregungen von lateinamerikanischen, afrikanischen und asiatischen Befreiungstheologen und -theologinnen, deren Arbeiten und deren Rezeption in Deutschland[17] wiederum ohne kirchliche und gesellschaftliche Entwicklungen nicht vorstellbar sind. Dazu gehören vor allem seit den sechziger Jahren der zunehmende Widerstand gegen die ökonomische Ausplünderung und soziale Polarisierung in den abhängigen Ländern (deren Wahrnehmung in Deutschland seit 1989 erheblich zurückgetreten ist). Kirchlicherseits kommen die Hinwendung der katholischen Kirche zu den Laien und zur sozialen und kulturellen Lebenswirklichkeit der Menschen in den Jahren des Zweiten Vatikanischen Konzils (1962–1965) hinzu, aber auch die fundamentale Veränderung in der ökumenischen Bewegung der Kirchen, seitdem mit dem Ende des Kolonialismus in den sechziger Jahren ehemalige Kolonialkirchen zu selbständigen Mitgliedskirchen im Ökumenischen Rat der Kirchen wurden. In dem Versuch einer möglichst genauen Wahrnehmung der Beziehung zwischen religiöser Lebensgestalt, Glaubensweise, theologischen Inhalten auf der einen, der ökonomischen, sozialen und kulturellen Lebenswirklichkeit der Menschen auf der anderen Seite profitieren wir in jeder Hinsicht von den Forschungen von Kollegen und Kolleginnen, die mit diesem Interesse z. B. aus sozialwissenschaftlicher, ethnologischer oder sozialpsychologischer Perspektive an religiösen Gegenständen arbeiten[18], aber auch immer wieder von Gesprächsbeiträgen aus anderen theologischen Disziplinen.[19]

2.3 Die Orte und das Geschlecht der Theologie

Wo wird Theologie «gemacht»? In ihrer jahrtausendealten Geschichte sind es immer wieder unterschiedliche Orte gewesen: der Tempel und der Königshof, der Kirchenraum und das Kloster, die Universität und das Straßencafé. Und *für welche* Orte wird Theologie gemacht? Für den Kaiserhof oder für die Hütten der Armen, für das gebildete Gespräch in theologischen Akademien oder die Pfarrerin, die einen Trauergottesdienst in einer Bestattungsfeier durchführt, für die Kirche oder die Schule? Wir können das hier nicht im Einzelnen vorführen, möchten aber die Sensibilität der Theologiestudierenden genau auf diese Frage lenken. Wie eine Theologie «gebaut» ist, welches Lebensgefühl sie atmet, wie in ihr die Beziehungen zwischen Gott und Mensch und den Menschen untereinander gesehen werden, hängt keinesfalls allein an der inneren Stimmigkeit der Gedanken, ja nicht einmal allein daran, mit welcher Genauigkeit die biblischen Texte und die Bekenntnisse der Kirche für die heutige Situation ausgelegt werden. Dass sie orientierende und befreiende Kraft entfalten können, liegt auch an ganz anderen Dingen: In welcher Körperhaltung wird ein theologischer Satz formuliert? Gebeugt über einen Lederfolianten, mit stierem Blick in den Computerbildschirm, in lebendigem Kontakt zum Gesprächspartner in einer Seminardiskussion (so etwas soll vorkommen)? Wie ist die Raumgestalt: In einem gotischen Kirchenraum haben theologische Sätze eine andere Bedeutung und Kraft als bei einem Geburtstagsbesuch bei einer 75-jährigen Seniorin in geselliger Kaffeerunde, in einem fensterlosen Universitätsseminarraum wieder andere als – und diesen ökumenischen Blick sollten deutsche Theologiestudierende nie vollständig ausblenden – in einem städtischen Slumgebiet irgendwo in Lateinamerika oder auf den Philippinen. Und: In welcher Stellung steht der Ort, an dem Theologie gemacht wird, zu den Zentren gesellschaftlicher Herrschaft in Wirtschaft und Politik? Selbst wenn die Inhaltlichkeit der Gedanken nicht darauf reduziert werden kann: Es ist schlicht damit zu rechnen, dass Lebensgefühl, Sprachstil und Engagement einer Theologie sich unterscheiden, je nachdem ob sie von einem hoch dotierten deutschen Theologieprofessor, einer Streetworkerin in einer großstädtischen Drogenszene oder in der Personalabteilung eines transnationalen Konzerns formuliert wird, wo ein ehemaliger Theologiestudent nach vergeblichen Versuchen, eine Anstellung als Pfarrer zu erhalten, sein berufliches Unterkommen und Einkommen gefunden hat.

Es ist bereits im Vorübergehen notiert worden: Die meisten bisher zitierten Theologen sind Männer. Seit den siebziger Jahren des 20. Jahrhunderts arbeiten Frauen in Theologie und Kirche die lange Geschichte ihrer Ausgrenzung und Domestizierung in diesen Lebensbereichen auf. Die Situation ist in den Großkirchen unterschiedlich: Die Leitungsebene der römisch-katholischen Kirche sperrt sich vollständig gegen die Weihe von Frauen zu Priesterinnen, sieht sich aber nicht nur in diesem Feld massiven Anfragen einer breiten kirchlichen Basis ausgesetzt. In den evangelischen Landeskirchen und Denominationen können (mit wenigen Ausnahmen) Frauen seit den sechziger Jahren des gerade vergangenen Jahrhunderts ordiniert werden und als Pastorinnen Wort und Sakrament verwalten; dem sind über Jahrzehnte massive Auseinandersetzungen in Universitäten und Kirchen vorausgegangen.[20] Mittlerweile finden sich Frauen auch in kirchlichen Leitungspositionen: Die größte lutherische Landeskirche in Hannover und die ebenfalls lutherische nordelbische Landeskirche werden von einer Bischöfin geleitet. Ähnlich, wenn auch nicht ganz so krass, ist das Bild in der Religionspädagogik: Die Anstellungsfähigkeit als Religionslehrerin in der Schule haben Frauen noch bis in die fünfziger Jahre auch im evangelischen Bereich mit der Verpflichtung auf eine zölibatäre Lebensweise erkauft. Die zentrale Rolle, die Frauen in der Entwicklung religionspädagogischer Konzeptionen und Lehrpläne, als religionspädagogische Theoretikerinnen und Lehrerinnen faktisch gespielt haben und spielen, ist in der theoretischen theologischen Wahrnehmung lange unterrepräsentiert gewesen und wird erst nach und nach aufgearbeitet.[21]

In der Rechtfertigung der Ausgrenzung von Frauen aus dem Amt der Priesterin bzw. Pfarrerin werden immer wieder biblische Stellen ins Feld geführt (z. B. 1. Korinther 11, 1 – 16; 14, 33 – 36) und – Gerhard Ebeling hätte formuliert: «gesetzlich» – im Sinne eines normativen Musters auf die heutige kirchliche Situation übertragen.

Die Stichhaltigkeit eines solchen Biblizismus zeigt sich an der Intensität, mit der die Vertreter solcher Positionen mit der Macht von Dämonen rechnen (z. B. Markus 5, 1–10), den Verzehr von Klippdachs, Hase und Schwein verweigern (3. Mose 11, 5–7) und im Falle mangelnder Gebärfähigkeit der Ehefrau mit einer abhängig Beschäftigten ein Kind zu zeugen bereit sind (1. Mose 16, 1–16): Eine biblizistisch-normative Argumentation könnte niemals stichhaltig begründen, warum manche biblischen Texte heute im Sinne verbindlicher normativer Regeln gelten sollen und andere nicht.

Die kritische Lektüre biblischer Texte und kirchengeschichtlicher Traditionen auf ihre Abhängigkeit von historisch jeweils besonders ausgeprägten patriarchalischen Herrschaftsstrukturen ist deshalb ein wichtiger Gegenstand der Forschungsarbeit von feministisch orientierten Theologinnen heute. Sie fragen beispielsweise: Gab es nur Propheten oder nicht auch Prophetinnen (z. B. 2. Mose 15, 20)? Und wieso ist das bisher in theologischer Forschung und Lehre «untergegangen»? Gab es unter denen, die Jesus nachgefolgt sind und von ihm berichtet haben, nur Jünger und Apostel oder nicht auch Jüngerinnen (z. B. Markus 15, 47–16, 8) und Apostelinnen? [22] Lässt sich das religiöse Leben im Hochmittelalter ohne die Wahrnehmung der religiösen Frauenbewegung verstehen, ohne Blick auf Beginen und Frauen in den Orden, ohne Lektüre von Texten Hildegard von Bingens (1098–1179) oder Mechthild von Magdeburgs (ca. 1210–1285)? Und man bzw. frau muss gar nicht nur in die Geschichte sehen, sondern auf das heutige kirchliche Leben: Wer bekocht und bebackt den Kirchenchor, wer besorgt die Plätzchen für die Kirchenvorstandssitzung, wer kocht den Kaffee für den Seniorenclub – und wer besucht den Gottesdienst? Und wenn man bzw. frau auf die Leitungsebenen von Kirche und universitärer Theologie sieht: Wie kommt es, dass hier Frauen keinesfalls so präsent sind wie im Kirchenvolk und unter den Theologiestudierenden?

In der «neuen» Frauenbewegung seit den siebziger Jahren unterscheidet die Paderborner systematische Theologin Helga Kuhlmann [23] vier Stadien: (1) In einer ersten Phase fordern Frauen die Ablösung hierarchischer Strukturen und männlicher Dominanz sowie gleiche Partizipationschancen für Frauen in Politik, Ökonomie und Kultur einschließlich der Kirchen; (2) seit Ende der siebziger

Jahre (Stichwort: «Gleichheit in der Differenz») wollen Frauen eigene weibliche Fähigkeiten und Möglichkeiten, eine andere Moral, andere Kommunikationsstile einfordern. Dies ist die Zeit der Entstehung autonomer Frauenzentren und -projekte; (3) etwa ab Mitte der achtziger Jahre (Stichwort «Gleichheit und Differenz») erkennen Frauen zunehmend Differenzen untereinander. Frauenbewegungen aus den abhängigen Ländern konfrontieren die Frauen in den Metropolen mit der Tatsache, dass sie selbst am Luxus und den Ausbeutungsstrukturen partizipieren; (4) in jüngster Zeit wird unter der Überschrift einer «postmodernen» und «strukturalistischen» Orientierung insbesondere in der Rezeption der Schriften Judith Butlers[24] thematisiert, dass nicht nur «gender» als soziales Geschlecht, sondern auch «sex» als zwar historisch-gesellschaftlich präfiguriert, aber prinzipiell als kontingent gelten kann: Es wird die Vision eines gesellschaftlichen Zustandes möglich, in dem Geschlecht das Ergebnis einer Wahl ist. Helga Kuhlmann plädiert für eine Aufnahme von Unabgegoltenem und für eine wechselseitige Aufeinanderbeziehung der verschiedenen Perspektiven. Beispielsweise sei durch die Postmoderne-Debatte über «gender» und «sex» keineswegs die Forderung aus der ersten Phase nach praktischer Durchsetzung des Gleichheitspostulats des Grundgesetzes schon erledigt. – Autoren und Autorinnen, die sich dem Anliegen einer feministischen Theologie verbunden wissen, haben zudem immer wieder die Wahrnehmung der Lebenswirklichkeit und die Achtung der Lebensrechte von Lesben und Schwulen in Theologie und Kirche eingefordert; ähnlich wie beim Thema der Frauenordination wird mittlerweile zunehmend die Unhaltbarkeit einer biblizistischen Begründungsfigur für eine Ausgrenzung aus dem kirchlichen Amt erkannt, zumindest im Bereich der evangelischen Kirchen.

Die Auseinandersetzung um die Gestalt des Zusammenlebens zwischen Männern und Frauen in Kirche und Theologie bleibt ein offenes Thema, zu dem sich jede und jeder, der ein Theologiestudium beginnt, in der einen oder anderen Weise verhalten muss.

Im Bereich der wissenschaftlichen Theologie bilden sich mittlerweile institutionalisierte Vernetzungen heraus: Forschungen von Frauen in allen theologischen Disziplinen werden auf regelmäßigen

Kongressen der ESWTR (European Society of Women in Theological Research) ausgetauscht; hervorzuheben ist, dass in diese Vernetzung auch – in innerchristlicher Perspektive – das Gespräch mit christlich-orthodoxen Theologinnen Osteuropas, in interreligiöser Perspektive das Gespräch mit jüdischen und muslimischen Theologinnen eingebunden wird. Zudem wird in der universitären Stellenbesetzungspolitik die Machtfrage ebenso ernst genommen wie in der komplizierten Landschaft theologischer Publizistik. Schon 1976 haben sich Theologen und Theologinnen vor allem aus der sog. Dritten Welt zu EATWOT (Ecumenical Association of Third World Theologians) zusammengeschlossen und tauschen sich regelmäßig in Regionalkonferenzen und interkontinentalen Treffen untereinander aus.

Ging es uns in den bisherigen Abschnitten dieses Kapitels darum, an zentralen Gegenständen exemplarische Themen, Konflikte und Positionen der jüngeren Theologiegeschichte zu skizzieren, soll in den folgenden Abschnitten ein eigener Zugang zum Gegenstand versucht werden; die Leser und Leserinnen werden unschwer erkennen, wo in Anknüpfung und Abgrenzung die bisher benannten Gesprächslinien aufgenommen werden.

2.4 Der Augenblick und die Dauer der Zeit

Am Anfang steht eine Widerfahrnis vor jeder Reflexion, ja gegen die Absichten und Lebenskonzeptionen von Menschen, denen dies geschieht. Die Bibel berichtet immer wieder davon. Durch ein kontingentes Ereignis wird die Dauer der geschichtlichen Entwicklung unterbrochen. Der Augenblick wird zum zentralen Bezugspunkt der Erinnerung, er wird im Bekenntnis, in der rituellen Begehung, in der theologischen Reflexion immer neu für die gegenwärtige Situation lebendig gemacht, in seiner begründenden und zurechtstellenden Kraft ebenso wie in seiner Sinn stiftenden Bedeutung vergegenwärtigt.

Zentraler Bezugspunkt für alles andere und Spätere ist dieses eine zugleich umstürzende und grundlegende Ereignis. Dies kann sozialen Großgruppen oder sogar einem ganzen Volk geschehen. Die Befreiung aus Fronarbeit und Gefangenschaft in Ägypten (2. Mose 1–15) ist für das Volk Israel die Begegnung mit seinem Gott JHWH (sprich: adonaj), in der Gott zeigt, wer er für die Menschen sein will: «Ich habe das Elend meines Volkes in Ägypten gesehen und ihr Geschrei über ihre Bedränger gehört; ich habe ihre Leiden erkannt. Und ich bin herniedergefahren, dass ich sie errette aus der Ägypter Hand und sie herausführe aus diesem Lande in ein gutes und weites Land, darin Milch und Honig fließt ...» (2. Mose 3, 7.8)[25]

Das begründende Ereignis wird im *Fest* begangen und vergegenwärtigt. Das kontingente Ereignis wird in den zyklisch im Jahresablauf wiederkehrenden Festen in der Dauer der Zeit lebendig erhalten. Im Ritual wird das Ursprungsereignis «begangen», wird zugleich erinnert und vergegenwärtigt; dies beinhaltet, da das Ursprungsereignis selber ja seinen Ort in der zurückliegenden Geschichte hat, dass von ihm erzählt wird. Dies ist die Aufgabe des *Mythos* im Ritual: In ihm wird das zentrale, alles begründende und erneuernde Ereignis auf eine Weise mitgeteilt, dass es nicht vergangen im Sinne von «abgetan» ist, sondern hier und jetzt seine Kraft und Bedeutung für das Leben der Menschen, ja des ganzen Kosmos entfaltet.

Die zyklisch wiederkehrende Zeit der ursprünglichen landwirtschaftlichen Feste wird durch die vergegenwärtigende Erinnerung des Befreiungshandelns Gottes mit den Zeiten des *kairos*, des gefüllten Augenblickes, und zugleich mit der historisch sich erstreckenden Zeit gefüllt. Im *Bundesbuch* – ein Gesetzkorpus, das wahrscheinlich der Zeit des ausgehenden 8. Jahrhunderts v. Chr. entstammt – werden drei Jahresfeste genannt: das Passafest (das «Fest der ungesäuerten Brote») im Frühjahr, das Fest der Ernte bei der Aussaat und das Fest der Lese, wenn die Ernte eingebracht wird. Es handelt sich dabei um *Opfer*feste: Die Erstgeburt unter den Tieren und das Beste von den Erstlingen der Feldfrüchte soll JHWH als dem Befreier seines Volks und dem Geber allen Lebens zurückgegeben werden (2. Mose 23, 14–19). Der Festzyklus wird in späterer Zeit um weitere Stationen erweitert, beispielsweise das nach dem babylonischen Exil (s. u.) aufkommende Ritual des Großen Versöhnungstages (3. Mose 16), in dessen Mittelpunkt das Sühnopfer steht.

Das Fest (Ritual und Mythos) ist *eine* Form der Vergegenwärtigung des Ursprungsereignisses. Eine weitere ist das *Bekenntnis*. Dass JHWH der eine und einzige Gott ist, der sein Volk Israel unter allen Völkern auf der Erde auserwählt hat zu seinem Eigentum, und dass das Volk und jeder Einzelne im Volk diesen einen Gott mit ganzem Herzen und aller Kraft liebt, ist das Bekenntnis, welches das Leben eines frommen Juden begleitet und trägt – bis heute.

> «Höre, Israel, der Herr ist unser Gott, der Herr allein. Und du sollst den Herrn, deinen Gott, lieb haben von ganzem Herzen, von ganzer Seele und mit all deiner Kraft. Und diese Worte, die ich dir heute gebiete, sollst du zu Herzen nehmen und sollst sie deinen Kindern einschärfen und davon reden, wenn du in deinem Hause sitzt oder unterwegs bist, wenn du dich niederlegst oder aufstehst. Und du sollst sie binden zum Zeichen auf deine Hand, und sie sollen dir ein Merkzeichen zwischen deinen Augen sein, und du sollst sie schreiben auf die Pfosten deines Hauses und an die Tore» (5. Mose 6, 4–9).

Der Inhalt menschlichen Lebens, den einen Gott mit ganzem Herzen zu lieben, wird im Alten Testament (und nicht erst im Neuen Testament, wie vielfach angenommen wird) durch die entsprechende Forderung begleitet, auch den anderen Menschen zu lieben: «Du sollst deinen Nächsten lieben wie dich selbst; ich bin der Herr» (3. Mose 19, 18).

Die *theologische Reflexion* ist eine dritte Weise der Vergegenwärtigung des Ursprungsereignisses. Sie bezieht sich zugleich auf Fest bzw. Ritual und Bekenntnis – aber nicht im Sinne des historisch Späteren und Abgeleiteten. Vielmehr muss von einer tendenziellen Gleichzeitigkeit ausgegangen werden: Die Gestaltung des Festrituals und das Aussprechen des Bekenntnisses beinhalten bereits in nuce theologisches Nachdenken, und umgekehrt sind alle biblischen Texte, die vom Ursprungsereignis erzählen, die die Ordnungen und Erzählungen der Feste mitteilen und das Bekenntnis aufgeben und einschärfen, theologisch durchreflektierte und gestaltete Äußerungen. Gegenstand der Theologie sind die Beziehungen zwischen Gott und den Menschen und den Menschen untereinander – in Gottesdienst und Bekenntnis, in der organisatorischen Gestalt und der sozialen Lebenspraxis des Gottesvolks.

Die theologische Reflexion gewinnt ihren Anstoß nicht allein durch das eine Ereignis der Befreiung Israels aus ägyptischer Gefangenschaft. Weitere begründende Begegnungen mit JHWH treten hinzu, sie liegen in einer Linie seines Befreiungshandelns oder konfrontieren das Volk Gottes mit der Frage, ob und wie angesichts historischer Einbrüche und Katastrophen Gottes Verheißung weiterhin gilt. Die vergegenwärtigenden Erinnerungen an diese Ereignisse werden teilweise von verschiedenen Theologengruppen tradiert, aber in dem Erzählfaden der einen Heiligen Schrift zusammengeknüpft; sie geben den Festen, dem Bekenntnis, der theologischen Reflexion immer wieder neue Gestalt und Farbe. Zentral sind vor allem:

• die Mitteilung des Gesetzes Gottes am Sinai (2. Mose 19 ff.); das Gesetzeskorpus beinhaltet rituelle und soziale bzw. ethische Gesetze und erstreckt sich mit erzählenden Einfügungen über die fünf Bücher Mose, wird in den prophetischen Büchern des Alten Testaments immer wieder erinnert und auf aktuelle Konfliktsituationen konkretisiert. Weitere umstürzende Begegnungen (hier ohne Anspruch auf Vollständigkeit notiert) treten hinzu:

• die «Landnahme», das friedliche Einsickern und die kriegerische Eroberung Kanaans durch israelitische Großgruppen und damit die – theologisch so gedeutete – Inbesitznahme des verheißenen Landes (Josua 1 ff.);

• die – theologisch als Erwählung Gottes verstandene – Entstehung des Königtums Sauls (1. Samuel 7 ff.) und Davids und der davidischen Dynastie (1. Samuel 16 ff.), die sozialgeschichtlich als politische Zentralisierung einer bis dahin «akephalen», also ohne zentrale Herrschaftsinstanz lebenden agrarischen Gesellschaft in Israel verstanden werden muss;

• die politische Katastrophe der Zerstörung der Staatlichkeit und des Königtums in Israel, die ihren Höhepunkt in der Deportation der Oberschicht Judas und im babylonischen Exil findet (587 bis 539 v. Chr.);

• die Befreiung und Heimkehr der Exilierten, der Wiederaufbau des Jerusalemer Tempels und die Etablierung des Tempels als Zentrum der sozialen, politischen und religiösen Struktur Israels – bei gleichzeitigem Fehlen einer politischen Zentralinstanz und der fak-

tischen politischen Oberhoheit wechselnder ausländischer Groß-
mächte (erzählt und reflektiert vor allem in den alttestamentlichen
Büchern Esra, Nehemia, Daniel und in den Makkabäerbüchern
und dem Buch Esther).

Es finden sich in den Schriften, die nach und nach zur Hebräischen Bibel – aus christlicher Perspektive: zum Alten Testament –
zusammenwachsen (die damit verbundenen Probleme der Beziehung zwischen christlicher und jüdischer Gemeinde werden noch
erörtert), eine Vielzahl von Theologien. Die *Heilige Schrift* der Juden und der entstehenden christlichen Gemeinde ist nicht (wie dies
vom Koran mitgeteilt wird) einem Menschen (über mehrere Pha-
sen, aber) in wenigen Jahren von einer himmlischen Gestalt diktiert
worden, sondern ist in einem Zeitraum von über einem Jahrtausend fortgeschrieben worden.[26] Charakteristisch ist, dass jeweils
spätere Theologengruppen die Arbeit der früheren nicht verwischt
oder unkenntlich gemacht, sondern weiter tradiert haben. Die
eigene, neue Sicht der Dinge wird nicht totalitär durchgesetzt, sondern kann neben dem früheren, teilweise auch neben gegensätz-
lichen theologischen Aussagen stehen.

Das für die theologische Produktivität wohl wirkmächtigste Ereignis ist das Ende der Staatlichkeit Israels und Judas und die Ver-
schleppung eines Großteils der jüdischen Bevölkerung ins Exil
nach Babylon. Im Exil und in der Zeit danach arbeitet eine
Gruppe von Theologen in einer umfassenden Neubesinnung die
gesamte Tradition an historischen, juristischen und prophetischen
Texten auf. Sie werden wegen der Wichtigkeit, die das «Deuteronomium» für ihr theologisches Nachdenken innehat, «Deuteronomisten» genannt. Beim Deuteronomium (dem 5. Buch Mose)
handelt es sich um einen zur Zeit des Königs Josia (der König der
letzten Machtphase des Staates Judas vor dem Exil; er wurde 639
v. Chr. als Achtjähriger inthronisiert) im Jahr 622 bei Tempel-
arbeiten aufgefundene Teil (1. Könige 23, 25) des israelitischen
Gesetzeskorpus. Der zentrale Gedanke der deuteronomistischen
Theologie ist der des «Bundes» (b^{e}rit)[27]: JHWH hat sein Volk er-
wählt, er hat ihm die Verheißung, das Land, das Gesetz zu seinem
Heil gegeben. Das Volk Israel ist als Antwort verpflichtet, JHWH
allein als seinen Gott anzunehmen – also keinen anderen Göttern

zu dienen – und die kultischen und sozialen Gesetze einzuhalten. Die religiöse und politische Katastrophe der Vertreibung, der Zerstörung des Jerusalemer Tempels und des Exils provoziert die Deuteronomisten, die ganze bisherige Geschichte nach diesem Maßstab zu befragen: Entsprechen die politischen Entscheidungen der Könige, die soziale Orientierung der Reichen und Mächtigen, die religiöse Orientierung des ganzen Volkes dem Bund und seinen Verpflichtungen, und hat Israel den Zusammenbruch seiner Staatlichkeit nicht dadurch verschuldet, dass es den Bund immer wieder verlassen hat?

In einem entsprechenden Verhältnis von *umstürzender Begegnung mit Gott* und darauf antwortendem *Fest (Ritual und Mythos)*, *Bekenntnis* und *theologischer Reflexion* stehen auch das Leben, Sterben und Auferstehen des Jesus von Nazareth, das zunächst bei einer Gruppe innerhalb des jüdischen Volks das Bekenntnis provoziert: Hier begegnet das Wirken Gottes, hier erscheint der erwartete Messias, hier kehrt der Sohn Davids wieder, dies ist Gottes Sohn. Nach der Kreuzigung Jesu, nach seinem schmachvollen Tod jenseits der Grenzen des Tempels und der Tore Jerusalems, der seine öffentliche Wirksamkeit (man denke an die Heilungen, an die machtvolle Verkündigung des unmittelbar bevorstehenden Reiches Gottes und die Forderung zur Umkehr Markus 1, 15, an den Zuspruch der Sündenvergebung) abrupt beendet, zerstreuen sich seine verzweifelten Anhänger zunächst (z. B. Markus 14, 72; die Frauen dagegen bleiben bis zum Ende bei Jesus: Markus 15, 40.47). Die Erscheinungen des Auferstandenen – sie werden als Begegnungen oder auch (im Falle des Paulus) als Visionen/Auditionen mitgeteilt – führen zuerst in Jerusalem zur Bildung einer christlichen Gemeinde, die im *Ritual* gemeinsamer Mahlzeiten («Herrenmahl»), im gemeinsamen *Bekenntnis* zu dem gekreuzigten und auferstandenen *kyrios* Jesus[28] und in *theologischer Reflexion* mehr und mehr eine Eigenständigkeit und Abgrenzung gegenüber der jüdischen Gemeinde ausprägt.

Das *Bekenntnis* findet sich – ausdrücklich unter dem Namen «Evangelium» – in knapper und wahrscheinlich ältester Form im ersten Brief des Paulus an die Korinther: «Denn als Erstes habe ich euch weitergegeben, was ich auch empfangen habe: Dass Christus gestorben ist für unsere Sünden nach der Schrift; und dass er begraben worden ist; und dass er auferstanden ist am dritten Tage nach der Schrift; und dass er gesehen worden ist von Kephas, danach von den Zwölfen» (1. Korinther 15, 3–5).[29] Die Formulierung zeigt deutlich, dass die entstehenden christlichen Gruppen ausdrücklich – wie alle gläubigen Juden – «die Schriften» zum Grund und Auslegungskontext der eigenen Widerfahrnis haben; die wachsende Ausdifferenzierung und Trennung zwischen der christlichen und der jüdischen Gemeinde geht nicht so weit, dass sich eine Position durchsetzen könnte – obwohl es darüber heftigen Streit gibt (s. u.) –, die eigene Verwurzelung in den Schriften und damit im erwählten Volk Gottes preiszugeben.

In der gemeinsamen *Fest*praxis des Herrenmahls setzt die entstehende Gemeinde die Tradition gemeinsamer Mahlzeiten fort, die Jesus mit seinen Jüngern und Jüngerinnen gepflegt hatte – nicht in esoterischer Abgrenzung, sondern in großer Offenheit gerade gegenüber Menschen, die aus sozialen oder religiösen Gründen ausgegrenzt wurden. Möglicherweise hat Jesus nicht erst beim letzten Abendmahl am Gründonnerstag (Markus 14, 12–25 und Paralleltexte), sondern in seinen festlichen Mahlzeiten mit seinen Freunden und Freundinnen außerhalb des Tempels eine Sühnopfermahlzeit gefeiert: Wie der Priester im Tempel das Fleisch des Opfertieres emporhebt («dies ist der Leib von N.N.») und das Blut an den Altar gibt («dies ist das Blut von N.N.»), so hat Jesus diesen Ritus mit Brot und Wein und ohne Schlachtung des Opfertieres gefeiert («dies ist mein Leib» – «dies ist mein Blut») und auf diese Weise – ohne entfernende und abstrahierende Zwischenschritte wie den Kauf eines Opfertiers im Tempelvorhof – die direkte Beziehungsaufnahme der Feiernden zu Gott und untereinander ermöglicht.[30] Nach seinem Tod am Kreuz haben die Freunde und Freundinnen Jesu in ihren gemeinsamen Mahlzeiten diesen Ritus weiter gefeiert und so wahrgenommen, dass in der Mahlzeit von Brot und Wein Jesus Christus in seiner ganzen – auch körperlichen (Leib und Blut) – Wirklichkeit da ist («für dich gegeben»). Dies haben nach der Kreuzigung Jesu – so der Bericht des Lukasevangeliums – die Emmaus-Jünger erfahren: «Und es geschah, als er mit ihnen zu Tisch saß, nahm er das Brot, dankte und brach's und gab's ihnen. Da wurden ihre Augen geöffnet, und sie erkannten ihn» (Lukas 24, 30 f.).

Mit Bekenntnis und Ritual entsteht sofort die *theologische Reflexion*. Die Erfahrung des umstürzend Neuen und Umwandelnden in der Person des Jesus von Nazareth, aber auch die zunehmende Notwendigkeit, in Erzählung, Bekenntnis und Argumentation das neue Eigene gegenüber dem Einspruch der jüdischen Gemeinde (die in das Bekenntnis zu Jesus als dem Messias keineswegs einstimmen kann) und der umgebenden hellenistisch-römischen Kultur deutlich zu machen, machen theologische Arbeit notwendig. Schon in den Texten, die (nach einem Zeitraum von anderthalb Jahrhunderten) zum *Neuen Testament* zusammengefasst wurden, findet sich von vornherein nicht *eine* Theologie, sondern eine Vielzahl von Theolog*ien*, die jeweils mit den Besonderheiten der Lebenssituation, der Konflikte und Bekenntnistradition von christlichen Gemeinden korrespondieren, die sehr schnell über Jerusalem und das jüdische Kernland hinaus sich vor allem im östlichen (aber auch im westlichen, vgl. Apostelgeschichte 18, 2 f.) Mittelmeerraum ausbreiten. Die theologischen Reflexionen *antworten* nicht erst auf Worte und Taten des «historischen Jesus», sondern alle Berichte über Jesus von Nazareth sind *nach* der Ostererfahrung, im Nachdenken über die Kraft und Bedeutung von Tod und Auferstehung Jesu, zusammengetragen worden und folgen von vornherein jeweils einer *theologischen* Konzeption und Deutung.[31]

Um einige der Differenzierungen immerhin anzudeuten (und über all diese Fragen findet in der heutigen Theologenschaft ein unabgeschlossenes Gespräch statt): Bei *Paulus* steht der theologische Gedanke im Zentrum, dass weder der Weg der Einhaltung der *Tora*, des alttestamentlichen Gesetzes, noch der Weg von Vernunft und Tugend bei den «Heiden» (also den Nicht-Juden im hellenistisch-römischen Kulturraum) menschenmögliche Wege zu Gott sind, sondern allein der Glaube an Gottes Rechtfertigung des Sünders im Glauben an Jesus Christus: «Denn es ist hier kein Unterschied: Sie sind allesamt Sünder und ermangeln des Ruhmes, den sie bei Gott haben sollten, und werden ohne Verdienst gerecht aus seiner Gnade durch die Erlösung, die durch Christus Jesus geschehen ist» (Römer 3, 22b – 24). Während die Theologie des Paulus darin gipfelt, dass eigenes gerechtes Handeln (die «Werke») den Menschen vor Gott keine Gerechtigkeit verschaffen kann, ist die Theologie des *Jakobusbriefes* aus dem späten ersten nachchristlichen Jahrhundert gerade umgekehrt von der Einsicht geleitet: «So ist auch der Glaube, wenn er nicht Werke tut, tot in sich selber» (Jakobus 2, 17). *Markus* gibt seinen Bericht im Sinne einer Theologie des «Messiasgeheimnisses». Der Weg Jesu wird im Sinne einer mehrstufigen Inthronisation als Gottes Sohn angeordnet: Nach der Adoption in der Taufe (Markus 1, 11) und der Proklamation in der Verklärungsgeschichte (Markus 9, 7) kann Jesus Christus erst mit der Akklamation durch einen römischen Hauptmann angesichts der Kreuzigung (Markus 15, 39) als der wahrgenommen werden, der er in Wahrheit ist.[32] Das Evangelium nach *Matthäus* kann als interkulturelle Theologie in einer multikulturellen Gesellschaft verstanden werden: Wie können Menschen aus dem Judentum und aus dem hellenistisch-jüdischen Heidentum, also aus ganz unterschiedlichen Milieus und Traditionen, als christliche Gemeinde leben? Auf der einen Seite steht Matthäus in heftiger Auseinandersetzung mit dem Mehrheitsjudentum, auf der anderen Seite unterscheidet er jedoch deutlich zwischen Lehre und Lebensweise der «Schriftgelehrten und Pharisäer» (Matthäus 23, 3) und fordert auch von den Christen, die Tora ohne Einschränkung zu beachten (Matthäus 5, 17–20). *Lukas* entwickelt in seinem Doppelwerk (Lukasevangelium und Apostelgeschichte) ausdrücklich einen historischen Bericht (Lukas 1, 1–4), um seinen zeitgenössischen römischen und griechischen Lesern und Leserinnen das Anliegen der entstehenden christlichen Gemeinden plausibel zu machen und eine Behinderung der Mission und die Verfolgung durch römische Behörden vermeiden zu helfen. Zugleich wird seine Theologie durch Charakteristika gekennzeichnet, die ihn von anderen neutestamentarischen Autoren unterscheiden: so sein besonderes Interesse an den Armen als der sozialen Gruppe, der das Engagement Jesu in besonderem Maß gilt[33], so seine Charakterisierung des öffentlichen Wirkens Jesu zwischen seiner Berufung und seiner Kreuzigung als vollkommener Heilszeit, in der der Satan entmächtigt ist. Danach beginnt etwas Neues, nämlich die Geschichte der Kirche.[34] *Johannes*' Theologie hat zum Ziel, diese beiden Einsichten miteinander zu verbinden: den Glauben an das Einssein von Jesus und Gott und an die alle kosmologische und historische Zeitlichkeit übersteigende innige Gemeinschaft zwischen Vater und Sohn, in die die Jünger und Jüngerinnen Jesu durch ihren Glauben an ihn und ihre Liebe untereinander aufgenommen werden; und den Glauben, dass Jesus wirklich Mensch gewesen und wirklich gekreuzigt worden ist – und nicht, wie so genannte gnostische Gruppierungen in der entstehenden Gemeinde glaubten, als himmlische Lichtgestalt nur einen Scheinleib gehabt habe und auch nicht wirklich umgekommen sei.

All diese verschiedenen Theologien im Neuen Testament – es kommen weitere hinzu, und die genannten Autoren hatten noch erheblich mehr Wichtiges zu sagen – stehen in den Schriften, die nach und nach zum «Neuen Testament» zusammenwachsen, nebeneinander: Diejenigen, die den «Kanon» dieser Schriften zusammengestellt haben, haben – zumindest innerhalb seiner Grenzen (dazu gleich mehr) – keine Veranlassung gesehen, die unterschiedlichen theologischen Konzeptionen miteinander zu harmonisieren oder nicht Passendes auszuscheiden. Für das Neue Testament gilt ebenso wie für das Alte Testament: Es ist nicht von «der» Theologie, sondern nur von den Theolog*ien* zu reden.

Die umwandelnde und neu machende Begegnung mit Gott widerfährt nicht nur – wie bei der Befreiung aus Ägypten – sozialen Großgruppen, sondern auch einzelnen Menschen; und dieses Phänomen ist nicht auf die Bibel, ja nicht einmal auf die Kirchengeschichte begrenzt, sondern ist auch in anderen Religionen an zentraler Stelle wirksam. Diese Begegnung mit Gott unabhängig von jeder gezielten Reflexion und sogar gegen eigenen Willen und eigene Lebensplanung kann auch einzelnen Menschen zustoßen. Sie werden von Gott zu Propheten berufen, sein Wort auszurichten und seinen Willen zu tun. Menschen, denen dies widerfährt, werden aus ihrem bisherigen Leben herausgerissen und sind im Vollsinn des Worts überfordert. Mose beispielsweise gibt zu bedenken, er könne nicht reden (2. Mose 4, 10), Jona versucht, möglichst weit weg zu fliehen (Jona 1, 3); im Neuen Testament wird der Weg des Saulus als eines Verfolgers von christlichen Gruppen, die zunächst als Sondergruppe in der jüdischen Gemeinde entstehen, radikal unterbrochen und umgekehrt (Apostelgeschichte 9,1–21).

Eine unmittelbare Folge der umwandelnden Begegnung ist in der Regel eine räumliche und zeitliche Separation von der sozialen Gruppe, der selbstverständlichen alltäglichen Arbeits- und Lebensbeziehungen. Die betroffenen Menschen erleben zumeist Visionen oder Auditionen, in denen Gott sie für einen Auftrag in Beschlag nimmt. Kennzeichnend ist die augenblickliche Gleichzeitigkeit und zugleich die Nicht-Reduzierbarkeit und Nicht-Ableitbarkeit der Selbstvorstellung Gottes, der Mitteilung seines Auftrags und der Inbeschlagnahme und radikalen Lebensumkehrung der betroffenen Menschen. Im Alten Testament seien beispielsweise die Berichte über die Berufung des Mose (2. Mose 3, 1–4, 17), des Jesaja (Jesaja 6, 1–13), des Jeremia (Jeremia 1, 4–19) genannt, im Neuen Testament über die Berufung des Jesus von Nazareth (Markus 1, 9–13) und des Paulus (neben dem Bericht in der Apostelgeschichte seine autobiographischen Andeutungen, z. B. 2. Korinther 12, 1–10; Galater 1, 11.24). Solche Berichte sind nicht auf biblische Texte begrenzt, sondern finden sich immer wieder im Verlauf der Kirchengeschichte (z. B. bei Aurelius Augustinus 354–430, Franziskus von Assisi 1181/82–1226, Martin Luther 1483–1546, aber auch bis in die Moderne, z. B. bei Johann Christoph Blumhardt d.Ä. 1805–1880 oder in unseren Tagen Oscar A. Romero 1917–1980). Es handelt sich zudem um ein Phänomen, das keineswegs auf die jüdisch-christliche Religionstradition begrenzt ist, sondern auch in anderen Religionen mit entsprechender Wirkmächtigkeit vorkommt, beispielsweise im Gründungsereignis der islamischen Religion[35] oder auch des Buddhismus.

Menschen, die als Propheten oder als Geisterfüllte in Bewegung gesetzt werden und sich auf diese Weise verstehen, sind immer auch ein Risiko für die soziale und religiöse Gruppe, der sie zugehören, und sie erfahren dies oft an der ablehnenden Reaktion ihrer Umgebung und an ihrem Lebensschicksal. Es stellt sich die Frage nach der Beurteilbarkeit: An welchem Kriterium kann erkannt werden, dass es sich um wahre Prophetie handelt (z. B. Jeremia 6, 13.14), dass der Geisterfüllte wirklich vom Geist Gottes besessen ist und nicht von irgendetwas anderem (beispielsweise auch in der Reaktion auf das Pfingstereignis: «Andere aber hatten ihren Spott und sprachen: Sie sind voll von süßem Wein», Apostelgeschichte 2, 13)? In den biblischen Texten ist die Brisanz des Problems immer wieder deutlich: Paulus fordert beispielsweise für seine Gemeinden, dass von ekstatischen Zuständen ergriffene Menschen, die «in Zungen reden», ihre Widerfahrnis auslegen und so ihre ekstatische Situation gewissermaßen sozialisieren. Die Abwehr ist deutlich: Es geht nicht um vollständige Ausgrenzung, sondern um soziale Domestizierung von Menschen, die Gott in ekstatischen Zuständen begegnet sind und dies mitteilen wollen: «Ich danke Gott, dass ich mehr in Zungen rede als ihr alle. Aber ich will in der Gemeinde lieber fünf Worte reden mit meinem Verstand, damit ich auch andere unterweise, als zehntausend Worte in Zungen» (1. Korinther 14, 18.19). Menschen, die ohne Vermittlung durch die Schriften, an denen ihre Wirksamkeit auch kontrolliert werden kann, von Gott in Bewegung gesetzt sind (oder zu sein beanspruchen), werden zunehmend aus dem Bereich akzeptierter Glaubenshaltungen ausgeschieden. Es handelt sich hier nicht um ein Problem, das auf die christliche Gemeinde begrenzt wäre; auch die jüdische Tradition ist, bisweilen durchaus schmerzlich, mit dem Problem des «Prophetenschweigens»[36] konfrontiert. Die Vergegenwärtigung von Gottes Handeln an den Menschen wird mit zunehmender Ausschließlichkeit dem Fest, dem Bekenntnis, der Theologie zugewiesen – und nicht mehr als unmittelbare Widerfahrnis erwartet oder auch nur geachtet. – In späteren Situationen der Geschichte der Kirche wird, gerade in Zeiten krisenhafter Umbrüche, die Wirksamkeit von geisterfüllten Ekstatikern noch wesentlich rigider abgewehrt: Für die Reformatoren des 16. Jahrhunderts beispielsweise ist das Auftreten der «Schwärmer» eine mindestens ebenso große Gefahr für Glauben und Kirche wie der Ablasshandel oder die Bindung des Glaubens an die römische Hierarchie.

Von einem bestimmten Punkt der Tradierung der Heiligen Schriften an werden nicht nur ekstatische Eingebungen, sondern auch andere Lebensformen des Glaubens in Ritual und Mythos, andere Bekenntnisformen, andere Theologien zum Problem. Dabei ist nicht von vornherein unterscheidbar, was das Eigene und das andere ist (und diese Schwierigkeit wird im weiteren Verlauf der Kirchengeschichte immer wieder virulent werden). Um eine aktuell wirksame Redeweise aufzunehmen: Identität entwickelt sich in Auseinandersetzung mit und in Abgrenzung vom Anderen.[37]

2.5 Der zweifache Ausgang des Alten Testaments

Ein besonders tiefer Einschnitt in diesem Prozess ist die Herausbildung eines Kanons von Heiligen Schriften, dem gegenüber andere Überlieferungen als weniger gewichtig oder sogar als nicht gültig angesehen werden. In der Wahrnehmung dieser Prozesse ist in der christlichen Theologie beider Konfessionen in jüngerer Zeit ein tiefer Wandel wahrzunehmen, der so weit geht, dass von einem «Paradigmenwechsel» gesprochen wird.[38] Es geht um das Verhältnis zwischen der Kanonbildung der Hebräischen Bibel (oder auch: der Jüdischen Bibel; des Ersten Testaments) und der des Neuen Testaments.

Der Massenmord an den Juden, begangen von Deutschen und darunter auch zahllosen Christen, der in Vernichtungslagern wie Auschwitz seinen Höhepunkt gefunden und Jahrhunderte der Diskriminierung und Verfolgung von Juden in Deutschland und Europa auf die Spitze getrieben hat, macht es unmöglich, bis dahin gebräuchliche theologische Denkmuster weiter zu gebrauchen: vor allem diese, dass der «Alte Bund» Gottes mit seinem Volk Israel durch den «Neuen Bund» Gottes in Jesus Christus mit der Kirche aufgehoben sei; dass die Heilsgeschichte Gottes mit seinem Volk Israel durch Jesus Christus und den Beginn der Kirchengeschichte an sein Ende gekommen sei; dass die Herausbildung des neutestamentlichen Kanons den Kanon alttestamentlicher Schriften zu seiner Vorgeschichte degradiert habe, zu einem Buch der Weissagungen und Ankündigungen, die in der Geschichte und Person Jesu Christi ihre Erfüllung finden. Mittlerweile wird zunehmend die lange ausgeblendete Tatsache als Anfrage an die christliche Theologie selber ernst genommen, dass die jüdische Geschichte nach der Zerstörung des Tempels durch die römische Besatzungsmacht im Jahr 70 n. Chr. und der für Jahrhunderte andauernden weltweiten

Diaspora der Juden nach dem Bar-Kochba-Aufstand 135 n. Chr. keineswegs zu Ende war – dies ist in der lange gebräuchlichen Rede von dem Jesus zeitgenössischen Judentum als dem «Spätjudentum» mitgesagt –, sondern weitergegangen ist und bis heute fortdauert, mit der Gründung des Staates Israel 1948 in bis dahin kaum für möglich gehaltener Intensität und Lebendigkeit.

Die Vorstellung, dass sich der Kanon der neutestamentlichen Schriften in Erfüllung und Abgrenzung gegenüber dem bereits «fertigen» Kanon der Hebräischen Bibel entwickelt habe, ist auch historisch unhaltbar. Vielmehr muss über viele Jahrzehnte mit parallel verlaufenden, in Abgrenzung und immer wieder auch in wechselseitiger Wahrnehmung, in Verstehen und Missverstehen lebendigen konflikthaften Prozessen gerechnet werden.[39] Um dem Rechnung zu tragen, wird – aus der Perspektive christlicher Theologie – vom «doppelten Ausgang des Alten Testaments» geredet.

Die Hebräische Bibel und das christliche Alte Testament (in Rezeption der Septuaginta als griechischer Übersetzung) stimmen weitgehend überein, sind jedoch anders angeordnet. Die Heilige Schrift der Juden beinhaltet drei Teile:
- Die *Tora* (die fünf Bücher Mose), nach jüdischem Glauben durch Mose für das Volk Gottes am Sinai empfangen, beinhaltet Gottes Weisungen für die Menschen. Israel hat sich zur Einhaltung der Tora verpflichtet (2. Mose 19, 8; 24, 3). Die Tora gilt nicht als erdrückendes «Gesetz», sondern als Wegweisung und als Grund zur Freude und zur Kraft in Bedrängnis, als Weg des Lebens, bis der Messias für das Volk und für die ganze Welt kommt (und in anderen Auslegungstraditionen auch weiterhin);
- die *Propheten* (dazu gehören neben den prophetischen Büchern auch die geschichtlichen Bücher Josua, Richter, Samuel und Könige); und
- die *Schriften* (Psalmen, Sprüche, Hiob, Daniel, Chronik sowie kleinere Schriften).

In der jüdischen Tradition heißt die Hebräische Bibel entsprechend den Anfangsbuchstaben dieser drei Teile (Tora, Neviim, Chetuvim) auch *Tanach*; eine andere Bezeichnung lautet *Mikra* (= Schrift).

Neben der schriftlichen *Tora* gibt es eine mündliche Tradition, für die ebenfalls der Anspruch erhoben wird, bereits am Sinai mitgeteilt zu sein. In jeder neuen Generation besteht die Aufgabe, die konkreten Lebensbedingungen der Menschen im Licht der *Tora* zu beurteilen. Schriftgelehrte und Pharisäer – Gruppen, die aus den Berichten des Neuen Testaments vertraut sind [40] – erklären die Tora in ihrer Wirksamkeit für die Lebenspraxis und leben sie selbst vor; dabei gibt es zwischen verschiedenen rabbinischen Schulen (*Rabbi* = «mein Meister») ein lebendiges, sich wechselseitig interpretierendes und konturierendes Gespräch über die rechte Auslegung der Tora.

Mit der Katastrophe der Zerstörung des Tempels und mit der Zerstreuung der jüdischen Bevölkerung entsteht die Notwendigkeit, den bisher mündlich weitergegebenen Texten eine dauerhafte Form zu geben. Gegen Ende des 2. Jahrhunderts entsteht die *Mischna* mit 63 Traktaten in sechs Ordnungen, die möglichst umfassend für Leben und Denken der jüdischen Gemeinde und den in ihr Lebenden Richtung weist. Das Leben steht aber ebenso wenig still wie die Debatte der Lehrer Israels um die rechte Auslegung der Mischna. Ihre Kommentare mit unterschiedlichen Deutungen und Weisungen verschiedener Rabbinen werden ebenfalls schriftlich zusammengefasst und als *Gemara* der Mischna beigefügt. Mischna und Gemara gemeinsam bilden den *Talmud* (dies entspricht dem deutschen Wort «Lehre»). Es gibt zwei Talmudim, da sich die Gemara in den Lehrhäusern Galiläas anders entwickelt als in der jüdischen Diaspora. Der palästinensische Talmud – er wird nach der Stadt Jerusalem *Jeruschalmi* genannt – wird im 4. Jahrhundert abgeschlossen, der wesentlich umfangreichere babylonische Talmud *Babli* im 6. Jahrhundert. [41]

Die Herausbildung des *neutestamentlichen Kanons* ist ein Prozess, der erst gegen Ende des 2. Jahrhunderts n. Chr. zum Abschluss kommt und damit über viele Jahrzehnte parallel zur Bildung des Kanons der jüdischen Heiligen Schriften verläuft. Wesentlich angestoßen wird die Kanonisierung hier durch eine tiefe Krise innerhalb der sich entwickelnden jungen Kirche, die durch die so genannte *Gnosis* ausgelöst wird. In ihren verschiedenen Denkformen und Symbolordnungen wird die gnostische Erlösungslehre dadurch für die christliche Kirche brisant – die wiederum die Inhalte ihrer Lehre und die Struktur ihrer Hierarchie in Auseinandersetzung mit gnostischen Positionen erst nach und nach ausbildet –, dass das Ganze der sinnlich-materiellen Welt als Herrschaftsbereich des Bösen begriffen wird. Die Lichtgestalt Christus erlöst die Glaubenden dadurch, dass er die im menschlichen Körper gefangenen Lichtfunken erreicht und ihnen den Weg in ihre Licht-Heimat eröffnet. Die Abwertung der materiell-geschöpflichen Welt kann sich in einzelnen gnostischen Systemen dahin steigern, den Schöpfergott als bösen Gott anzusehen und die Menschlichkeit, damit auch den Kreuzestod Jesu Christi zu verneinen. Das Gegenüber zweier Götter ist beispielsweise Bestandteil der Lehre des Marcion, ein reicher kleinasiatischer Reeder, der Mitte des 2. Jahrhunderts n. Chr. aus der römischen Christengemeinde exkommuniziert wird: Dem bösen Schöpfergott, dem Demiurgen, der der Gott des Alten Testaments und der Juden ist, steht der gute Erlösergott in Christus gegenüber, dem bösen Gott des Gesetzes der gute Gott des Erbarmens. Marcion hat einen ersten Kanon im Bereich der entstehenden Christenheit entwickelt, in den er die am weitesten vom Judentum entfernten zehn Paulusbriefe und das Lukasevangelium aufnimmt[42], das gesamte Alte Testament jedoch ausscheidet. Hier findet sich ein vollständig anderer Umgang mit Tradition als im Judentum, aber auch in den neutestamentlichen Texten: Neue Akzente werden nicht additiv hinzugesetzt, sondern das, was nicht «passt», wird eliminiert. Die Präsentation dieses häretischen Kanons provoziert und beschleunigt die endgültige Kanonbildung in der entstehenden katholischen, orthodoxen Kirche; sie ist gegen Ende des 2. Jahrhunderts abgeschlossen. Dem Kanon des Neuen Testaments wird der Kanon des (in der griechischen Übersetzung der sog. *Septuaginta* übernommenen) Alten Testaments beigesellt, Altes und Neues Testament gemeinsam sind die Heilige Schrift der christlichen Kirche.

Wechseln wir für einen Augenblick die Perspektive; die Entgegensetzung zwischen dem Eigenen und dem Anderen, die mit der Auseinandersetzung zwischen Rechtgläubigkeit und «Ketzern» gegeben ist, wird uns gleich noch beschäftigen. Jetzt soll angemerkt werden, dass in der jüdischen und in der christlichen Auslegungstradition ein unterschiedlicher hermeneutischer Zugang zu den Schriften gewählt wird, der in jüngerer Zeit nicht mehr schroff entgegengesetzt, sondern zunehmend miteinander ins Gespräch gebracht wird. In der christlichen Auslegungstradition – und zwar mittlerweile im evangelischen wie im katholischen Bereich – hat sich seit der Aufklärung, zunächst auch gegenüber der Kirche institutionskritisch gemeint, ein Regelinstrumentarium *historisch-kritischer Methoden* durchgesetzt, das mit unterschiedlicher Akzentuierung dennoch grundsätzlich als Common Sense der wissenschaftlichen Bibellektüre gelten kann. So fragt die Textkritik nach der Unversehrtheit des überlieferten schriftlichen Textes, die Literar-, Redaktions- und Traditionskritik nach möglichen Brüchen im überlieferten Text und Vorstufen der Texte einschließlich historisch identifizierbarer Trägergruppen und ihrer Theologien, die Formkritik nach dem Sitz im Leben der Textgattungen und möglicher Vorformen in Kultus und Lebensvollzug des Judentums bzw. der frühen christlichen Gemeinden; diese letzte Fragerichtung kann sozialgeschichtlich, aber auch z. B. psychoanalytisch konturiert werden. Insgesamt hat die historisch-kritische Arbeit einen differenzierten Hypothesenbestand zum Zusammenhang zwischen biblischen Texten und historischen Lagen hervorgebracht, zugleich aber auch die Frage nach der Relevanz historisch abständiger Lebenssituationen für heutiges kirchliches und gesellschaftliches Leben brisant werden lassen.

Demgegenüber ist die jüdische Auslegungstradition an einer synchronen Wahrnehmung und Interpretation des Textes der Schrift orientiert. Der Text wird nicht «auseinander genommen» und verschiedenen Stufen bzw. Trägergruppen zugewiesen, sondern als Textganzes verstanden, in dem sich Darstellungen und Sichtweisen in einem Spiel wechselseitiger Verweisungen gegenseitig konturieren. Auch die spätere Auslegung der talmudischen Gelehrten will den Text des Tanach nicht kritisch übersteigen und «erklären», sondern fügt sich in das Spiel von einander wechselseitig konturierenden Sichtweisen ein und setzt es fort. Verschiedene christliche Theologen und Theologinnen des Alten und Neuen Testaments, die im christlich-jüdischen Gesprächszusammenhang engagiert sind – z. B. Luise Schottroff, Elisabeth Schüssler-Fiorenza, Jürgen Ebach, Erich Zenger, Klaus Wengst, Hubert Frankemölle –, haben es in jüngerer Zeit mit Erfolg unternommen, diese Haltung gegenüber dem biblischen Text für die christliche wissenschaftlich-exegetische Diskussion und die theologische Ausbildung zukünftiger Pfarrer und Pfarrerinnen, Priester und Laien im pastoralen Dienst sowie Religionslehrer und -lehrerinnen fruchtbar zu machen.

2.6 Das Eigene und das Andere

Die bisherige Darstellung hat den Eindruck erwecken können, als würde die Geschichte der christlichen Theologien in der Perspektive historisch fortschreitender Zeit erzählt. Das wäre (zumindest in dem hier gegebenen Rahmen) ein von vornherein unmögliches Unterfangen. Auch um diesem Eindruck entgegenzutreten, wollen wir jetzt eine Fragehinsicht aufgreifen, die – zumindest auf den ersten Blick – neuzeitlich-modern ist. Durch den sozialen und geistesgeschichtlichen Prozess der Aufklärung (seit dem 17./18. Jahrhundert; wichtige Vertreter sind z. B. René Descartes 1596–1650, Gottfried Wilhelm Leibniz 1646–1716, Gotthold Ephraim Lessing 1729–1781, Moses Mendelssohn 1729–1786; Immanuel Kant 1724–1804) wird die Theologie in besonderer Dringlichkeit mit der Frage konfrontiert, wie sich christlicher Glaube zu menschlicher Vernunft verhalte. Die Anfragen und Einsprüche sind brisant und verunsichern die Basis christlicher Existenz und kirchlicher Institutionalität: Wie kann christlicher Glaube gerechtfertigt werden beispielsweise angesichts dieser Einsichten: dass die begründenden biblischen Zeugnisse historisch gewachsen und in vieler Hinsicht uneinheitlich sind; dass die Unmöglichkeit eines rationalen Gottesbeweises in immer neuen Variationen aufgewiesen wird und dass die Brisanz der Frage nach der Rechtfertigung Gottes angesichts des Leidens in der Welt (Theodizeefrage) mit immer neuer Massivität aufbricht – und hier hat die Zerstörung Lissabons durch ein gewaltiges Erdbeben (1753) besonders eindrücklich gewirkt.

Viele «Gebildete» in Europa erleben den Impetus der Aufklärung, sich in der sittlichen und intellektuellen Orientierung des eigenen Verstandes zu bedienen, als Emanzipation von bevormundender Einengung durch religiöse Vorstellungen und kirchliche

Macht – die die Kirche in diesem Prozess immer wieder in lebenszerstörender Weise einsetzt, man denke an das Schicksal von Giordano Bruno (1548–1600) oder Galileo Galilei (1564–1642) und ganz besonders an die tragische Geschichte der bis in die Neuzeit von der kirchlichen Inquisition betriebenen «Hexen»-Verfolgungen.

Hinzu kommt, dass die im Prozess der Aufklärung radikal fortschreitenden Entdeckungen in den Naturwissenschaften und die damit verbundenen technischen Veränderungen in der Produktionsweise nach und nach, schließlich mit atemberaubender Schnelligkeit zu sozialen Wandlungsprozessen führen, in denen die überkommenen Lebensbedingungen großer Menschenmassen vollständig verändert werden. Ende des 18. Jahrhunderts beginnt in England, seit etwa 1830 in Deutschland eine rapide Entwicklung der industriellen Produktionsweise. Besonders in den ersten Jahrzehnten gehen massive Landflucht, der Zerfall von sozialer Einbindung in ständische Strukturen und eine massenhafte Verarmung der «handarbeitenden Classen» mit diesem Prozess einher. Einzelne Persönlichkeiten in Theologie und Kirche erkennen hier eine existenzielle Aufgabe für kirchliches Handeln (z. B. Robert Raikes 1735–1811 in London, Johann Hinrich Wichern 1808–1881 in Hamburg), und die Deutsche Evangelische Kirche beschließt auf einem Kirchentag 1848 in Eisenach auch die Einsetzung eines «Centralausschusses für die Innere Mission», der die in ganz Deutschland entstehende sozialpädagogische Arbeit mit «sittlich verwahrlosten» Kindern und Jugendlichen und die Armenfürsorge überhaupt koordiniert. Dieses Engagement kann nicht verhindern, dass große Teile der Industriearbeiterschaft insbesondere die evangelische Kirche als Verbündete des Bürgertums und des Obrigkeitsstaates wahrnehmen und ihr den Rücken kehren.

In der römisch-katholischen Kirche gibt es ebenfalls vereinzelte Aufbrüche; es sind etwa Franz von Baader (1765–1841), der spätere Mainzer Bischof Wilhelm Emmanuel von Ketteler (1811–1877) oder Adolf Kolping (1813–1865), die die Brisanz der «sozialen Frage» – nämlich als nicht nur individueller, sondern als struktureller Frage – erkennen und einem auf gesellschaftliche Reformen drängenden «sozialen Katholizismus» in Deutschland den

Weg bereiten. Aber auch auf katholischer Seite lassen sich rückblickend schwerwiegende Versäumnisse vor allem im Umgang mit der Arbeiterschaft feststellen, wozu nicht zuletzt das fast völlige Versagen der theologischen Wissenschaft beigetragen hat – «ein fortwirkender Skandal».[43]

Aktuell sind die Kirchen mit dem Problem konfrontiert, dass große Bevölkerungsgruppen die Selbstverständigung über den Grund ihres Lebens an anderen Orten suchen und finden, und zwar nicht nur die «Gebildeten unter den Verächtern» der Religion (so hatte Schleiermacher seine aufgeklärten zeitgenössischen Adressaten und Adressatinnen angeredet, mit denen er ins Gespräch kommen wollte), sondern auch viele Menschen, deren Stärken an anderer Stelle liegen als im gebildeten Gespräch und im wissenschaftlichen Diskurs. Dieser Erosionsprozess kirchlich institutionalisierter Religion setzt sich bis heute fort, radikalisiert sich zurzeit aus unterschiedlichen Gründen (wichtig ist z. B. die Wiedervereinigung Deutschlands 1989 mit Landesteilen, in denen der Einfluss christlicher Religion in der Zeit des «real existierenden Sozialismus» über Jahrzehnte massiv eingeschränkt war) und stellt mittlerweile die institutionalisierten Kirchen, aber auch die wissenschaftliche Theologie zumindest in ihren überkommenen Formen ökonomisch-finanziell vor die Existenzfrage.

Das z. B. im Gegenüber von Glauben und Vernunft bezeichnete Problem, das Eigene vom Anderen zu unterscheiden und in Auseinandersetzung mit dem Anderen die Gestalt des Eigenen zu erarbeiten – in der ganzen Bandbreite der Möglichkeiten zwischen Einverleibung und Anpassung bis hin zu Ausgrenzung und rigider Abkehr –, begleitet Kirche und Theologie nicht erst seit der Aufklärung, sondern seit den ersten Tagen ihrer Wirksamkeit. Es beinhaltet viele Dimensionen, von denen hier vor allem folgende exemplarisch erörtert werden sollen:

Es kommt im Verlauf der Kirchengeschichte immer wieder zu Aufbrüchen, das Eigene gegenüber dem Anderen zu bewahren und mit besonderer Intensität auszuprägen: gegenüber religiösen Orientierungen, philosophischen Diskursen, aber auch ökonomischen und politischen Machtkonstellationen. Wie ist es zu verstehen, dass solche Aufbrüche bisweilen als untragbar ausgeschieden

(«Ketzer», «Häretiker»), bisweilen integriert werden und der Gestalt des Eigenen neue Tiefe und Lebendigkeit verleihen können (das Mönchtum in seinen verschiedenen Aufbrüchen), angesichts besonderer inhaltlicher und historischer Konstellationen aber auch zur Bildung einer neuen Religion (die Christen gegenüber den Juden, der Islam gegenüber Judentum und christlicher Kirche) oder einer neuen Konfession innerhalb der einen Religion und der Herausbildung einer neuen kirchlichen Ordnung führen (Reformation)?

• Durch die Missionsunternehmungen der christlichen Gruppen, die bald nach der Widerfahrnis von Kreuzigung und Auferstehung beginnen und unter denen die Missionsreisen des Paulus im Neuen Testament am ausführlichsten überliefert worden sind, entstehen christliche Gemeinden im ganzen östlichen (und zunehmend auch im westlichen) Mittelmeerraum in den hellenistischen römischen Handelsstädten, und zwar meist zunächst im direkten Kontakt und Umfeld mit den jüdischen Synagogen. Die Apostelgeschichte des Lukas ist voll von Berichten über den teilweise schleichenden, teilweise höchst gewaltförmigen Prozess der Auseinanderdifferenzierung zwischen den christlichen Gruppen und den Mitgliedern der jüdischen Synagoge (vgl. den Bericht über die Steinigung des Stephanus Apostelgeschichte 7). Es ist jedoch problematisch, die Geschichte von vornherein mit den Augen derer zu lesen, die wissen können, was daraus geworden ist. Jesus von Nazareth war Jude, seine Anhänger und Anhängerinnen waren zunächst eine Gruppe innerhalb des zeitgenössischen Judentums, die mit besonderer Radikalität die Predigt vom Reich Gottes und die eschatologische Naherwartung gelebt hat und – an dieser Stelle wird es zum Bruch kommen – in Jesus den lange erhofften Messias angesehen und geglaubt hat. In dieses Bekenntnis konnten die jüdischen Gemeinden nicht einstimmen. Paulus war torakundiger Pharisäer, den das Widerfahrnis der Begegnung mit dem Auferstandenen aus dem Glauben an die Tora-Frömmigkeit als Weg gottesfürchtigen Lebens herausgerissen und dazu gebracht hat, im Glauben an den Gekreuzigten und Auferstandenen allein Gerechtigkeit vor Gott zu erhoffen. Weder Jesus noch Paulus intendierten den Bruch mit der jüdischen Gemeinde. Ähnliches muss man auch von den Reformatoren des 16. Jahrhunderts sagen: Wie Jesus und Paulus Juden waren, war Martin Luther römisch-katholischer Christ. Weder hier noch dort gab es am Beginn eine identifizierbare Trennungsabsicht. Auch Luther wollte die Kirche als Ganzes zu ihren Ursprüngen in der Heiligen Schrift und im Glauben an Jesus Christus allein zurückrufen und keine neue Kirche gründen. Dass es jeweils doch so gekommen ist, findet seinen Grund in der Intensität der widerfahrenen Gottesbegegnung, aber auch in historisch-politisch jeweils zu diskutierenden Randbedingungen.

Dies gilt bereits für die frühen christlichen Gemeinden: Mehr und mehr werden Differenzierungen in Bekenntnis, Gottesdienst und Theologie erkennbar, christliche Gemeinden und jüdische Synagogen leben sich zunehmend auseinander; und schließlich wächst vonseiten der Christen eine Feindschaft, die im Laufe der Jahrhunderte immer wieder gewaltförmige Züge annimmt. Einfluss auf diesen Prozess haben Entwicklungen im politischen Umfeld: Mit der Zerstörung des Jerusalemer Tempels 70 n. Chr. verliert auch die judenchristliche Gemeinde an Bedeutung, die jüdischen Gemeinden werden «in alle Welt» des römisch-hellenistischen Kulturkreises zerstreut, und für die christlichen Gemeinden und insbesondere ihre intellektuellen, theologisch engagierten Vertreter wird zunehmend die hellenistische Kultur mit ihren philosophischen Traditionen zum eigentlich herausfordernden Gegenüber. Es ist zu klären, ob sich Bedingungen inhaltlicher und kontextueller Art bestimmen lassen, wann Differenzierungen zum Bruch, zur Trennung und zur Herausbildung neuer Formen von Gottesdienst, Bekenntnis und Theologie führen.

• Denn charakteristisch für die entstehenden christlichen Gemeinden erscheint gerade die Fähigkeit der Anpassung an anderes und die Einverleibung des Anderen.[44] Dies lässt sich an der Entwicklung der *sozialen Strukturen* innerhalb der entstehenden Kirche erkennen. Die von Paulus, aber auch von Johannes begründeten Gemeinden kommen weitgehend ohne hierarchische Strukturen aus; die Briefe des Paulus sprechen von einer gleichberechtigten Zusammenarbeit verschiedener «Charismen» (z. B. prophetische Rede, Lehre, Ermahnung, Gemeindevorstand, Barmherzigkeit üben: Römer 12, 3–8), und die Gemeinde wird als ein

«Leib», ihre Ämter (Apostel, Propheten, Lehrer, Wundertäter, Gaben zu heilen, zu leiten, in Zungen zu reden: 1. Korinther 12) als verschiedene, aber gleich wichtige «Glieder» angesehen. In späteren neutestamentlichen Texten (z. B. 1. Timotheus 3, 1–13; Titus 1; 2; Matthäus 16, 18 f.) lässt sich ein deutlicher Prozess der Hierarchiebildung verfolgen: Die Gemeindeleitung und die Wahrung richtiger Formen in Gottesdienst, Bekenntnis und Lehre wird zunehmend zum Problem, das durch eine auf Dauer gestellte Leitungsposition insbesondere der Bischöfe (griech. episkopoi) gelöst wird. Hierbei haben die Auseinandersetzungen um den Platz gnostischer Anschauungen in der christlichen Gemeinde eine wichtige Rolle gespielt – wobei allerdings immer wieder gnostische Lehrer z. B. als Diakone oder selbst als Bischöfe wichtige Posten in der entstehenden Hierarchie innehatten. In Richtung zunehmender Hierarchiebildung wirken aber auch kontextuelle Randbedingungen. Christliche Gemeinden in größeren Städten, an Handlungsknotenpunkten und Bildungszentren – wie Antiochien, Alexandrien, Rom – bekommen größeren Einfluss, ihre Bischöfe haben mehr «zu sagen» als ihre kleinstädtischen Kollegen. Nach und nach folgt die Verteilung innerkirchlicher Machtpositionen der politischen Machtstruktur: Der Bischof in Rom, später auch in Konstantinopel gewinnt immer größeren Einfluss.

Für die Entwicklung der innerkirchlichen Machtstrukturen entscheidend ist die radikale Wende in der Rolle, die die christliche Kirche in der spätrömisch-hellenistischen Gesellschaft spielt. Bis zum Ende des 3. Jahrhunderts über längere Zeiträume hin geduldete, immer wieder aber auch verfolgte Religionsgemeinschaft, wird die Kirche mit der Hinwendung des römischen Kaisers Konstantin zum christlichen Glauben in der ersten Hälfte des 4. Jahrhunderts zunächst zur gleichberechtigten und staatlich geförderten, schließlich unter Kaiser Theodosius am Ende des 4. Jahrhunderts zur einzig geduldeten und staatlich geförderten, mit einem Wort: zur Staatsreligion.

• In diesen sozialen Veränderungsprozess ist auch die Entwicklung der Theologie eingebunden; und gerade hier zeigt sich eine erstaunliche Elastizität, das Eigene mit dem Anderen zu vermitteln. In den ersten drei Jahrhunderten der Kirchengeschichte, insbesondere nach Abschluss des Kanons der Heiligen Schriften stellen sich vor allem die beiden Aufgaben, die Vielfalt von Bekenntnissen, Erzählformen und Theologien in den «Schriften» auf eine gemeinsame Mitte hin zusammenzuziehen und sie mit den bereits etablierten intellektuellen Traditionen ins Gespräch zu bringen. Man kann sagen, dass der Versuch, die eigene Vielfalt zu konzentrieren, dadurch herausgefordert wird, dass in der spät-römisch-hellenistischen Gesellschaft eine höchst lebendige intellektuelle und religiöse Produktivität ja schon da ist. Das Neue muss in einem bereits gefüllten Raum etabliert werden. Die philosophischen Schulen in der Tradition Platons und Aristoteles', der Stoa, ihre zeitgenössische Neuformulierung (z. B. durch Plotin 205–270 n. Chr.), die Lebendigkeit dualistisch orientierter philosophisch-religiöser Konzepte (vor allem der nach dem Perser Mani 216–276 n. Chr. benannte Manichäismus), die Faszination östlicher Mysterienkulte im Römischen Reich: All dies gibt es ja bereits – als intellektuelle Konzepte, aber auch als Konzepte von Lebensführung und Kultus, oder sie entstehen parallel zur christlichen Religion, provozieren so oder so eine Lösung der Frage; wie kann der christliche Glaube in diesem Kontext gerechtfertigt werden?

Während zunächst Positionen überwiegen, in denen versucht wird, die Plausibilität des Eigenen vor dem Anderen zu rechtfertigen (die sog. Apologeten, z. B. Justin um die Mitte des 2. Jahrhunderts), entwickeln sich bald theologisch-philosophische Systeme, in denen eine Synthese von Christusglauben und hellenistischen Traditionen unternommen wird (Irenäus von Lyon am Ende des 2. Jahrhunderts und der Afrikaner Tertullian, gestorben 215, sein Zeitgenosse Clemens von Alexandrien und vor allem der ebenfalls aus Alexandrien stammende Origines, ca. 185 – ca. 253). In diesem Prozess wechselseitiger Aufeinanderbeziehung von Verschiedenem sind eine Unzahl von Problemen zu lösen, nach der bereits vollzogenen Abweisung eines Dualismus im Gottesbild – der gute und der schlechte Gott – vor allem dieses: Wie kann der biblische Glaube an den Gott, der in der Geschichte mit seinen Menschen mitgeht, sie durch Gebot und Verheißung zurechtstellt und in Jesus Christus da ist, mit der philosophischen Überzeugung vermittelt werden, dass Gott unteilbar eins ist, vor allen Zeiten existiert und in aller Wirklichkeit wirksam ist?

Die Gesprächslage verändert sich mit dem 4. Jahrhundert noch einmal vollständig. Die christliche Religion gewinnt die kulturelle Hegemonie, und der römische Staat hat ein immer wieder faktisch durchgesetztes Interesse an Einheitlichkeit und Klarheit theologischer Lehre. Nichtchristliche intellektuelle Traditionen werden in erheblichem Maß integriert; soweit dies nicht gelingt, wird ihnen vom Ende des 4. Jahrhunderts an die Existenzberechtigung bestritten. Und vor allem: Der Kampf innerhalb der Kirche selbst um das richtige Bekenntnis und seine richtige Auslegung wird zum Kampf zwischen Rechtgläubigkeit und Häresie, den die zu Häretikern erklärten Menschen mit Exkommunikation, nicht selten mit Leib und Leben bezahlen. Der Prozess kann hier nicht im Einzelnen nachgezeichnet werden. Auf verschiedenen Reichssynoden – also unter Anwesenheit zumindest großer Teile der Kirchenleitungen des ganzen Römischen Reichs und teilweise unter Anwesenheit und Anweisung des Kaisers – wird festgelegt, was in der Kirche rechtgläubiges Bekenntnis ist. Entscheidend ist vor allem die Lösung des sog. trinitarischen und des christologischen Streits: Wie kann der Glaube an die Einheit Gottes mit dem Glauben zusammengedacht werden, dass sich Gott als Vater, Sohn und Heiliger Geist gezeigt hat? Und wie kann gedacht werden, dass im Menschen Jesus von Nazareth Gott da ist? Auf der Synode von Konstantinopel (381 n. Chr.; das sog. Nicaeno-Constaninopolitanum[45]) wird der trinitarische Streit so entschieden, dass Gott in *einer* Usia (man kann dies am besten mit «Wesen» übersetzen) und in *drei* Hypostasien da ist (dies wird im Westen des Römischen Reichs mit dem schon von Tertullian geprägten Begriff der «Persona» übersetzt), wobei jede der drei Hypostasien immer mit den beiden anderen zugleich wirkt (also beispielsweise bei der Schöpfung auch Sohn und Geist, nicht allein der Vater beteiligt sind). Damit werden weit verbreitete Vorstellungen abgewiesen, die die Einheit Gottes auf eine solche Weise festhalten wollen, dass Sohn und Geist als untergeordnete, nur in abgestuftem Maß göttliche Wesen begriffen oder an der reinen Menschlichkeit Jesu festgehalten wird oder dass Gott sich in verschiedenen Stadien mal als Vater, mal als Sohn und mal als Geist gezeigt habe. Der christologische Streit wird auf der Synode von Chalcedon beendet (451 n. Chr., das sog. Chalcedonense): Es wird festgelegt, dass die eine Person (oder Hypostasie) Jesus Christus in zwei Naturen da ist: vollkommener Gott und vollkommener Mensch, in zwei Naturen, die weder miteinander vermischt noch voneinander getrennt sind. Damit werden alle Denkmöglichkeiten abgewiesen, z. B. Jesu Göttlichkeit nur in seiner Seele oder seinem Geist zu lokalisieren oder umgekehrt sein Menschsein als untergeordnetes Attribut seines Gottseins zu verstehen.

Es ist aus heutiger Sicht zu fragen, ob in all diesen Spekulationen das Geheimnis Gottes genügend gewahrt wurde; umgekehrt ist der konzentrierte Versuch wahrzunehmen, die Unsagbarkeit Gottes mit allen verfügbaren Mitteln menschlicher Reflexivität einzuholen, und die teilweise paradoxen Bekenntnisformulierungen markieren die Grenze, die das Geheimnis Gottes den menschlichen Reflexionsbemühungen setzt. Jedenfalls sind die Bekenntnisformulierungen des Nicdeno-Constantinopolitanum und des Chalcedonense über alle Kirchentrennungen hinaus gemeinsames Bekenntnis der Christen bis heute, und auch von den Reformatoren des 16. Jahrhunderts werden sie (beispielsweise im 1. und 3. Artikel des Augsburger Benntnisses 1530) ausdrücklich anerkannt.

• Das Großprojekt einer Vermittlung von biblischer Tradition, kirchlichen Bekenntnissen und der Tradition griechisch-hellenistischer Philosophie – sie war über Jahrhunderte verschüttet und wurde erst durch den immer wieder kriegerischen Kontakt mit der arabischen Kultur, wo sie über Jahrhunderte tradiert wurde, wieder für die christliche theologische Reflexion wichtig – wird im Hochmittelalter in der sog. scholastischen Theologie noch einmal eine Blüte erleben. An den universitären Zentren, z. B. in Paris, unternehmen es theologische Lehrer wie Johannes Bonaventura (1221–1274), der Tübinger Gabriel Biel (1410–1495) und vor allem Thomas von Aquin (1225–1274), eine intellektuelle Synthese des gesamten verfügbaren theologischen und philosophisch-geistigen Wissens zu entwickeln.[46] Eines der großen strittigen Themen – ob den Begriffen eigentliche Realität zukomme («Realismus») oder ob sie als Abstraktionen aus den eigentlich wirklichen sinnlichen Einzeleindrücken verstanden werden müssen

(«Nominalismus», z. B. Wilhelm von Ockham 1285–1349) – zeigt, wie stark der Streit zwischen den griechischen philosophischen Schulen unter neuen Bedingungen im christlich-theologischen Diskurs wieder durchgespielt wird. Für die theologische Orientierung liegen in diesen anscheinend hoch abstrakten Problemstellungen brisante Entscheidungen: Muss sich der Mensch in das Vorfindliche einfügen? Muss man sich auf die sinnliche Wirklichkeit einlassen, um etwas erkennen zu können? Die Zeit der Hochscholastik kann trotz aller internen Differenzen als die Phase verstanden werden, in der historisch zum letzten Mal eine umfassende Synthese im Rahmen einer als durchgehend christlich verstandenen Kultur unternommen wird. Auch im Hochmittelalter ist dieses Bild eines allumfassenden «Corpus Christianum» insofern niemals ganz stimmig, als die sozialen Gegensätze innerhalb einer feudalen Gesellschaft dann ebenso verleugnet würden wie die kulturellen Differenzen zwischen einer schriftlichen Hochkultur und einer mündlichen Volkskultur.[47]

Mit der historischen Epoche, der gemeinhin der Name «frühe Neuzeit» zugemessen wird – der Renaissance im 15./16. Jahrhundert, der Reformation und den entstehenden christlichen Konfessionen und Denominationen seit dem 16. Jahrhundert, mit der gewalttätigen Verfolgung der magischen Volkskultur als Teufels- und Hexenglauben, schließlich mit dem sozialen und geistesgeschichtlichen Prozess der Aufklärung – zerfällt mit der Möglichkeit auch zunehmend die Intention, das Ganze der Orientierungs- und Wissensbestände in einem System zusammenzudenken. In der gegenwärtigen Spätmoderne ist diese Unmöglichkeit insofern radikalisiert, als die kulturelle Hegemonie der christlich-kirchlichen Kultur zumindest in Zentraleuropa an ihr Ende gekommen ist. Heute muss sich die Gestalt christlicher Religion und Kirchen in einem Prozess wechselseitiger Wahrnehmung und Achtung des Verschiedenen in einer irreversibel multikulturellen Gesellschaft ausprägen: Theologisch gefordert ist nicht die intellektuelle Synthese des im Lebensvollzug jeweils anderen, sondern die Achtung vor dem Fremden[48] auf dem Weg einer Gestaltfindung fürs Eigene.

• Kehren wir noch einmal zur historischen Wende im 4. Jahrhundert n. Chr. zurück. Aus der eigentümlichen Glaubens- und Lebensweise einer mal geduldeten, mal verfolgten religiösen und sozialen Minderheit im Römischen Reich wird innerhalb weniger Jahrzehnte die schlechterdings staatstragende Religion, ja mehr noch: Mit dem politischen Zerfall des Römischen Reichs wird die römische Kirche zum kulturellen Traditor griechisch-römischer Kultur und – wenn auch eingeschränkt – politischer Macht.

Der Prozess beinhaltet für die Lebenswirklichkeit der Gemeinden einen Wandel, wie er sich einschneidender kaum denken lässt. Die Hinwendung zum christlichen Leben – die Taufe war in dieser Zeit mit einem langen Prozess der Abkehr von der bisherigen Lebensweise und der Initiation in das neue Leben als Glied im Leib Christi verbunden und wurde oft erst am Lebensende vollzogen – war bis zum Ende des 3. Jahrhunderts eine lebensumwandelnde Entscheidung, oft mit ökonomischen und politischen Risiken und Gefahr für Leib und Leben verbunden. Nach der «konstantinischen Wende», spätestens jedoch mit Kaiser Theodosius wird die Zugehörigkeit zur Kirche zur Selbstverständlichkeit, zur sozial protegierten und staatlich durchgesetzten Lebensnotwendigkeit. Kirche wird zur «Staatsreligion» und damit gewissermaßen zur «Volkskirche» mit allen Risiken: Weil es «nichts mehr kostet», Christ zu sein – ganz im Gegenteil –, droht das christliche Leben seine eigentümliche Gestalt zu verlieren. Gefährdend für das eigene Gesicht der Kirche wird der Anpassungsprozess insbesondere in zwei brisanten Konfliktkonstellationen: am Verhältnis der Kirche zur *Macht* und zum *Geld*.

Die Beziehung zwischen Kirche und Staat – allgemeiner formuliert: zwischen religiöser und politischer Macht – bleibt über die Jahrhunderte immer prekär, muss immer von neuem ausgemittelt und ausgekämpft werden. Hier liegt ein wichtiger Gegenstand kirchengeschichtlicher Forschung und Lehre. Der phasenweise durchaus kriegerische Streit zwischen Kaiser und Papst im hochmittelalterlichen Römischen Reich deutscher Nation über die Frage, wer die Macht habe, kirchliche und politische Ämter zu besetzen (Investiturstreit); die Verbindung zwischen Kirche und Landesfürstentümern in den Gebieten der lutherischen Reformation, zwischen Kirche und städtischen Obrigkeiten in den Gebieten der reformierten Reformation; die Verquickung zwischen inhaltlich kaum kompatiblen kirchlichen und staatlichen Interessen in den blutigen Konfessionskriegen des 17. Jahrhunderts; die zunehmende Problematisierung der Verbindung zwischen Kirche und Staat in der sozialen intellektuellen Bewegung von Aufklärung und Arbeiteremanzipation; die Frage, wie sich die Kirche als «bekennende Kirche» gegenüber den totalitären staatlichen Regimes des 20. Jahrhunderts orientieren kann; die sich unselig auswirkende enge Verquickung von orthodoxen Kirchen und Nationalstaaten im östlichen Europa; schließlich die aktuelle Herausforderung, wie die Kirchen als – zumindest perspektivisch – Minderheitsposition in einer pluralistischen demokratischen Gesellschaft ihr Verhältnis dazu neu gestalten können: Dies sind die «Großperspektiven», in denen sich dieser zentrale kirchengeschichtliche Gegenstand inhaltlich entfaltet.

Prekär ist von Anbeginn aber nicht nur das Verhältnis zwischen Kirche und staatlicher *Macht*, sondern auch die Beziehung zum zweiten «normfreien Medium»[49] des gesellschaftlichen Verkehrs, das sich nach und nach aus der zunächst undifferenzierten Einheit von Religion, Verwandtschaft und Wirtschaftsform, wie sie noch in der altisraelitischen Gesellschaft vorherrscht, ausdifferenziert: das *Geld*. Das Geld wird bereits im Alten, aber auch im Neuen Testament als riskant für die Beziehung zwischen Gott und den Menschen und der Menschen untereinander angesehen. Die Propheten des Alten Testaments klagen die Herausbildung gesellschaftlicher Zustände an, in denen die Reichen Haus an Haus reihen und die Rechte der Armen, der «Witwen und Waisen» missachtet werden, in denen Priester, Richter und Könige käuflich sind und der Gottesdienst im Tempel, in dem die Verpflichtung zwischen Gott und seinen Menschen kultisch begangen wird, zur religiösen Legitimation sozial entpflichteter und individualisierter Selbstdurchsetzungsstrategien gerät. Im Kern liegt das ökonomische Problem darin, dass die Beziehung zwischen Gott und Gottesvolk auf der einen, Geldwirtschaft auf der anderen Seite in ihrer ökonomischen Struktur nicht kompatibel ist: Herrscht zwischen Gott und Menschen die wechselseitige Verpflichtung vor, die Gott durch seine Gabe begründet (Seine Verheißung, Seine Tora, das Land, in dem Milch und Honig fließt), verbunden mit der Verpflichtung für die

Menschen, diese Gaben an Gott im Opfer und in der sozialen Solidarität mit den Armen zu erwidern, so dominiert in der Geldwirtschaft eine Form des Wirtschaftens, in der Reichtum akkumuliert und für je individuelle Wirtschaftsinteressen investiert wird.

Auch das Verhältnis, das sich auf die knappe Formel «Gott oder Geld» bringen lässt, kann in seiner je unterschiedlichen, immer aber so oder so ausgeprägten Gestalt durch die Geschichte der Kirche hin untersucht werden – von der alttestamentlichen Prophetie des Jesaja, Amos und Jeremia bis zu den Religiösen Sozialisten des beginnenden 20. Jahrhunderts, den Basisgemeinden und der Befreiungstheologie in der «Dritten Welt» heute oder auch den Denkschriften der heutigen bundesdeutschen Großkirchen zur Sozial- und Wirtschaftspolitik. Faktisch sind diejenigen, die die Frage «Gott oder Geld» im Sinne einer eindeutig gegenüber dem gesellschaftlichen Umfeld abgegrenzten Orientierung einfordern, in der Minderheit geblieben.

Die Brisanz beider Probleme, des Verhältnisses der Kirche zur staatlichen Macht und zum Geld, lässt sich bereits in einer frühen Phase der Kirchengeschichte illustrieren.

• Das 4. Jahrhundert n. Chr. ist die Zeit, in der – zunächst «im Osten», vor allem in Ägypten, nach und nach auch im Westen des Römischen Reichs – Bewegungen entstehen, die in Abwendung vom Getriebe der Welt, in körperlicher Askese und Hinwendung zu den Armen das christliche Leben wieder stärker an seinem Ursprung in der Jesusbewegung und in den frühen christlichen Gemeinden orientieren wollen. Für das *Mönchtum*, das zunächst als Einsiedelei einzelner Religiöser in abgelegenen Gegenden, zunehmend im gemeinsamen Leben an vielen Orten im riesigen Römischen Reich lebendig wird und das sich nach und nach in den nach einer gemeinsamen Regel lebenden Mönchsorden ausprägen wird, ist jedoch nicht die *asketische* Orientierung als das historisch-gesellschaftlich Neue anzusehen – Askese hat es in der Lebensweise von griechischen Philosophenschulen seit Jahrhunderten gegeben –, sondern die soziale Verpflichtung in der Hinwendung zu den Armen.[50]

Für das Mönchtum ist die Orientierung an einer evangeliumsgemäßen Lebensweise das Eigene, das Umfeld von Großkirche und «weltlichen» Strukturen, in die diese mehr und mehr eingebunden ist, das Andere. Großkirche und mönchische Erneuerungsbewegung stehen über die Jahrhunderte immer wieder in einem prekären Verhältnis zueinander; aber es kommt in den seltensten Fällen zu vollständigen wechselseitigen Verwerfungen und zum Bruch. Vielmehr hat sich in der Regel ein Verhältnis wechselseitiger Stabilisierung und Befruchtung herausgebildet – zwischen denen, die ihr ganzes Leben den evangelischen Geboten der Armut, der Keuschheit und des Gehorsams unterstellen und das Gebet zum Mittelpunkt alltäglicher Lebensorientierung machen, und der christlichen Mehrheitsbevölkerung, die ihre Zugehörigkeit zur Kirche mit einem geringeren Aufwand an Verpflichtung lebt: eine Beziehung, die im Bereich der katholischen Kirche oder auch der orthodoxen Kirchen in der Regel bis heute funktioniert.

Umso mehr sind die Fälle zu beachten, in denen es zum Bruch kommt. Wo liegt der entscheidende Punkt? Unter dieser Perspektive können die hochmittelalterlichen Armutsbewegungen studiert werden.[51] Das 12./13. Jahrhundert ist eine Epoche starker religiöser Lebendigkeit, die im Kontext zunehmender Verstädterung in Mitteleuropa und einer damit verbundenen zunehmenden sozialen, demographischen und intellektuellen Mobilität sich geradezu explosiv entwickelt. Innerhalb der Großkirche, aber auch innerhalb einzelner Ordensgemeinschaften wächst die Kritik am Reichtum der Kirche: an ihrer Verquickung mit ökonomischen Interessen an Besitz von Land und Geld, an der Verquickung mit politischer Herrschaft. Es entsteht eine höchst lebendige religiöse Frauenbewegung: Zahlreiche Frauen vor allem aus den adligen Oberschichten suchen seit dem 12. Jahrhundert in Klöstern und Beginenhäusern eine Alternative zum häuslichen Leben und zur Unterwerfung unter einen Eheherrn. Für wandernde Bettelmönche wird eine an Armut orientierte Lebensweise zum Kennzeichen evangelischer Existenz.

In der Frage nach dem Verhältnis zwischen dem Eigenen und dem Anderen ist nun dieser Umstand brisant: Armutsbewegungen, die in ihrer sozialen Basis und in ihren inhaltlichen Forderungen in zentralen Punkten übereinstimmen, werden teilweise als «manichäistische» Ketzer exkommuniziert und verfolgt (dies ist das

Schicksal der Katharer in Südfrankreich im 12./13. Jahrhundert), teilweise nach einer Zeit vorsichtiger Duldung und zunehmenden Konflikts schließlich von der kirchlichen Hierarchie ebenfalls verstoßen und verfolgt (dies ist in derselben Zeit das Schicksal der Waldenser). Eine andere Armutsbewegung, die sich in dieser Zeit um Franziskus von Assisi (1181/82 – 1226) in Mittelitalien bildet, wird dagegen als Teil der Kirche akzeptiert und als ein direkt dem Papst unterstehender Orden integriert; er wird in den kommenden Jahrhunderten gerade auch in Hinblick auf die Arbeit scholastischer Theologen aus diesem Orden eine einzigartige Produktivität entfalten. Was führt in einem Fall zur Exkommunikation und gewaltsamen Vertreibung, im anderen zur Integration des Anderen und zum Wirksamwerden im Sinne einer Erneuerung des Eigenen?

Der Ausschluss der Katharer lässt sich noch als Wiederkehr der Ausgrenzung gnostischer und «manichäistischer» Glaubensrichtungen in der Alten Kirche und damit als inhaltlicher Glaubenskonflikt verstehen.[52] Die Waldenser allerdings sind eindeutig christlich «rechtgläubig» und in ihrer Position zur Armutsproblematik von den Franziskanern kaum zu unterscheiden. Hier wie dort geht es um eine Erneuerung der gesamten Kirche und eine Rückkehr zu einer Gestalt christlichen Lebens, die dem evangelisch-neutestamentlichen Ursprung möglichst nahe kommt.

Der «Bruchpunkt» liegt offenbar in der Macht-Problematik, genauer: in der Zustimmung der jeweiligen Bewegung zur innerkirchlichen Hierarchie und ihrer Bereitschaft zum vollständigen Gehorsam gegenüber dem Papst. Hier scheint für die Stabilität und Integrationsfähigkeit der Kirche ein zentraleres Thema zu liegen als in der für die Inhaltlichkeit und Gestalt des christlichen Glaubens ebenso brisanten Orientierung gegenüber dem Geld.

Der Konflikt zwischen dem Wittenberger Augustiner und dortigen Professor für Altes Testament, Martin Luther (1483 – 1546), und der römischen Kirche wird kaum missverstanden, wenn seine Interpretation ähnlich dimensioniert wird. Auch Luther will, als er am 31. Oktober 1517 Disputationsthesen zur Bewertung des Bußablasses veröffentlicht, keinesfalls eine neue Kirche gründen. Ihm geht es um eine Orientierung der kirchlichen Gestalt am Evangelium und damit um die Selbstbesinnung der ganzen Kirche, was der

Grund und die Kraft ihrer Existenz sei. In dieser Weise sind die geforderten reformatorischen Orientierungen gemeint: solus Christus; sola gratia; sola scriptura; sola fide (allein Christus, allein durch Gnade, allein durch die Schrift, allein im Glauben). Die von Paulus im 3. Kapitel des Römerbriefs deutlich gemachten Abweisungen und die hier geforderte Orientierung des christlichen Lebens – weder der Weg des Gesetzesgehorsams (als Weg des Judentums) noch der Weg von Vernunft und Tugend (als Weg der griechischen Kultur), sondern allein der Glaube an die grundlose Rechtfertigung Gottes, in der Gott dem Glaubenden seine Gerechtigkeit um Christi willen gibt, führt zum Heil – müssen nicht zum Bruch mit der römischen Kirche führen. Erst die Konkretisierung des Konflikts am Thema Geld – die Abweisung der Vorstellung, man könne Bußleistungen in Geld abstatten und die Zurechtstellung der Beziehung zu Gott «erkaufen» –, vor allem aber die Machtthematik führen schließlich zur wechselseitigen Verwerfung und zur Trennung der Reformationskirchen von Rom. Als entscheidend kann hier gelten, dass Luther in seiner Leipziger Disputation 1518 mit Johannes Eck (1486–1543) als dem bevollmächtigten Vertreter Roms das Primat des Papsttums infrage stellt und später zunehmend scharf in seinen theologischen Reflexionen verwirft; in seinen «Schmalkaldischen Artikeln» (1536/37) wird er die Entgegensetzung zwischen Rechtfertigungsglauben und der Orientierung an (Papst-)Macht und Geld als für die christliche Existenz entscheidende Alternative im Sinne eines Bekenntnissatzes einfordern.

Die Sensibilität der reformatorischen Theologie für die Machtfrage ist jedoch auch in den kommenden Jahrhunderten in Hinblick auf die *innerkirchliche* Hierarchie immer stärker ausgeprägt geblieben als die Wahrnehmung der Brisanz des Problems einer Verstrickung mit *staatlich-politischer* Herrschaft. Das zunächst aus der Not geborene «technische» Bündnis der Reformationskirchen mit dem Landesfürstentum wird bis zur Revolution 1918/19 zu einer engen und problematischen Verbindung von «Thron und Altar» insbesondere im Bereich der lutherischen Kirchen führen.

• Vom Trienter Konzil (1545–1563) bis zur Gemeinsamen Erklärung der römischen und der lutherischen Kirchen zur Rechtfertigungslehre (Unterzeichnung am Reformationstag 1999[53]) sind die wechselseitigen Verwerfungen im Zusammenhang mit dem rechten Verständnis des Rechtfertigungsglaubens Stück für Stück zurückgenommen worden. Dieser Prozess kann als Schritt zu einer Rückkehr der Kirchen zur Einheit verstanden werden, bleibt aber so lange am entscheidenden Punkt unvollständig, als die Probleme von Macht und Geld, die im historischen Verlauf ebenso wie in der Formulierung des Bekenntnisses zum eigentlichen Bruch geführt haben, aus dem gemeinsamen Gespräch ausgeblendet werden.

• Auch in der römisch-katholischen Kirche bleiben die Auseinandersetzungen um Macht und Geld konfliktreich. Die theologische Begründung der innerkirchlichen Hierarchie ist deshalb ein hochbrisantes Thema, weil die neutestamentliche Gestalt des Petrus – als des Trägers der Schlüssel des Himmelreichs (Matthäus 16, 19) – nicht symbolisch für das Ganze Gottesvolk einsteht (Matthäus 18, 18 ff.), sondern gewissermaßen realistisch und präsentisch über die Sukzession der römischen Bischöfe die Wirksamkeit von Wortverkündigung und Sakrament und den Zugang zum Heil verbürgen soll. Das Verhältnis zwischen römischem Papsttum, kirchlicher Hierarchie und Laien bleibt durch die Jahrhunderte ein Konfliktgegenstand, der zwischen den Extrempolen der Inanspruchnahme eines zentralitischen Jurisdiktionsprimats (der Papst als höchster Gesetzgeber) und der Berufung auf die Unfehlbarkeit bei von ex cathedra verkündeten päpstlichen Entscheidungen zu Glaubens- und Sittenfragen (so die in Reaktion auf die Reduzierung kirchlicher Macht in Europa in der nachnapoleonischen Ära des 19. Jahrhunderts formulierte Position, wie sie auf dem Ersten Vatikanischen Konzil 1869/70 deklariert worden ist) und der im Zweiten Vatikanischen Konzil unter den Päpsten Johannes XXIII und Paul VI vollzogenen entschiedenen Hinwendung zur aktiven Teilhabe der Laien in der Kirche und zur Einwohnung der Kirche in die aktuellen sozialen Kämpfe und kulturellen Gestaltungen angesiedelt werden kann. In den letzten zwei Jahrzehnten ist die Selbstdefinition der kirchlichen Hierarchie trotz mancher anders lautender Beteuerungen faktisch unverkennbar wieder stärker am Extrempol des Antimodernismus des 19. Jahrhundert orientiert – ein Richtungskurs, der allerdings angesichts der kirchlichen Reformbewegungen an der Basis vor allem in den Ortskirchen in der «Dritten Welt», aber auch in Nordamerika und in Europa bestritten und unabgeschlossen bleibt.

• Die Auseinandersetzung zwischen dem Eigenen und dem Anderen findet im Verlauf der Kirchengeschichte besonders in der *Mission* nicht-christlicher Regionen und Völker eine konfliktträchtige Gestalt. Seit der Germanenmission (Anfänge im 6. Jahrhundert, besonders unter dem angelsächsischen Mönch Bonifatius 672–754) und der Christianisierung Sachsens durch die Heere Karls des Großen (768–814), in den Kreuzzügen des Hochmittelalters und der hier – und nicht nur hier – besonders gewaltförmigen Beziehung zu Muslimen und Juden, in Verbindung mit der Conquista Amerikas seit der Wende zum 16. Jahrhundert in der Mission der dort ansässigen Bevölkerung, in den Missionsunternehmungen in Verbindung mit der Kolonisierung Afrikas und Asiens: Immer wieder haben in der christlichen Mission engagierte Menschen versucht, die Gewalttätigkeit der ökonomischen und politischen Unterwerfung des Anderen zu mildern; immer wieder aber ist die christliche Mission schuldhaft in die gewaltförmige Unterwerfung und Vernichtung des Anderen verstrickt gewesen. Die Aufarbeitung dieser Schuldgeschichte ist zentraler Gegenstand der missionswissenschaftlichen Forschung: Lassen sich Bedingungen für die Gewaltförmigkeit der Begegnung zwischen dem Eigenen und dem Anderen ausmachen und überwinden? Sind im Verhältnis zwischen dem Eigenen und dem Anderen Alternativen möglich und in die Praxis umzusetzen?

Anmerkungen

[1] Hermeneutik = Lehre vom Verstehen; es handelt sich um eine Aufgabe, die nicht erst in der Entschlüsselung historischer Texte gestellt ist, sondern in jedem alltäglichen Gespräch.

[2] Dabei ist bisweilen «Religion» im Blick, bisweilen «Kirche / Gesellschaft», «Glaube» und «Theologie»; in diesem ersten Schritt interessiert uns jedoch nicht die jeweils unterschiedliche begriffliche Differenzierung zwischen diesen Größen, sondern die jeweils angenommene Entwicklungslogik.

[3] A.N. Whitehead, Wie entsteht Religion? (1926), Frankfurt/M. 1990.

[4] Ebd., 20. Mit dieser Annahme einer wechselseitigen Aufeinanderbezogenheit von Ritual und Gesellschaft fasst Whitehead übrigens einen fächer-

übergreifenden Konsens im wissenschaftlichen Diskurs seiner Zeit zusammen. Vgl. vor allem E. Durkheim, Die elementaren Formen des religiösen Lebens (1912), Frankfurt/M.1981; die von Whitehead postulierte Entwicklungslogik findet sich in ähnlicher Form z. B. bereits ein halbes Jahrhundert früher in der ethnologischen Konzeption von Edward B. Tylor wieder. Vgl. ders., The Origins of Culture (1871), New York/Rom 1958.

[5] A.N. Whitehead, a.a.O., 30.

[6] F.D.E. Schleiermacher, Der christliche Glaube nach den Grundsätzen der Evangelischen Kirche im Zusammenhange dargestellt. Erster Bd. hg. von M. Redeker, Berlin 7. Aufl. 1960, § 8, 55 f.

[7] R. Bultmann, Neues Testament und Mythologie. Das Problem der Entmythologisierung der neutestamentlichen Verkündigung (1941), in: E. Jüngel (Hg.), Offenbarung und Heilsgeschehen, München 1988, insbesondere 20 und 22 ff. Dieser Text, mit dem Bultmann sein hermeneutisches Konzept knapp zusammenfasst, ist der Auftakt der sog. Entmythologisierungs-Debatte in der Mitte des vergangenen Jahrhunderts.

[8] R. Bultmann und K. Jaspers, Die Frage der Entmythologisierung, München 1954, 19.

[9] Vgl. J.W. Fowler, a.a.O. – Wir finden Fowlers Konzept heuristisch hilfreich, insofern es in der Selbstreflexion eigener Lebensgeschichte und in der didaktischen Wahrnehmung von Kindern und Jugendlichen bestimmter Altersgruppen einzuschätzen ermöglicht, welche Deutungsmuster, welches Verhältnis zu Konvention und Tradition u.a.m. in der Frage nach Sinn erwartet werden können. Für problematisch halten wir allerdings Fowlers Konzept in dem Maß (und dies scheint ein Problem der Konstruktion dieser Theorie zu sein), wie mit einer unumkehrbaren Evolution zu höheren Stufen des Glaubens gerechnet wird.

[10] Vgl. J. Wellhausen, Prolegomena zur Geschichte Israels, Berlin 4. Aufl. 1895, zusammenfassend 54 ff.

[11] Die Weise, in der Wellhausen – und mit ihm ein großer Teil der deutschen alttestamentlichen Wissenschaft bis in unsere Zeit – den Namen des Gottes Israels gebraucht, erscheint höchst problematisch. Der Gottesname wird im Judentum aus Ehrfurcht nicht ausgesprochen; man weiß auch nicht, wie das nur aus Konsonanten bestehende «Tetragramm» JHWH in biblischer Zeit ausgesprochen wurde. Juden sprechen beispielsweise «adonaj» oder «Haschem» (der Name). Unmöglich ist die (auch von Schleiermacher verwendete, s. o.) Form «Jehovah». Die von Wellhausen verwendete Form «Jahwe» ist nur in der «Außenansicht» des religionsgeschichtlichen Blicks vertretbar. Die (in alten Lutherbibeln noch in Großbuchstaben) wiedergegebene Übersetzung von adonaj = «HERR» betont in nicht zulässiger Weise die Männlichkeit Gottes und setzt den allein Gott vorbehaltenen Namen mit einer Formel gleich, mit der jeder deutsche Mann angesprochen wird. Die

Schwierigkeit kann hier nur notiert werden; sie wird in den Texten zum «Deutschen Evangelischen Kirchentag» mittlerweile so wahrgenommen, dass der Gottesname «adonaj» unübersetzt verwendet wird.

[12] Vgl. P. Graff, Geschichte der Auflösung der alten gottesdienstlichen Formen in der evangelischen Kirche Deutschlands bis zum Eintritt der Aufklärung und des Rationalismus, Göttingen 1921.

[13] K. Barth, Fides quaerens intellectum. Anselms Beweis der Existenz Gottes im Zusammenhang seines theologischen Programms (1931), in: Ders., Gesamtausgabe II, Akademische Werke, Zürich 1981, bes. 26 f.

[14] F.D.E. Schleiermacher, Kurze Darstellung des theologischen Studiums zum Behuf einleitender Vorlesungen. Kritische Ausgabe hg. von H. Scholz, Hildesheim 1977. – Ähnlich übrigens auf katholischer Seite J.S. Drey, Kurze Einleitung in das Studium der Theologie mit Rücksicht auf den wissenschaftlichen Standpunkt und das katholische System, Tübingen 1819.

[15] Vgl. G. Ebeling, Die Bedeutung der historisch-kritischen Methode für die protestantische Theologie und Kirche, in: ZThK 47 (1950), 1–46, Zitat 34.

[16] G. Gutiérrez, Praxis de liberación, Madrid 1974, 35.

[17] Vgl. als Versuch einer Bilanz: R. Fornet-Betancourt (Hg.), Befreiungstheologie: Kritischer Rückblick und Perspektiven für die Zukunft. Bd. 3: Die Rezeption im deutschsprachigen Raum, Mainz 1997.

[18] Für die Problematisierung der Evolutionshypothese von rituell orientierten zu verinnerlichten religiösen Lebensformen und die Wahrnehmung der Beziehung zwischen der Gestalt der sozialen Lebenswelt und religiöser Orientierung sind vor allem die Arbeiten der Ethnologin Mary Douglas wichtig geworden: M. Douglas, Ritual, Tabu und Körpersymbolik. Sozialanthropologische Studien in Industriegesellschaft und Stammeskultur (1970), Frankfurt/M. 1986.

[19] Hier sind vor allem die Arbeiten des Alttestamentlers Rainer Albertz zu nennen. Er untersucht die Religionsgeschichte Israels, indem er im Ansatz die Frage nach ihrer Beziehung zur sozialen Lebenswirklichkeit der Leute einbezieht (z. B. die Religion früher familiärer Kleingruppen, der aus Ägypten befreiten Großgruppe, des vorstaatlichen Großgruppenverbandes, des monarchischen Territorialstaats usw.); vgl. R. Albertz, Religionsgeschichte Israels in alttestamentlicher Zeit. Zwei Bände, Göttingen 2. Aufl. 1996.

[20] Die Geschichte dieses Kampfes von Frauen um das ordinierte Amt der Pastorin wurde vor allem vom Frauenforschungsprojekt zur Geschichte der Theologin Göttingen unter Leitung von Hannelore Erhart aufgearbeitet und in zahlreichen Veröffentlichungen publiziert, beispielsweise: «Darum wagt es, Schwestern ...». Zur Geschichte evangelischer Theologinnen in Deutschland, Neukirchen-Vluyn 1994.

[21] Vgl. A. Pithan (Hg.), Religionspädagoginnen des 20. Jahrhunderts, Göttingen 1997.

22 Das Signal für die historische Erforschung der Rolle von Frauen im Neuen Testament gab: B. Brooten, Junia – hervorragend unter den Aposteln, in: E. Moltmann-Wendel (Hg.), Frauenbefreiung. Biblische und theologische Argumente, München 4. Aufl. 1986, 148–151; vgl. umfassend L. Schottroff (Hg.), Kompendium Feministischer Bibelauslegung, Gütersloh 1998.

23 Vgl. H. Kuhlmann (Hg.), «Und drinnen waltet die züchtige Hausfrau». Zur Ethik der Geschlechterdifferenz, Gütersloh 1995.

24 Vgl. J. Butler, Das Unbehagen der Geschlechter, Frankfurt/M. 1991.

25 Die Bibelzitate werden nach der Revidierten Fassung der Lutherbibel von 1984 wiedergegeben.

26 Allerdings bestehen Vergleichbarkeiten zwischen Judentum und Islam darin, dass der Islam (ähnlich wie in der jüdischen *Mischna*) normativ verbindliche Koran-Auslegungen kennt und ebenfalls stärkeres Gewicht auf das «Leben» als auf den – theologisch durchreflektierten – «Glauben» legt.

27 Die Debatte um diese relativ späte historische Ansetzung der Bundes-Theologie hat vor allem L. Perlitt angestoßen: Bundestheologie im Alten Testament. WMANT 36, Neukirchen-Vluyn 1969.

28 K. Wengst hat darauf hingewiesen (Christologische Formeln und Lieder im Urchristentum. StNT 7, Gütersloh 1972), dass die Glaubensformeln von der Auferstehung ursprünglich dem palästinischen, die Pistisformeln vom Tode sowie die kombinierten Formeln ursprünglich dem hellenistischen Judentum entstammen.

29 Bereits in dieser historisch relativ frühen Aufzählung wird die Wirksamkeit der Frauen unter den Jüngern und Aposteln verschwiegen.

30 Vgl. dazu B. Lang, Heiliges Spiel. Eine Geschichte des christlichen Gottesdienstes, München 1998, 233 ff.

31 So bereits grundlegend M. Kähler, Der so genannte historische Jesus und der geschichtliche biblische Christus (1892), hg. von E. Wolf, ThB 2, München 1953.

32 So Ph. Vielhauer, Geschichte der urchristlichen Literatur. Einleitung in das Neue Testament, die Apokryphen und die apostolischen Väter, Berlin/New York 1975, 329 ff.

33 Vgl. L. Schottroff und W. Stegemann, Jesus von Nazareth, Hoffnung der Armen, Stuttgart 1978.

34 So H. Conzelmann, Die Mitte der Zeit, Tübingen 1954.

35 Über den Glauben des Islam an die Offenbarung des Koran an Mohammed berichtet z. B. bündig: Kirchenamt der EKD (Hg.), Was jeder vom Islam wissen muss, Gütersloh 3. Aufl. 1991, 16–68.

36 Dabei wird das «Prophetenschweigen» in unterschiedlicher Weise wahrgenommen: Es gibt keine Propheten (mehr); oder: Es gibt Propheten, aber sie dürfen nicht reden.

[37] Vgl. dazu I. Lohmann/W. Weiße (Hg.), Dialog zwischen den Kulturen. Erziehungshistorische und religionspädagogische Gesichtspunkte interkultureller Bildung, Münster u. a. 1994.

[38] Vgl. dazu H. Küng/D. Tracy (Hg.), Das neue Paradigma von Theologie. Strukturen und Dimensionen, Zürich/Gütersloh 1986, 119 ff.

[39] Vgl. dazu z. B. P. Stuhlmacher, Wie treibt man Biblische Theologie? Biblisch-theologische Studien Band 24, Neukirchen-Vluyn 1995, 7–25.

[40] Bei der im Neuen Testament oft verwendeten Formel «Schriftgelehrte und Pharisäer» ist zu bedenken, dass Unterschiedliches zusammengeordnet wird: Schriftgelehrte gibt es in unterschiedlichen Gruppen des Jesus zeitgenössischen Judentums; Pharisäer sind dagegen eine spezifische, an der Lebendigkeit der Tora im «Alltag der Welt» besonders engagierte Gruppe.

[41] Vgl. M.-A. Ouaknin, Das verbrannte Buch. Den Talmud lesen, Berlin 1990.

[42] Zudem verbannt Marcion als «jüdisch» aufgefasste Stellen, beispielsweise wird der Stammbaum Jesu Lukas 3 herausgenommen.

[43] Vgl. den Synodenbeschluss «Kirche und Arbeiterschaft», in: L. Bertsch u. a. (Hg.), Gemeinsame Synode der Bistümer in der Bundesrepublik Deutschland. Bd. 1, Freiburg/Br. 1976, 321–364, bes. 327 ff.

[44] Zum sozialen und geistesgeschichtlichen Prozess der frühen Kirchen gibt es zahlreiche zusammenfassende Darstellungen. Anschaulich und gut lesbar ist vor allem: B. Möller, Geschichte des Christentums in Grundzügen (UTB 905), Göttingen 2. Aufl. 1979.

[45] Die Texte des Nicaeno-Constantinopolitanum und des Chalcedonense sind im Evangelischen Gesangbuch und im Gotteslob zugänglich.

[46] Vgl. dazu z. B. U.G. Leinsle, Einführung in die scholastische Theologie (UTB 1865), Paderborn u. a. 1995.

[47] Vgl. dazu z. B.: G. Duby, Die drei Ordnungen. Das Weltbild des Feudalismus. Frankfurt/M. 1986, sowie P. Burke, Helden, Schurken und Narren. Europäische Volkskultur in der frühen Neuzeit, Stuttgart 1981.

[48] Vgl. dazu B. Waldenfels, Sinnesschwellen. Studien zur Phänomenologie des Fremden 3, Frankfurt/M. 1999.

[49] Vgl. J. Habermas, Theorie des kommunikativen Handelns, 2 Bände, Frankfurt/M. 1981, insbesondere Band 2, 229 ff.

[50] Vgl. A.-L. Fenger, Geschichte des christlichen Mönchtums, in: Informationen für Religionslehrerinnen und Religionslehrer, Bistum Limburg, 2/1997, 2 ff.; 3/1997, 25 ff.; B. Lohse, Askese und Mönchtum in der Antike und in der alten Kirche, München/Wien 1969; sowie: K.S. Frank, Geschichte des christlichen Mönchtums, Darmstadt 5. Aufl. 1996.

[51] Vgl. immer noch H. Grundmann, Religiöse Bewegungen des Mittelalters, Berlin 1935.

[52] Vgl. dazu: S. Runciman, Häresie und Christentum. Der mittelalterliche Manichäismus (1947), München 1988, sowie: M. Lambert, Ketzerei im Mittelalter. Häresien von Bogumil bis Hus, München 1981.

[53] Vgl. Gemeinsame Erklärung zur Rechtfertigungslehre, Frankfurt/M./Paderborn 1999.

3 Theologie – evangelische und katholische – im Studium

Wer heute an einer deutschen theologischen Fakultät ein Theologiestudium beginnt, trifft gewissermaßen auf den vorläufigen Endpunkt ihrer lang andauernden historischen Entwicklung, ohne diese in ihren Gründen und Gestaltfindungen im Einzelnen durchschauen zu können. Konkret heißt das zunächst: Man kann nicht «die» Theologie studieren, sondern Theologie in der Zueinanderordnung verschiedener Einzeldisziplinen. Zu dieser internen Ausdifferenzierung der Theologie ist bereits zu Beginn des vorigen Kapitels eine vorläufige Orientierung gegeben worden, indem die vier großen Bereiche bzw. Sektoren (biblisch, historisch, systematisch und praktisch) aufgeführt und jeweils kurz charakterisiert worden sind. Daran knüpft der folgende Abschnitt an, in dem aufgezeigt wird, wie im Laufe der geschichtlichen Entwicklung vor allem in der Neuzeit sich die verschiedenen theologischen Einzeldisziplinen herausgebildet haben und was jeweils ihren spezifischen Gegenstandsbereich und ihre Methodik ausmacht. In einem zweiten Schritt werden Orientierungshilfen an die Hand gegeben, wie man sich in diesem «theologischen Dschungel» zurechtfinden kann.

3.1 Die Ausdifferenzierung der Theologie als Ergebnis einer historischen Entwicklung

Die Konturen von *biblischer Theologie* (*Altes* und *Neues Testament*), *Kirchengeschichte, Systematischer* und *Praktischer Theologie*, vervollständigt durch den Blick «von außen» der *Religionswissenschaft* und der Fragestellungen von *Befreiungstheologie* und *feministischer Theologie*, die «quer» zum Disziplinenkanon stehen, haben sich in der Gestalt, wie sie den Studierenden an deutschen Universitäten heute begegnet, historisch entwickelt, und das heißt: Sie sind aus jeweils spezifischen gesellschaftlichen und kirchlichen Problem- und Gesprächslagen entstanden. Dies schließt ein, dass sie veränderbar sind – wenn auch ihre über Jahrhunderte entstandene Gestalt «Institution» geworden ist und auf neue Problemlagen (wie alle Institutionen) nicht mit rasanter Geschwindigkeit reagiert. Die Unselbstverständlichkeit kirchlicher Zugehörigkeit und christlicher Religion führt heute aber dazu, dass die «von außen» – von anderen Wissenschaften, aber auch von ökonomischen und politischen Interessengruppen – vorgetragene Infragestellung immer mehr im Innenbereich des theologischen Wissenschaftsbetriebs ernst genommen werden muss. Und das ist, als Aufforderung zur Selbstreflexion über den eigenen historischen und gesellschaftlichen Ort, gut so.

Die Problemlagen, die die Herausbildung der einzelnen theologischen Disziplinen motiviert haben, lassen sich für jeden besonderen Fall zeigen, und sie finden ihren historischen Ort in jedem Fall nach der Reformation; das gilt nicht nur für die evangelische, sondern auch für die katholische Theologie. Dennoch ist es sinnvoll, die Entwicklung der wissenschaftlichen Theologie weiter zurückzuverfolgen – bis hin vor die Zeit ihrer konfessionellen Aufspaltung.[1]

Eine wichtige Schaltstelle ist die Zeit des 12./13. Jahrhunderts. Die ersten Universitäten wurden gegründet, die lange verschütteten philosophischen Traditionen (und hier besonders die aristotelische Philosophie) werden wiederentdeckt und umfassend rezipiert. Es entsteht ein zunehmend differenzierter theologischer Schulbetrieb, in dem *Theologie* als Wissenschaft, und zwar als *höchste Wissenschaft*, wahrgenommen und reflektiert wird. Zwar hatte es auch in der altkirchlichen und frühmittelalterlichen Theologie immer schon – über die Schriftauslegung hinaus – theologische Denkbemühungen gegeben. So beinhaltet die über viele Jahrhunderte vorherrschende Bibellektüre nach dem «vierfachen Schriftsinn» – neben der Verständnisbemühung um den Wortlaut – die Frage nach dem historischen Sinn der Schrift, die Frage nach ihrer Bedeutung für die Orientierung des menschlichen Lebensvollzugs, schließlich nach Hinweisen auf das kommende Reich Gottes. Aus der später entwickelten Perspektive eines entfalteten wissenschaftlichen

Theologiebetriebs könnte man hierin bereits eine Keimform der Unterscheidung zwischen biblischer, kirchengeschichtlicher, systematisch-theologischer und praktischer Theologie wahrnehmen. In ähnlicher Weise lassen sich auch – um nur einige Beispiele zu nennen – die trinitarischen und christologischen dogmatischen Entscheidungen der altkirchlichen Konzile (4./5. Jahrhundert), die theologischen Spekulationen des Origines (3. Jahrhundert), die Predigten des Ambrosius von Mailand (4. Jahrhundert), die Selbstreflexionen und dogmatisch-theologischen Gesprächsbeiträge des Aurelius Augustinus (4. Jahrhundert), die kirchengeschichtlich interessierten Schriften des Lukas (1. Jahrhundert) und des Eusebius (4. Jahrhundert) als Hinweise darauf lesen, dass sich das menschliche Nachdenken über Gott als Gegenstand und Subjekt des Glaubens zumindest ansatzweise schon früh in Richtung späterer theologischer Disziplinen ausformuliert.

Und doch ist, was die Entwicklung der Theologie als Wissenschaft angeht, das 12./13. Jahrhundert ein Einschnitt gewesen. Die Frage wird jetzt virulent, *inwiefern* Theologie als Wissenschaft verstanden und betrieben werden könne. Lässt sich die Theologie – im Zusammenhang der aristotelischen Wissenschaftssystematik gedacht – im Unterschied zu den «praktischen» Wissenschaften der Gruppe der «theoretischen» Wissenschaften zuordnen? Theologie würde dann an den entstehenden Universitäten den gleichen wissenschaftlichen Status erhalten wie Physik, Mathematik und Metaphysik, nämlich den «spekulativen» Wissenschaften zugerechnet. Damit wird beispielsweise dieses Problem wichtig: Lässt sich das Ganze des theologischen Nachdenkens wie bei anderen theoretischen Wissenschaften in *Axiome* bzw. Prinzipien und *Konklusionen* aufteilen? Dann könnten die Glaubensartikel der Bekenntnisse als Axiome/Prinzipien, die Aussagen der Theologie dagegen als Konklusionen gelten. In diesem Sinn hat als ein hervorragender Vertreter dieser Auffassung Thomas von Aquin (1225–1274) den Wissenschaftscharakter der Theologie zu klären versucht: Ähnlich wie im Verhältnis von Optik zur Geometrie oder der Harmonielehre zur Arithmetik sei die Theologie – im Verhältnis zum Wissen Gottes und der Seligen – im Ganzen als *abgeleitete Wissenschaft* zu verstehen. Anders aber als in anderen spekulativen Wissenschaften sind die Axiome der Theologie nicht immer der menschlichen Vernunft plausibel; sollen sie dennoch als Axiome gelten können, müssen die Schlussfolgerungen (Konklusionen) der Theologie ihren Geltungsanspruch als vorgegeben voraussetzen, als durch menschliche Reflexion nicht hervorbringbar und deshalb dem Ganzen der Theologie gegenüber als vorausgesetzte Autorität anerkennen.

Gegenüber dieser Zuordnung der Theologie zu den *theoretischen* Wissenschaften wird im Gesprächszusammenhang der hochmittelalterlichen scholastischen Theologie auch eine andere Lösung vorgeschlagen: Theologie sei *praktische Wissenschaft*. Dies ist beispielsweise die Meinung von Bonaventura (1221–74) und Johannes Duns Scotus (1270–1308). Denn die *sacra doctrina* ist ja auf das *Tun des Guten* ausgerichtet, sie soll bei den Menschen Furcht und Liebe gegenüber Gott als höchstem Gut erwecken und ihre auf rechtes Handeln gerichteten Affekte stärken. In dieser praktischen Konzeption von Theologie als Wissenschaft wird Gott als letztes Ziel menschlicher Willensbestimmung wahrgenommen, und die Theologie selbst wird in der Aufgabe gesehen, der Ausrichtung des menschlichen Willens auf Gott als sein eigentliches Ziel Gestalt zu geben.

In der Richtung und Linie dieses *praktischen*, durch die Schule Wilhelm von Ockhams (1285–1349) weiter ausformulierten Theologieverständnisses liegt auch die entstehende protestantische Theologie. Martin Luther (1483–1546) liest in seinen Vorlesungen an der Wittenberger Universität über biblische Texte – beispielsweise über den Römerbrief, den Hebräerbrief, das Buch Genesis; aus der Perspektive heutiger Disziplinenverteilung ist er am ehesten als biblischer Theologe einzuordnen. Zugleich gilt seine konzentrierte Kritik dem spekulativ-theoretischen Theologieverständnis der Scholastik; er tritt dezidiert für eine praktische Orientierung der menschlichen theologischen Denkbemühung ein: «vera theologia est practica ... speculativa igitur theologia, die gehort in die hell zum Teuffel» (WATr 1, Nr. 153). Diese für Luther typische Verbindung von *biblischer und praktischer Orientierung der ganzen Theologie* ist in der weiteren Entwicklung der sog. altprotestantischen Orthodoxie des späten 16. und des 17. Jahrhunderts mit ihrer wieder deutlicher ausgeprägten dogmatisch-spekulativen Orientierung verschüttet worden; sie wurde in der weiteren Entwicklung des Luthertums vor allem im so genannten *Pietismus* seit der zweiten Hälfte des 17. Jahrhunderts (z. B. bei Philipp Jakob Spener, 1635–1705) wieder stärker betont.

Gott spricht allein aus Gnade ohne Zutun menschlicher Handlungsmöglichkeit den Sünder gerecht – dies ist die fundamentale Entdeckung mit der Konsequenz einer Neuorientierung des christlichen Glaubens in der Reformation; und die Menschen, die es unternehmen, die Konsequenzen für Theologie und Kirche auszuformulieren, haben keinesfalls alles neu «erfunden». In der Tradition des Humanismus des 15. Jahrhunderts wird das Studium der biblischen Sprachen – neben dem unter Intellektuellen gebräuchlichen Latein auch Hebräisch und Griechisch – vertieft. Die Zentrierung allen theologischen Nachdenkens auf die Bibel, eines der zentralen Postulate der Reformation, führt aber noch nicht zur Entstehung einer *biblischen Theologie* im Sinne heutiger Disziplinenverteilung. Ähnliches kann auch für andere Felder theologischen Nachdenkens festgehalten werden. Natürlich stellt sich jetzt die Notwendigkeit, das Ganze der «neuen» Theologie in systematischer Form darzulegen, und die «loci communes» von Luthers Wittenberger Kollegen Philipp Melanchthon (1497–1560), aber auch die «Institutio Christianae Religionis» des Genfer Reformators Johannes Calvin (1509–64) sind exemplarische Zeugnisse dieses Versuchs: die biblische und praktische Orientierung der Theologie miteinander zu verbinden, die konzentrierte Relektüre der Bibel und die Reflexion auf den Lebensvollzug christlicher Religion. Die dabei gewählte systematische Darstellungsform, in der das Ganze der entdeckten Wahrheit in vernünftig nachvollziehbarer Gestalt dargestellt werden soll, macht aber das, was hier entsteht, noch nicht zu «*systematischer Theologie*» im heute gebräuchlichen Sinn. Auch die Predigtsammlungen und Gottesdienstordnungen Luthers, die Vorschläge Thomas Müntzers (1468–1525) zur Neuordnung der Liturgie, die Kirchenordnungen Johannes Bugenhagens (1485–1558) und Calvins, die Texte Luthers zum ehelichen Leben: All dies lässt sich aus heutiger Perspektive als homiletische, liturgische, auf Gemeindeaufbau zielende, als seelsorgerliche Abhandlungen lesen – und doch haben es die Reformatoren nicht unternommen, die wissenschaftliche Disziplin einer *praktischen Theologie* auszuformulieren.

Die Notwendigkeit, gegenüber der reformatorischen Bewegung eine eigene Identität ausweisen zu können, führte in der katholischen Theologie zu einem Wiederaufblühen der Scholastik, und zwar deswegen, weil man in ihr die als zeitunabhängig gültig vorgestellte Wahrheit des in der katholischen Kirche aufbewahrten und des von ihrem Lehramt garantierten wahren Glaubens auf unüberbietbar reflektiertem Niveau zum Ausdruck gebracht fand. Dies verlieh der katholischen Theologie bis weit in das gerade vergangene Jahrhundert hinein nach außen hin eine in sich geschlossene monolithische Gestalt im Sinne des von H. Küng – in Abhebung zunächst vom reformatorisch-protestantischen, dann zusätzlich vom aufgeklärt-modernen Paradigma – als mittelalterlich-römisch-katholisch bezeichneten Paradigma[2]; überall in der Welt wurde «offiziell» die gleiche Theologie gelehrt. Bei genauerem Hinsehen zeigt sich jedoch, dass die vermeintlich in Reinform tradierte und konservierte mittelalterliche Theologie durch die neu aufgekommenen – individuellen und gesellschaftlichen – Herausforderungen erhebliche Verschiebungen und Modifikationen in ihren inhaltlichen Fragestellungen erfuhr.[3] Indem teils an unterschiedlichen theologischen und/oder spirituellen Traditionen (z. B. Augustinus) angeknüpft und sie zu aktualisieren versucht wurde oder indem teils offensiv das Gespräch mit zeitgenössischen philosophischen Strömungen (Aufklärung, Idealismus u. a.) gesucht wurde, kam es zur Ausbildung neuer theologischer Strömungen (Jansenismus, Tübinger Schule etc.) neben der scholastischen (bzw. später neuscholastischen) «Schultheologie». Allerdings hatten solche Neuaufbrüche es schwer, sich durchzusetzen, weil sie sich gegenüber dem durch und durch der scholastischen Tradition verpflichteten kirchlichen Lehramt als «katholisch» ausweisen mussten und, wenn dieses nicht zur Zufriedenheit des Lehramts gelang, von ihm als «häretisch» verurteilt wurden. Diese doppelte Defensivstellung – zum einen in den eigenen Reihen, zum anderen «nach außen» zunächst gegenüber der Reformation, dann gegenüber Aufklärung und Religionskritik – verlieh der katholischen Theologie in der Neuzeit einen unübersehbaren apologetischen Anstrich: Die der katholischen Kirche anvertraute göttliche Wahrheit musste gegenüber allen möglichen Angriffen verteidigt werden. Das schloss nicht aus, sondern ein, dass, solange es der Verteidigung der Wahrheit diente, methodische und inhaltliche Anleihen bei anderen Wissenschaften gemacht werden konnten.

Erheblichen Einfluss auf die Verbreitung und Ausgestaltung der katholischen Theologie nahm auch die Tatsache, dass das Konzil von Trient (1545–1563) im Zuge seiner Bemühungen um überfällige innerkirchliche Reformen auch eine Verbesserung der – vor der Reformation völlig vernachlässigten – Ausbildung des Klerus anstrebte und den Bischöfen die Einrichtung von Diözesanseminarien vorschrieb, in denen die angehenden Priester in den kirchlichen Lehren unterrichtet und angemessen auf ihre spätere seelsorgerliche Tätigkeit vorbereitet werden sollten. Auch die Orden, allen voran der neu gegründete Jesuitenorden, legten großen Wert auf eine gediegene Bildung ihrer Mitglieder. Dabei begegnete die Theologie zunächst in zwei Ausprägungen: Die spekulative Theologie wollte und sollte die Wahrheit des katholischen Glaubenssystems unter Beweis stellen, verlor sich aber mehr und mehr in selbst produzierten Quästionen (Fragen), die sich immer mehr von der «normalen Wirklichkeit» entfernten. So kam es infolgedessen u. a. dazu, dass sich die mit konkreten Lebensfragen beschäftigte Moraltheologie aus der dogmatischen Theologie mehr und mehr herauslöste. Im Zuge des Aufkommens des geschichtlichen Bewusstseins im 17. und 18. Jahrhundert bildete sich neben der spekulativen Theologie die «positive Theologie» heraus, die darum bemüht war, die Wahrheit des Glaubens auf der Grundlage der überlieferten Dokumente, vorab der Heiligen Schrift, auszuweisen. Exegese und Kirchengeschichte gewannen so an Bedeutung und wurden mehr und mehr zu eigenständigen theologischen Disziplinen.

Hier lassen sich Parallelen im katholischen und evangelischen theologischen Raum ausmachen. Auch auf evangelischer Seite sind es spezifische Gesprächslagen, die in der nachreformatorischen Entwicklung die historische Entstehung der theologischen Einzeldisziplinen motivieren. Die ausdrückliche Differenzierung zwischen biblischer und systematischer Theologie als eigenständigen Disziplinen kommt mit der Forderung des Pietismus nach einer Eigenständigkeit der biblischen Theologie (im 17. Jahrhundert, vor allem durch Philipp Jakob Spener) zustande und prägt sich in der Epoche der Aufklärung in den folgenden anderthalb Jahrhunderten weiter aus. Mit der Forderung nach einer nicht von dogmatischen Vorentscheidungen geprägten *biblischen Theologie* kulminiert im Pietismus der Versuch, zentrale reformatorische Entdeckungen wiederzugewinnen: Die Autorität der Bibel gegenüber der dogmatischen und institutionellen Tradition, das Priestertum aller Glaubenden, die Reformation des ganzen Lebens sollen gegen dogmatische Verfestigungen in der altprotestantischen Orthodoxie wieder ans Tageslicht gebracht werden und in der Bibellektüre (im Gottesdienst und den Hauskreisen) ihren Halt und ihre Begründung finden.

In der Aufklärung (17./18. Jahrhundert) wird die biblische Theologie zunehmend unter das Postulat einer *historischen* Erforschung der Entstehung und Tradierung biblischer Texte gestellt. Auch hier ist der antidogmatische und antiinstitutionelle, gegen eine biblizistische Selbstlegitimation kirchlicher Strukturen gerichtete Impuls motivierend geworden. Die historische Orientierung der biblischen Theologie führte bald zu einer Aufteilung der *Disziplinen Altes und Neues Testament* – immer wieder auch um den Preis der Wahrung ihres innersten Zusammenhangs. Das Alte Testament wird im Kontext altorientalischer Geschichte, das Neue Testament im Kontext hellenistischer Kultur wahrgenommen. Es bleibt bis heute die kritische Frage, wie die Einheit biblischer Theologie und wie die in der Reformationszeit dominierende Verbindung von biblischer und praktischer theologischer Orientierung wiedergewonnen werden kann.

Das Auseinandertreten der biblischen und der systematisch-theologischen Disziplin ist jedenfalls eine verhältnismäßig junge theologische Entwicklung, und im Gesprächszusammenhang mit dem philosophischen und gesellschaftlichen Prozess der Aufklärung und der nachaufklärerischen idealistischen Philosophie hat die *systematische Theologie* im deutschen Sprachbereich Gestalt gefunden. Auch die übrigen theologischen Disziplinen bilden sich in konturierter Gestalt erst in der Neuzeit heraus: Als eigenständige Disziplin begegnet die *Kirchengeschichte* im protestantischen Bereich zum ersten Mal in der ersten Hälfte des 17. Jahrhunderts bei Georg Calixt (1586–1656) an der Universität Helmstedt. Die *praktische Theologie* wird – obwohl es bereits seit zwei Jahrhunderten pastoraltheologische Vorlesungen gegeben hat – erst gegen Ende des 18. Jahrhunderts zu einem eigenständigen Lehrfach an evangelischen deutschen Fakultäten; für die Etablierung dieser Disziplin ist am Beginn des 19. Jahrhunderts vor allem Friedrich Daniel Schleiermacher einflussreich geworden.

Ein erheblicher Unterschied zwischen der evangelischen und der katholischen Theologie besteht darin, dass bei aller Ausdifferenzierung von Einzeldisziplinen im katholischen Raum bis vor einiger Zeit die – lehramtlich normierte – Dogmatik die unangefochtene Vormachtstellung innehatte. Die anderen Disziplinen standen faktisch als Hilfswissenschaften im Dienst der Dogmatik und hatten ihr biblische, historische u. a. Zusatzargumente zur Explikation ihrer im Grunde unabhängig davon gültigen Wahrheit zu liefern. Erst seit ca. Mitte des vergangenen Jahrhunderts hatten diese Disziplinen ihr Selbstbewusstsein so weit ausgebildet, dass sie sich der Dogmatik gegenüber als eigenständig zu behaupten begannen und ihrerseits von dieser einforderten, dass sie die Einsichten der anderen Disziplinen auch in ihrer möglichen Sperrigkeit traditionellen theologischen Argumentationsfiguren gegenüber ernst zu nehmen habe. Dieser innertheologische «Emanzipationskampf» katholischerseits war alles andere als ein leichtes und konfliktloses Unterfangen und wirkt teilweise bis heute noch nach. Am stärksten um ihre Anerkennung als eigenständige theologische Disziplinen – trotz ihrer ausdrücklichen Einrichtung als Universitätsdisziplinen vor mehr als 200 Jahren (ähnlich wie in der protestantischen Theologie) – haben bis heute die praktisch-theologischen Disziplinen (Pastoraltheologie, Katechetik, Religionspädagogik, Homiletik = Predigtlehre, Liturgiewissenschaft) zu kämpfen; nur zu gern werden sie von den «eigentlich» wissenschaftlichen Disziplinen in der Theologie als «Anwendungslehren» betrachtet – als hätten sie lediglich «umzusetzen», was anderswo theoretisch erarbeitet worden ist (also z. B. exegetische Forschungsergebnisse didaktisch-methodisch aufzubereiten), und nicht einen eigenen theoretischen Zugang zur Praxis von Religion bzw. Glauben in Kirche und Gesellschaft zu leisten.

Seit dem 18. Jahrhunderts gewinnt zusätzlich zur Dogmatik im Zuge der Auseinandersetzung mit den philosophischen Strömungen der Aufklärung, die jegliche Vernünftigkeit und Sinnhaftigkeit des Glaubens bestreiten und auch die institutionelle Kirche in arge Argumentationsschwierigkeiten bringen, die *Apologetik* an Bedeutung, die später in Fundamentaltheologie umbenannt wird. Wie mit unterschiedlichen Akzentuierungen beide Bezeichnungen beinhalten, ist es Aufgabe dieser Disziplin, eigens nochmals gegen ihre Bestreitungen die Vernünftigkeit des Glaubens darzulegen. Das tut sie – teilweise bis heute – in ihren drei Traktaten des Erweises der Religion, des christlichen Glaubens und der katholischen Kirche. Nicht zu vergessen ist darüber hinaus, dass eine weitere Disziplin, deren Ursprünge weit bis auf mittelalterliche Rechts- und Gesetzessammlungen zurückreichen, innerhalb der katholischen Kirche und Theologie eine erhebliche Rollen spielt: das Kirchenrecht, das mit der Begründung und Gestaltung kirchlicher Ordnung befasst ist.

Gegen Ende des 19. Jahrhunderts entwickeln sich schließlich noch – sowohl in den evangelischen als auch in den katholischen Fakultäten – zwei (bzw. drei) theologische Disziplinen, in denen der theologische Wissenschaftsbetrieb in unterschiedlicher Weise das Verhältnis von «innen» und «außen» reflektiert: Ende des 19. Jahrhunderts entsteht die *Missionswissenschaft* aus der wahrgenommenen Notwendigkeit, die christliche Botschaft und Theologie in fremde religiöse und kulturelle Lebenszusammenhänge zu übersetzen, die weltweit im Prozess einer kolonialistischen Unterwerfung der einheimischen Völker (in dieser historischen Phase vor allem in Afrika) in den Einfluss- und Wirkungsbereich europäischer und nordamerikanischer Kirchen und Missionsgesellschaften geraten. Mit der Eigenständigkeit der jungen Kirchen in den abhängigen Ländern (massiv seit den 60er Jahren des 20. Jahrhunderts) und ihrer gleichberechtigten Mitarbeit in der ökumenischen Bewegung wandelt sich auch die Missionswissenschaft zu einer *ökumenischen Theologie*, die die Achtung vor dem Fremden, den Dialog mit dem, was gegenüber dem jeweils Eigenen das Andere ist, und die konziliare Verschiedenheit im Rahmen der einen Christenheit ebenso zum Gegenstand hat wie zunehmend auch das interreligiöse Gespräch im Lebenszusammenhang einer kulturell und religiös pluralen Weltgesellschaft.

Ebenfalls im Übergang vom 19. zum 20. Jahrhundert wird – jetzt als Blick von « außen » nach « innen » – die *Religionswissenschaft* an einigen deutschen theologischen Fakultäten als eigenständige Disziplin eingerichtet. Bis heute wird mit offenem Ausgang darüber debattiert, ob Religionswissenschaft den Status einer theologischen Teildisziplin innehaben solle, wobei eine – wiewohl an staatlichen Universitäten beheimatete – kirchlich-konfessionell gebundene Theologie einen Ort für Selbstreflexion und -kritik im eigenen Forschungszusammenhang innehat: gewissermaßen der « Blick von außen » ohne Infragestellung der jeweiligen kirchlich-konfessionellen Bindung. Oder, und dies wird zunehmend als Alternative eingefordert: Religionswissenschaft solle als Fundamentaldisziplin eine Reflexion auf alle – und nicht nur die christliche – Religionen begriffen werden; erst dies würde im Eigentlichen der Trennung von Kirche und Staat auch im Bereich universitärer Ausbildung Rechnung tragen. Der gewissermaßen universale Horizont einer so verstandenen Religionswissenschaft würde es ermöglichen und zugleich notwendig machen, den universitären Ort der traditionellen theologischen Disziplinen neu zu bestimmen.

Teilweise als weitere theologische Einzeldisziplinen haben sich im Gefolge der kirchlichen und theologischen Auseinandersetzung mit der sog. sozialen Frage im 19. Jahrhundert zu Beginn des 20. Jahrhunderts die *Christlichen Sozialwissenschaften* bzw. die *Christliche Sozialethik* ausdifferenziert – und zwar als eine Erweiterung zu einer Moraltheologie bzw. Ethik, die vornehmlich auf die individuelle Dimension moralischen Verhaltens ausgerichtet war und kein Bewusstsein für dessen strukturelle Komponenten ausgebildet hatte. Mit Blick auf die karitative bzw. diakonische Arbeit der Kirchen hat sich zu gleicher Zeit eine *Caritas*- bzw. *Diakoniewissenschaft* etabliert, die ursprünglich ihren Ort jeweils nur an einer Fakultät hatte und hat (evangelisch: Heidelberg; katholisch: Freiburg/Br.), seit kurzem aber auch an anderen Orten studiert werden kann (teilweise als Zusatzstudiengang).

Der traditionelle Disziplinenkanon einer evangelischen oder katholischen theologischen Fakultät – mit Altem und Neuem Testament, Kirchengeschichte, Systematischer Theologie, Praktischer Theologie als den «Kernfächern» – ist aber nicht nur von der religionswissenschaftlichen Disziplin aus infrage gestellt worden. Seit den 70er Jahren unseres Jahrhunderts ist – wie bereits angedeutet – mit der Rezeption der lateinamerikanischen, afrikanischen und asiatischen *Befreiungstheologien* ein Problembewusstsein auch in der deutschen akademischen Theologie entstanden, dessen rückläufige Popularität in jüngster Zeit keinesfalls seine inhaltliche wissenschaftstheoretische Brisanz vermindert. Die befreiungstheologischen Anfragen zielen auf einen Perspektivenwechsel, der jede der überkommenen theologischen Disziplinen betrifft: so die Einsicht in die Kontextualität (gegen das Postulat der Universalität) theologischer Aussagen, also die Einsicht in ihre Abhängigkeit von besonderen historischen und gesellschaftlichen Interessenkonstellationen; so die Forderung, dass sich Theologie als menschliche Antwort auf Gottes Zuwendung zuerst zu den Armen begreifen müsse; so das Verständnis der Theologie als Reflexion des Glaubens im Lebenszusammenhang befreiender Praxis aus ökonomischer, politischer und kultureller Ausgrenzung und Unterdrückung. Ebenfalls «quer» zum historisch gewachsenen theologischen Fächerkanon haben sich seit den siebziger Jahren die Perspektiven einer *feministischen* Theologie entwickelt: Jeweils in der Lektüre biblischer Texte, in der Analyse der historischen Entwicklung von Theologie und Kirche, in der systematischen Reflexion auf die Wahrheit des christlichen Glaubens im Gespräch mit philosophischen und alternativen religiösen Wahrheitsansprüchen, in der Reflexion auf kirchliche Handlungszusammenhänge unternehmen es feministisch orientierte Theologinnen bzw. Theologen, Spuren der jahrhundertelang wirksamen patriarchalischen Herrschafts- und Ausgrenzungsmuster gegenüber den Lebensperspektiven von Frauen aufzuspüren und den Frauen in einer neuen Lektüre, Reflexion und Praxis zu ihrem Recht zu verhelfen.

3.2 Die theologischen Einzeldisziplinen im Überblick

Von Kaiserin Maria Theresia zu einer Reform des theologischen Studiums im Bereich der habsburgischen Monarchie beauftragt – um eine bessere Ausbildung der für das Heil und Wohl der Bevölkerung in besonderer Weise zuständigen Seelsorger zu erreichen –, hat der Benediktinerabt Franz Stephan Rautenstrauch (1734–1785) eine Ordnung konzipiert, nach der das Studium der Theologie zehn Hauptwissenschaften umfasst: (1) Dogmatica, (2) Theologia moralis, (3) Hermeneutica Scipturae Sacrae, (4) Patristica, (5) Homiletica, (6) Polemica, (7) Ius canonicum, (8) Studium Liturgicum, (9) Theologia pastoralis und (10) Catechetica.[4] Eine ähnliche Ausdifferenzierung der (protestantischen) Theologie findet sich in Schleiermachers einflussreich gewordener «Kurzen Darstellung des theologischen Studiums». Sieht man von den seitdem hinzugekommenen neuen theologischen Disziplinen ab, hat sich mit Blick auf die Struktur der theologischen Fakultäten und den Ordnungen ihrer Studien diese Auffächerung bis heute so gut wie unverändert durchgehalten.

Wird es schon allein aufgrund dieses Faktums schwierig, herauszufinden und anzugeben, was denn das Gemeinsame, also die alles miteinander verbindende Klammer der Theologie sei, so wird dies zusätzlich dadurch verschärft, dass sich einerseits in jeder theologischen Einzeldisziplin bis heute ein jeweils spezifischer (und in Entwicklung begriffener) Bestand an methodischen und inhaltlichen Schwerpunkten herausgebildet hat, andererseits nicht einmal innerhalb dieser Einzeldisziplinen unbedingt ein Common Sense über deren Selbstverständnis anzutreffen ist.

Ohne dies alles im Einzelnen berücksichtigen zu können und zu wollen, soll im Folgenden die bereits zu Beginn des zweiten Kapitels vorgestellte Übersicht über die Struktur der Theologie erweitert werden, indem über die Umschreibung der inhaltlichen Aufgabenstellung innerhalb der einzelnen Disziplinen hinaus ein erster Blick auf die Methoden geworfen wird, mit denen jeweils gearbeitet wird.

1. Die *biblische Theologie* hat es mit der Erforschung und dem Verstehen der Ursprungsdokumente des (jüdischen und) christ-

lichen Glaubens zu tun: Sie fächert sich entsprechend der Unterteilung der Bibel auf in die Exegese des Alten Testaments und in die Exegese des Neuen Testaments. Hinzu kommen die sog. Einleitungsfragen (Einordnung der verschiedenen biblischen Texte in ihre jeweilige Epoche) und die «biblische Hermeneutik» (als Bemühen um eine Überbrückung des von Lessing so problematisierten «garstig breiten Grabens» zwischen damals und heute). Mehr und mehr wird in der biblischen Theologie auch vergleichend-religionswissenschaftlich gearbeitet, um so differenzierter Aufschluss zu gewinnen über die jeweilige Eigenheit biblischer Dokumente, aber auch darüber, was ihnen mit anderen religiösen Auffassungen ihrer Zeit gemeinsam ist und wodurch sie möglicherweise beeinflusst worden sind. Und da Dokumente aus der biblischen Zeit nicht nur in textlicher Form erhalten sind, sondern auch beispielsweise in Form von steinernen Zeugnissen (Ornamente, Gräber) oder von Bildern, gibt es einen eigenen Zweig biblischer Archäologie.

In den biblischen Disziplinen hat sich seit der Aufklärung ein Bestand an Methoden der Lektüre biblischer Texte herausgebildet, die unter dem Stichwort der «historisch-kritischen» Methoden zusammengefasst werden. In der «Textkritik» wird der wahrscheinlichste ursprüngliche schriftliche Textbestand des kanonischen biblischen Textes angesichts teilweise unterschiedlicher Überlieferung in verschiedenen Handschriften (die selber Jahrhunderte nach dem ursprünglichen Entstehungsdatum der biblischen Texte entstanden sind) überprüft. In der «Literarkritik» geht es um die Einheitlichkeit des überlieferten Textes. Lassen Wiederholungen, sprachliche Eigentümlichkeiten, Brüche im Erzählfluss o. Ä. darauf schließen, dass der in den Bibelübersetzungen vorliegende Text aus älteren Texten zusammengestellt worden ist, die selber in ihrer Entstehungssituation, Adressatenschaft, theologischen Intention ganz unterschiedlich sein können? In der «Formkritik» wird nach dem «Sitz im Leben» von biblischen Textabschnitten gefragt; es ist damit zu rechnen, dass bestimmte Textgattungen – bisweilen schon in ihrer mündlichen Überlieferungsform vor der schriftlichen Fixierung – auf spezifische kommunikative Situationen zurückverweisen. Aus dem Textfluss lassen sich einzelne Gattungen wie Gebete, Bekenntnisformeln, Lieder herauskristallisieren, die ihren «Sitz im Leben» beispielsweise im gottesdienstlichen Kult, in der unterrichtlichen Unterweisung, in Streitgesprächen, in der Mission haben und so ein Bild von der Lebensgestalt ihrer Gemeinde ermöglichen. Wurde mit der formkritischen Methode zunächst vornehmlich nach kultischen Sprechsituationen zurückgefragt, so hat sich hier in jüngerer Zeit ein wachsendes Forschungsinteresse an sozialgeschichtlichen Rekonstruktionen festgemacht mit dem Ziel, auch über alltägliche Lebenssituationen in Arbeit, Politik, im Zusammenleben von Männern und Frauen usw. Aufschluss zu erhalten. In der «Traditionskritik» und der «Redaktionskritik» schließlich geht es um die Frage, welche theologischen und anderen Interessen die Menschen motiviert haben, die verschiedene Einzeltexte zu den Großtexten der biblischen Bücher zusammengefügt haben.

Zunehmend wird in der biblischen Theologie diskutiert, worauf die mit Hilfe der historisch-kritischen Methoden gewonnenen Befunde und Einsichten nur unzureichend eine Antwort zu geben vermögen, nämlich wie – etwa dem Beispiel der jüdischen Schriftauslegung folgend – gelernt werden kann, den biblischen Text nicht zu sezieren, sondern in seiner Einheit zu achten. Dazu werden andere – beispielsweise psychoanalytisch oder semiotisch orientierte – Methoden der Textlektüre dem Kanon *historisch-kritischer Methoden* kritisch gegenüber- oder ergänzend an die Seite gestellt.

2. Die *historische Theologie*, zu der die biblische Theologie ebenfalls gerechnet werden könnte, unterscheidet sich von dieser darin, dass sie sich schwerpunktmäßig mit der Wirkungsgeschichte der biblischen Tradition beschäftigt. Dabei verläuft sie weitgehend mit den sich ebenfalls mit diesem Zeitraum befassenden «profanen» Geschichtswissenschaften parallel, übernimmt beispielsweise deren Epocheneinteilung (Altertum, Mittelalter, Neuzeit) und Konzepte und arbeitet auch mit deren Methoden. Ein Unterschied liegt darin, dass innerhalb der Kirchengeschichtsforschung und -schreibung die historische Entwicklung aus dem Selbstverständnis des christlichen Glaubens heraus zu interpretieren versucht wird. Aber was das – das Selbstverständnis des Glaubens – wiederum ist, ist alles andere als klar. So wird heute beispielsweise kritisiert, dass die

Kirchengeschichte nachträglich aus der Perspektive der «Sieger», also der etwa in Konflikten erfolgreich Durchgekommenen heraus rekonstruiert worden ist und dabei die, die «auf der Strecke geblieben» sind, leicht auch nachträglich noch exkommuniziert wurden. Die Frage ist, ob nicht gerade in der Wirkungsgeschichte des Gekreuzigten das Bemühen sich viel stärker darauf zu richten hätte, den Opfern und ansonsten namenlos Bleibenden den ihnen gebührenden Platz in der Geschichtsschreibung einzuräumen. Die darum bemühte sozialgeschichtliche Erforschung mit ihrer Einbeziehung der Alltagsgeschichten der einfachen Leute hat mittlerweile auch innerhalb der Kirchengeschichte interessante Erkenntnisse zutage gefördert.

3. Rechenschaft über den Glauben abzulegen vor dem Forum der zeitgenössischen Vernunft ist Aufgabe der *systematischen Theologie*. Innerhalb der theologischen Fakultäten begegnet sie als Arsenal von mehr oder weniger untereinander verbundenen Einzelfächern: Fundamentaltheologie (kath.), Dogmatik, Ethik bzw. Moraltheologie, Sozialethik bzw. Christliche Sozialwissenschaften / Gesellschaftslehre, ökumenische Theologie, möglicherweise auch Religionswissenschaften und Religionsphilosophie. Neben der Kenntnis der jeweils eigenen Tradition ist für die Einzeldisziplinen ein intensives Gespräch mit ihren («profanen») Nachbarwissenschaften erforderlich, wollen sie nicht nur binnenkirchlich argumentieren, sondern als Gesprächspartnerinnen im wissenschaftlichen Diskurs ernst genommen werden. Man vergegenwärtige sich nur, welche völlig neuartigen ethischen Herausforderungen sich aktuell im Zuge der immer rasanter voranschreitenden technologischen Weiterentwicklungen in den verschiedensten Bereichen einstellen. Hier reicht es nicht aus, sich auf bewährte ethische Prinzipien zu berufen. Sondern eine (theologisch-)ethische Urteilsbildung ist darauf angewiesen, dass sie die Problematik, um die es geht, umfassend und detailliert kennt – bis in die jeweilige einzelwissenschaftliche Fachdiskussion hinein. Eine andere Herausforderung, vor der insbesondere die Fundamentaltheologie und Dogmatik im Zusammenhang mit anderen Religionswissenschaften heute stehen, ist die Frage, wie angesichts des sich immer stärker durchsetzenden kulturellen und geistigen Pluralismus der christliche Glaube inhaltlich so ver-

mittelt (übersetzt) werden kann, dass dies weder fundamentalistisch noch völlig relativistisch ausfällt.

4. Die *praktische Theologie* ist – wie angedeutet – keineswegs nur eine Umsetzungs- und Anwendungslehre der übrigen theologischen Disziplinen etwa in die kirchliche oder in die schulische Praxis hinein. Sondern sie ist gewissermaßen Anwältin der originären Dignität der Praxis innerhalb der Theologie. Ihr interner Fächerkanon ist stark durch die verschiedenen kirchlichen oder kirchlich vermittelten Praxisfelder bestimmt: So hat es die Liturgiewissenschaft vorrangig mit dem gottesdienstlichen Handeln zu tun. Die Homiletik erkundet die verschiedenen Voraussetzungen, die zu berücksichtigen sind, wenn eine gute Predigt zustande kommen soll. Ähnliches leistet das in manchen katholischen Fakultäten vertretene Fach «Kerygmatik» für die kirchliche Verkündigung insgesamt. In der Katechetik wird heute stärker nach der katechetischen Dimension (Katechese als Glaubensunterweisung verstanden) des kirchlichen Wirkens vor allem in der Gemeinde gefragt (Gemeindekatechese; im evangelischen Raum wird unter «Gemeindepädagogik» das gesamte pädagogische Handeln innerhalb der Kirche reflektiert). Die Religionspädagogik ist mit religiösen Lernprozessen von der Kindheit bis zum Alter an verschiedenen Lernorten befasst; im Mittelpunkt steht dabei in der Regel der schulische Religionsunterricht. Die Praxis der Gemeinde – und der weiteren kirchlichen Ebenen – ist Reflexionsgegenstand der Praktischen Theologie im engeren Sinn, die in der katholischen Theologie auch Pastoraltheologie genannt wird. Das Kirchenrecht richtet dabei sein Augenmerk insbesondere auf die innerkirchlich zu regelnden Ordnungsfragen. Schließlich gibt es noch den Bereich der Einzelseelsorge und ihrer Theoriebildung, die häufig unter dem Stichwort «Poimenik» (griech.: poimen = der Hirte) firmiert.

Es ist nahe liegend, dass eine kritische und konstruktive Reflexion aller dieser Praxisfelder ohne Heranziehung von benachbarten Humanwissenschaften kaum möglich ist, angefangen von der Psychologie und Pädagogik über Rhetorik und Medienwissenschaften bis hin zur Soziologie.[5] Teilweise haben sie sich als eigene Disziplinen innerhalb der praktischen Theologie etabliert, wie etwa die Pastoralpsychologie und die Pastoralsoziologie. Weil die faktischen Gegebenheiten kirchlichen oder kirchlich vermittelten Handelns innerhalb der praktisch-theologischen Reflexion eine große Rolle spielen, ist es nahe liegend, sich zu ihrer kontrollierten Erforschung der Methoden der empirischen Sozialforschung zu bedienen.[6] Ein eigenständig daraus hervorgegangener theologischer Ansatz nennt sich «empirische Theologie»[7].

3.3 Zwischen Unübersichtlichkeit und eigenständiger Aneignung der Theologie

Für die theologischen Studiengänge – jeweils unterschiedlich für das Ziel des Pfarramts und der verschiedenen Lehrämter – strukturieren Prüfungs- und Studienordnungen den Studienverlauf im Ganzen (vgl. dazu ausführlicher das folgende Kapitel). Innerhalb der einzelnen Disziplinen ist durch die Veranstaltungsformen (Proseminare am Beginn des Studiums für die Einführung in methodische und inhaltliche Charakteristika der jeweiligen Disziplin, Vorlesungen und Seminare, schließlich Haupt- und Oberseminare zur Schwerpunktbildung und Vertiefung) eine Logik des Studienaufbaus gegeben. Das Grundstudium für die Pfarramts- und Gymnasiallehramtsstudiengänge wird mehr oder weniger durch das Erlernen der alten Sprachen Hebräisch, Griechisch und Latein bestimmt, die für die Lektüre der Bibel und kirchengeschichtlich zentraler Texte benötigt werden (für das Lehramt wird die Sprachanforderung in der Regel auf zwei alte Sprachen reduziert). Wie man systematische Theologie oder Kirchengeschichte sinnvoll studieren kann, scheint sich vielerorts schon durch eine Nummerierung der Vorlesungen nahe zu legen: Na klar, Kirchengeschichte I beschäftigt sich mit der Zeit der Alten Kirche, es ist sinnvoll, hier anzufangen und nicht gerade mit Kirchengeschichte IV, wo die Entwicklung in der Neuzeit präsentiert wird. An vielen Studienstandorten gibt es Studieneingangsphasen und obligatorische Studienberatungen, in denen eine Spur durch die Vielfalt der Gegenstände, Themen und Positionen aufgenommen werden kann; und für das Studienende werden vielerorts Examenskolloquien angeboten, in denen man den relevanten Wissenskanon memorieren kann. Organisatorisch ist also in der Regel dafür gesorgt, dass sinnvoll und erfolgreich Theologie studiert werden kann.

Nur: Die Frage, was denn eigentlich das Gemeinsame sei, das die verschiedenen Disziplinen und Themen des Theologiestudiums zu einem Ganzen verbindet, wird auf diese Weise nicht beantwortet. Rein studientechnisch – Beginn mit den alten Sprachen und den «exegetischen Proseminaren» in den Disziplinen Altes und Neues Testament, im Mittelteil des Studiums Besuch von Seminaren und Vorlesungen in allen Disziplinen, im letzten Drittel Entscheidung für eine bestimmte Disziplin und Themen für die Schwerpunktbildung, in der Schlussphase kurz vor der Examensvorbereitung der Besuch praktisch-theologischer und insbesondere homiletischer (= Predigtlehre) Veranstaltungen – drängt sich eine Logik des Theologiestudiums als Ganzes auf, die sich mit dem Stichwort zusammenfassen lässt: «vom Text zur Predigt». Das ist aber eine rein studientechnische, nicht schon eine inhaltliche Logik. Denn auf der einen Seite sind die Veranstaltungen der unterschiedlichen theologischen Disziplinen nicht so aufeinander abgestimmt, dass sie konzentriert auf diesen Weg «vom Text zur Predigt» bezogen wären; vielmehr folgt jede Disziplin (und oft genug auch noch jede Theologieprofessorin bzw. jeder Theologieprofessor) spezifischen, der Forschungsgeschichte der Disziplin oder besonderen Profilen und Interessen geschuldeten Wegen, sodass sich der «Gesamtweg» den einzelnen Studierenden vor allem durch die Reihenfolge nahe legt, in der sie diese untereinander oft disparaten Gesprächszusammenhänge gewissermaßen «durchlaufen». Und auf der anderen Seite kann mit Recht gefragt werden, ob der Weg «vom Text zur Predigt» als angemessene inhaltliche Konzeption für das Theologiestudium als Ganzes gelten kann.

Aus der Perspektive der Studierenden sind es in der Regel lebensgeschichtlich relevant gewordene Ausschnitte aus kirchlichen Handlungszusammenhängen – Kindergottesdienst, Jugendarbeit, kirchliche Aktionsgruppen, auch schulischer Religionsunterricht –, die zu ihrer Studienwahl und zu einem wie immer vorläufigen Bild von der eigenen späteren Berufsrolle motiviert haben. Am Beginn und am Ziel des Studiums steht also die enge Aufeinanderbezogenheit von lebensgeschichtlichen Entscheidungen bei den Studierenden und kirchlichen bzw. religiösen Handlungszusammenhängen. Das für diesen Sachverhalt angemessene Stichwort wäre deshalb eher: «*von der Predigt* (und anderen kirchlich-religiösen Handlungszusammenhängen) *zum Text* (einschließlich seinem systematisch zu erhebenden Wahrheitsanspruch und seiner kirchengeschichtlich zu untersuchenden Wirkungs- und Verwertungsgeschichte) *zur Predigt* (bzw. zu anderen kirchlichen Handlungsfeldern oder zum Religionsunterricht)».

Das Theologiestudium als Ganzes kann keineswegs seinen Sinn darin finden, sich in diese Beziehung bruchlos einzufügen: als Möglichkeit, eigene Lebenskonflikte abzuklären, oder als «Lehre» für den späteren Beruf. Die biblischen, kirchengeschichtlichen, systematischen und praktisch-theologischen, die religionswissenschaftlichen Gegenstände des Studiums entfalten ihre Relevanz auch für die Lebensgeschichte der Studierenden ja erst, wenn sie ihr gegenüber ein Anderes sind. Entscheidend ist allerdings, dass die Beziehung zwischen diesen drei Polen *in* den einzelnen Lehrveranstaltungen und im Studium als Ganzem immer wieder hergestellt werden kann: zwischen lebensgeschichtlicher und -praktischer Selbstthematisierung bei den Studierenden, den Gegenständen theologischer Wissenschaft und den Handlungszusammenhängen in Kirche und schulischem Religionsunterricht. Dazu erscheinen uns zwei Perspektiven als notwendig:

Einmal muss gefragt werden, wie die durch die ganze Kirchengeschichte wirksame Linie (z. B. bei Bonaventura, Luther, Spener, Schleiermacher) in der Gestaltung des Theologiestudiums heute Gestalt finden kann, *Theologie als biblische und zugleich als praktische Wissenschaft* zu verstehen. Und zwar so, dass beide Dimensionen unverkürzt zur Geltung kommen können: nicht also biblische Theologie als Legitimation oder bloß technische Vorbereitung für eine Berufsrolle in einem undiskutiert vorausgesetzten beruflichen Praxiszusammenhang in Kirche oder Schule; und auch nicht Praxis als (wie auch immer vermittelbares) Anhängsel eines insgesamt an historischen und systematischen Gegenständen ausgerichteten Studiums. Die Chance, dass eine solche Gleichgewichtigkeit gelingt, hängt im Wesentlichen daran, dass das Studium selbst als

Lebens- und Handlungszusammenhang, selbst also als «Praxis» begriffen wird. Hier können und müssen nicht nur die inhaltlichen, sondern auch die kommunikativen und selbstreflexiven Kompetenzen und Verantwortlichkeiten ausgebildet werden, die im lebensgeschichtlich später verbindlichen Lebens- und Handlungszusammenhang des Berufs in anderer Weise wieder Gestalt gewinnen werden. Das Theologiestudium an der Universität ist als Lebens- und Handlungszusammenhang von Lehrenden und Lernenden zu verstehen, in dem das tatsächlich ja unleugbare strukturelle Machtgefälle zwischen Lehrenden und Studierenden immer wieder durch gemeinsames Interesse und gelungene Verständigung an den inhaltlichen Gegenständen theologischer Wissenschaft gebrochen wird. Das könnte als unzeitgemäßes Postulat verstanden werden in einer Zeit, in der die Universitäten wie alle anderen gesellschaftlichen Orte auch zunehmend als «Firma» definiert werden, deren Effektivität an einem ökonomisch verrechenbaren Input-Output-Verhältnis festgestellt werden können soll. Dass demgegenüber das Regulativ eines gemeinsam verantworteten und gestalteten Lebens- und Handlungszusammenhangs von Lehrenden und Lernenden eingefordert wird, stutzt nicht nur den Totalitätsanspruch ökonomischer Verrechenbarkeit auf ein lebensförderliches Maß und gibt ihm selbst wahrscheinlich erst eine gewisse Chance auf Realitätsangemessenheit, sondern ist vor allem für die theologische Ausbildung von ihrer eigentlichen Inhaltlichkeit her schlechthin unaufgebbar.

Damit ist die zweite Perspektive benannt (von der ausführlich bereits im 1. Kapitel die Rede war): Die Studierenden müssen als Subjekte ihres eigenen Theologiestudiums begriffen werden. Dies ist zu Beginn des Studiums, unabhängig von jedem bereits erbrachten Kompetenzerweis, so etwas wie eine voraussetzungslose Zuschreibung und beinhaltet auch kommunikativ mindestens einen Stil von Achtung und Wertschätzung, mit dem die Lehrenden den Studierenden begegnen. Das weitere Studium – eingeschlossen die lebenspraktische Auslegung der strukturellen und rechtlichen Voraussetzungen wie Prüfungs- und Studienordnungen, die Planung und Gestaltung einzelner Lehrveranstaltungen, die diskursive Thematisierung von Konflikten und politisch-ökonomischen Randbedingungen – muss immer wieder in einer Weise Gestalt gewinnen, dass das Postulat « die Studierenden sind Subjekte ihres Studiums » realistisch werden kann; hier werden im folgenden Kapitel unter der Überschrift « Studium als Praxis » Hinweise gegeben.

Die Forderung, die Studierenden als Subjekte ihres Studiums anzusehen und dieser Zuschreibung in der Gestaltung des Theologiestudiums Raum für ihre Realisierung zu geben, könnte vom Gegenstand der Theologie her als problematisch erscheinen. Denn dieser « Gegenstand », nämlich Gott, ist ja selbst Subjekt nicht nur allem wissenschaftlichen Nachdenken, sondern allem Glauben und Leben gegenüber; wie soll da vom « Subjektsein » der Theologiestudierenden geredet werden können? Auf diese Frage soll eine negative und eine positive, in ihrer Konsequenz allerdings identische Antwort gegeben werden.

Einmal: In Hinblick auf die Subjekt-Problematik ist die inhaltlich-theologische, die studiendidaktische und die individuell-selbst-reflexive Seite keinesfalls identisch, ja nicht einmal eindeutig aufeinander abzubilden. Gottes Subjektsein ist weder mit einer theologischen Streitposition, Thematik oder irgendeinem methodischen Instrumentarium identisch, noch könnte « Gott » als Begründungsfigur menschlicher Subjektivität verrechnet werden – die übrigens auch keinesfalls schon identisch ist mit dem, was aktuell unter dem Stichwort « Individualisierung » diskutiert wird. Diese negative Antwort hat als ihre Kehrseite diese positive: Da Gott in seinem Subjektsein frei ist und durch keine menschliche Denkbemühung rekonstruiert oder gar begründet werden könnte, muss auch die menschliche Suchbewegung – auch in ihrer Gestalt als wissenschaftlicher Theologie an der Universität – frei sein: Kein Weg, keine Position, keine Disziplin kann allein Wahrheit, erst recht nicht Herrschaft über alle anderen beanspruchen. Das Postulat einer Kommunikationsform in theologischen Lehrveranstaltungen, in der der faktische Machtvorsprung der Lehrenden vor den Lernenden im Prozess des Forschens und Lernens immer wieder gebrochen wird, ist deshalb durch die Subjektproblematik selbst begründet, wie sie für christliche Religion und Theologie eigentümlich ist. Aus rechtlichen und pragmatischen Gründen sind Ordnungen für diese Suchbewegung notwendig und hilfreich, wie sie beispielsweise in Prüfungs- und Studienordnungen vorliegen, und die Intensität des Theologiestudiums stellt an Motivation, Kompetenz, Fleiß und Interesse der Studierenden die gleichen Anforderungen wie jedes andere Fach an der Universität. Was im Rahmen dieser Ordnungen im lebenspraktischen Vollzug aber geschieht, ist aus diesen Ordnungen nicht abzuleiten, sondern muss immer wieder seine Gestalt finden in Entsprechung zum besonderen Gegenstand der Theologie, der zugleich ihr eigentliches Subjekt ist.

Anmerkungen

¹ Vgl. zum Folgenden ausführlicher: W. Pannenberg, Wissenschaftstheorie und Theologie, Frankfurt/M. 1973, 226 ff., 349 ff.

² Vgl. H. Küng, Das Christentum, München 1994 (Taschenbuch 1999), Abschnitte CIII – CV.

³ Vgl. ebd., bes. 550–601; einen gehaltvollen Überblick in komprimierter Form bietet P. Eicher, Neuzeitliche Theologien. A. Die katholische Theologie, in: ders. (Hg.), Neues Handbuch theologischer Grundbegriffe. Erweiterte Neuausgabe, Bd. 4, München 1991, 7–47.

⁴ Vgl. ausführlich J. Müller, Der pastoraltheologisch-didaktische Ansatz in Franz Stephan Rautenstrauchs «Entwurf zur Einrichtung der theologischen Schulen», Wien 1969.

⁵ Vgl. N. Mette/H. Steinkamp, Sozialwissenschaften und Praktische Theologie, Düsseldorf 1983.

⁶ Vgl. A.A. Bucher, Einführung in die empirische Sozialwissenschaft. Ein Arbeitsbuch für TheologInnen, Stuttgart 1994.

⁷ Vgl. J.A. van der Ven, Entwurf einer empirischen Theologie, Kampen/Weinheim 1990.

4 Theologie – evangelische und katholische – *im Studium*

Abgesehen davon, dass nicht – wie dargelegt – *die* Theologie studiert werden kann, sondern in Lehre und Forschung Theologie in Gestalt ihrer Einzeldisziplinen begegnet, und auch abgesehen davon, dass – zumindest mit Blick auf die Abschlüsse – Theologie nur in einer bestimmten konfessionellen Gestalt (im christlichen Bereich also als evangelische Theologie – wobei nochmals zwischen lutherischer und reformierter Ausprägung unterschieden werden kann; in Großbritannien, den USA und anderen Ländern sind noch die anglikanischen, episkopalen, methodistischen u. a. Ausprägungen vertreten –, als katholische oder als russisch- oder griechisch-orthodoxe Theologie) studiert werden kann, kommt für das Studium als weiteres Moment hinzu, dass Theologie in verschiedenen Studiengängen und auch in verschiedenen Einrichtungen betrieben wird.

Ein sog. akademisches Studium kann absolviert werden an Universitäten und an eigens eingerichteten (katholisch-)theologischen Fakultäten (bzw. Ordenshochschulen) oder an (evangelischen) Kirchlichen Hochschulen. An den Universitäten gibt es teilweise eigene theologische Fakultäten (oder Fachbereiche), teilweise kleinere theologische Abteilungen (auch Fächer oder Lehreinheiten genannt), die vor allem für die Lehramtsstudiengänge (s. u.) vorgesehen sind. Letzteres ist auch an den Pädagogischen Hochschulen der Fall. Außerdem bestehen Möglichkeiten, Theologie an (einigen kirchlichen) Fachhochschulen oder im Fernstudium zu studieren.

Übrigens, vergleicht man diese Vielfalt weltweit, ist es alles andere als selbstverständlich, dass die Theologie wie im deutschsprachigen Raum an staatlichen Fakultäten eingerichtet ist und damit aus öffentlichen Steuermitteln finanziert wird. In Staaten, in denen die strikte Trennung von Staat und Kirche eingeführt ist, beispielsweise in Frankreich (mit Ausnahme des Elsass) oder in den USA, gibt es keine eigenen konfessionell-theologischen Abteilungen an den staatlichen Hochschulen, sondern bestenfalls religionswissenschaftliche Abteilungen (religious studies), in die auch theologische Einzeldisziplinen eingegliedert sein können. Es obliegt dort den Kirchen, in von ihnen unterhaltenen Einrichtungen (theological seminaries) eine theologische Ausbildung zu ermöglichen. Dass im deutschsprachigen Raum (Deutschland, Österreich und Schweiz) – ähnlich wie in den Niederlanden, Belgien, England, Irland sowie den nordeuropäischen Ländern – Theologie auch von staatlicher Seite unterhalten wird, hat mit dem (je besonderen) überkommenen Staat-Kirche-Verhältnis in diesen Ländern zu tun und ist bis in die Gegenwart hinein in speziellen Verträgen (katholisch: Konkordaten) geregelt. Allerdings muss gesehen werden, dass solche rechtlichen Vereinbarungen auf gewisse öffentliche Plausibilitäten angewiesen sind und damit auch eines Tages wegfallen können. Von daher sind momentan Staats-Kirchen-Verträge für die Existenz der Theologie an staatlichen Universitäten ein gewisser Schutz, ersetzen aber nicht eine inhaltliche (insbesondere bildungs- oder wissenschaftstheoretische) Begründung für deren Existenzberechtigung im (institutionellen) Kanon der Wissenschaften überhaupt.

Im Folgenden sollen die verschiedenen Möglichkeiten eines Theologiestudiums überblicksartig vorgestellt werden. Zur genaueren Information muss auf die Prüfungs- und Studienordnungen verwiesen werden, die bei den verschiedenen theologischen Einrichtungen angefordert werden können. Daran anschließend soll ein u.E. für die eigene bewusste Gestaltung der Studienzeit zentraler Aspekt angesprochen werden: das Theologiestudium als Praxis.

4.1 Studiengänge

4.1.1 Diplomstudiengang

Beim Diplomstudiengang handelt es sich um ein theologisches «Vollstudium», das nur an einer theologischen Fakultät absolviert werden kann und mit einem Diplom abgeschlossen wird; statt des

Diploms kann es sich auch um ein Fakultätsexamen handeln oder um das sog. Erste Theologische Examen, wie es in der Regel vonseiten der Evangelischen Landeskirchen in Deutschland vorgesehen ist. Charakteristisch für diese Studiengänge ist, dass es sich um ein Fachstudium ausschließlich in Theologie handelt, die Studierenden also mit diesem in der Regel zehn- (bis zwölf-)semestrigen Studium voll ausgelastet sind (was nicht ausschließt, «nebenher» noch ein weiteres Fach zu studieren). Für bestimmte Berufe im kirchlichen Bereich (vor allem in der Pastoral, also Pfarrer bzw. Pfarrerin, Priester oder Pastoralreferent bzw. Pastoralreferentin) ist der erfolgreiche Abschluss eines solchen theologischen «Vollstudiums» Voraussetzung.

Da in diesem Studiengang alle theologischen Einzeldisziplinen vertreten sind, werden in der Regel auch die Voraussetzungen erwartet, die erforderlich sind, um das jeweilige Einzelfach studieren zu können. Dies betrifft vor allem die Sprachen: Weil nun einmal die Grunddokumente des Christentums bzw. des Judentums in den Sprachen ihrer Zeit verfasst sind, sind zu ihrem Studium Kenntnisse der hebräischen, griechischen und lateinischen Sprache erforderlich. (Wie es im Einzelnen mit den Sprachanforderungen gehandhabt wird, wird in den einzelnen Studienordnungen geregelt.) Ein großer Teil der ersten Semester ist zumeist durch das «nachzuholende» Lernen der (alten) Sprachen «belastet» (es werden auch – natürlich selbst zu finanzierende – «Ferien-Sprachkurse» außerhalb der theologischen Fakultäten angeboten).

Wie alle Studiengänge unterteilt sich auch der theologische Diplomstudiengang in ein Grund- und Hauptstudium. Das Grundstudium dient dem Erwerb von Grundkenntnissen und dem Vertrautwerden mit den Methoden einer Wissenschaft. Es schließt in der Regel mit einer Zwischenprüfung ab. Im Hauptstudium erfolgt eine Weiterführung, Vertiefung und Spezialisierung des im Grundstudium Angeeigneten.

In manchen Fakultäten steht am Anfang des Studiums ein sog. Theologischer Grundkurs; er soll den Studierenden einen ersten Überblick über das Gesamt der Theologie vermitteln und einen Einstieg in das theologische Denken ermöglichen. Dann setzt aber auch schon die Begegnung mit den theologischen Einzeldisziplinen an. In der Regel ist das Theologiestudium so aufgebaut – bedingt durch die Bedeutung, die in diesem Fach die Vergangenheit einnimmt (böswillig könnte man auch von einer «historischen Kopflastigkeit» der Theologie sprechen) –, dass in den ersten Semestern schwerpunktmäßig die historischen Fächer (Exegese und Kirchengeschichte) zu studieren sind; zum Teil muss zusätzlich ein philosophisches Einführungsstudium absolviert werden. Es folgen – spätestens ab dem Hauptstudium – die systematischen Fächer; und das Ganze mündet schließlich in den praktisch-theologischen Fächern. Die meisten Studienordnungen lassen im Hauptstudium einen Freiraum für die Möglichkeit, sich in einer der Einzeldisziplinen, in der in der Regel dann auch die Examensarbeit geschrieben wird, zu spezialisieren. Vielfach sind im Hauptstudium auch Praktika (z. B. in einer Gemeinde und/oder Schule) und Übungen (z. B. Predigtkurse) vorgesehen.

Im Sinne einer historischen Reminiszenz sei erwähnt, dass auf katholischer Seite bis in die Mitte des 20. Jahrhunderts hinein ein theologisches Vollstudium nur angehenden Priestern möglich war und erst seitdem nach und nach und nicht zuletzt auf deren Druck hin für sog. Laientheologen und Laientheologinnen geöffnet wurde. In der evangelischen Theologie war es zwar nicht im Prinzip, aber faktisch ähnlich.

4.1.2 Lehramtsstudiengänge

Die Regelung, dass das Grundgesetz der Bundesrepublik Deutschland (Art. 7 III) den (konfessionell ausgerichteten) Religionsunterricht als ordentliches Schulfach für alle Schularten und -stufen vorsieht, macht es erforderlich, dass kompetente Lehrkräfte für dieses Fach ausgebildet werden. Dies erfolgt im Rahmen des sog. Lehramtsstudiums, für das – bezogen jeweils auf eine bestimmte Schulart oder Schulstufe – eine Fächerkombination auch mit der jeweiligen Theologie gewählt werden kann. Dabei ist es nahe liegend, dass an den theologischen Fakultäten auch ein Lehramtsstudium für den Religionsunterricht absolviert werden kann. Weil jedoch nicht an allen Universitäten oder Pädagogischen Hochschulen, an denen Lehramtsstudien möglich sind, eine volle theologische Fakultät eingerichtet ist, gibt es dort häufig kleinere theologische Einrichtungen mit zwei bis fünf Professuren, die vor allem in der Lehre eine Gruppe von (zusammengehörigen) theologischen Einzeldisziplinen (z. B. biblische Theologie oder systematische Theologie) zu vertreten haben.

Inhaltlich sind die Lehramtsstudiengänge ähnlich wie die theologischen «Vollstudiengänge» konzipiert; das heißt, es wird versucht, alle theologischen Bereiche zu berücksichtigen und in einigen Bereichen ein vertieftes Studium zu ermöglichen. Auch diese Studiengänge sind unterteilt in ein Grund- und in ein Hauptstudium, für die jeweils dieselben Zielsetzungen vorgesehen sind wie in den Diplomstudiengängen. Da die Lehramtsstudiengänge kürzer als diese (6 bis 8 Semester) ausfallen und für die Theologie außerdem aufgrund des zusätzlichen Studiums in anderen Fächern nur ein reduzierter Stundenanteil zur Verfügung steht (zwischen 20 und 80 Semesterwochenstunden), muss stärker nach dem Prinzip des exemplarischen Lernens verfahren werden.

Im Grunde genommen wäre es erforderlich, für die Lehramtsstudiengänge ein eigenes Konzept (bzw. eigene Konzepte) zu entwerfen, das auf ihre besonderen Gegebenheiten ausgerichtet ist; dies ist jedoch bestenfalls ansatzweise der Fall. Zu mächtig ist das Vorbild der Fakultäten mit ihrem (wissenschaftlichen) Theologieverständnis und die Angst, in das niedere Gefilde einer bloßen Theologiedidaktik abzuleiten. Dabei böten gerade die Lehramtsstudiengänge der Theologie eigene Chancen. Handelt es sich hierbei doch um Studierende, die zwei bis drei andere Fächer studieren und damit Fragestellungen in die Theologie einbringen könnten, die ansonsten von ihr nicht (oder nur unterbelichtet) wahrgenommen werden. Faktisch werden sie jedoch in ihrem Studium damit allein gelassen, möglicherweise einen ihre – ihnen mehr oder weniger disparat begegnenden – Studienfächer verbindenden «roten Faden» herauszufinden.

Vorgesehen ist in den Lehramtsstudiengängen ein (je nach Stundenumfang) ausgewogenes Verhältnis von fachwissenschaftlichen und fachdidaktischen Anteilen. Hinzu kommen das Studium begleitende schulische Praktika. Die Sprachanforderungen sind je nach Schulstufe bzw. -art unterschiedlich geregelt.

Das Lehramtsstudium legt keineswegs die Studierenden auf eine schulische Lehrtätigkeit als einziger beruflicher Möglichkeit fest. Vor allem mit einem abgeschlossenen SII- bzw. Gymnasialstudium kann eine wissenschaftliche Laufbahn beschritten werden. Weiterhin bestehen Möglichkeiten einer Anstellung etwa in der Bildungsarbeit (z. B. Volkshochschulen), im Bibliotheksbereich oder in der Publizistik.

4.1.3 Weitere Studienmöglichkeiten

Einige kirchliche Fachhochschulen sehen die Möglichkeit eines theologischen Studiums vor, dessen Abschluss Voraussetzung für die Anstellung für bestimmte Tätigkeiten zumeist innerhalb der Kirche(n) ist, katholischerseits etwa der Beruf des Gemeindereferenten bzw. der Gemeindereferentin, evangelischerseits in Form von Studiengängen für «Gemeinde- und Religionspädagogik»; an einigen konfessionellen Fachhochschulen ist Theologie Bestandteil von Sozialpädagogik-Studiengängen. Theologie ist in dieser Form nur an Fachhochschulen in kirchlicher (katholischer oder evangelischer) Trägerschaft zu studieren[1], an staatlichen Fachhochschulen besteht diese Möglichkeit nicht. Wie es für Fachhochschulen allgemein gilt, erfolgt dort das Studium komprimierter und ist insgesamt stärker auf die spätere berufliche Praxis ausgerichtet.

Weiterhin gibt (bzw. gab) es die Möglichkeit, sich theologische Kenntnisse in Form eines Fernstudiums anzueignen. Von der Deutschen Bischofskonferenz ist dafür eigens die Institution «Theologie im Fernkurs» mit Sitz in Würzburg eingerichtet worden. Es werden verschiedene Studiengänge (theologische Grund- und Aufbaukurse sowie Spezialkurse für Religionspädagogik, pastorale Dienste etc.) angeboten, die jeweils mit einem Zertifikat abschließen. Sie geben nicht nur die Möglichkeit zur eigenen Weiterbildung, sondern qualifizieren auch für bestimmte Tätigkeiten innerhalb der Kirche – bis hin zum Einsatz als Religionslehrkräfte in Grund- und Hauptschulen. Im evangelischen Raum bestanden in den siebziger und achtziger Jahren der Religionslehrer-Ausbildung ebenfalls Möglichkeiten für ein Fernstudium. Mittlerweile sind die entsprechenden Einrichtungen (so die Fernuniversität Hagen und das Deutsche Institut für Fernstudienforschung in Tübingen) von finanziellen Restriktionen bzw. sogar von Auflösung bedroht. Das evangelische Fernstudium, das zunächst dem Comenius-Institut in Münster und von 1976 bis 1985 der EKD in Hannover verbunden war, ist mittlerweile aufgelöst. Die religionspädagogischen Institute ließen spätestens zu Beginn der neunziger Jahre die von ihnen durchgeführten Fernstudien-Lehrgänge auslaufen; Gründe hierfür sind vor allem in mangelnder Nachfrage und in stärkerer Konzentration auf die Pfarramtsstudiengänge zu suchen.[2]

An vielen Universitäten, an denen es Theologie gibt, kann sie auch – in der Regel als Nebenfach – in einem Magisterstudiengang studiert werden oder in einigen (nicht-theologischen) Diplomstudiengängen (z. B. Erziehungswissenschaften) als Nebenfach gewählt werden. Der Vorteil gerade von Magister-Studiengängen ist, dass sie eine große Vielfalt an frei gewählter Fächerkombination (in der Regel drei Fächer) ermöglichen. Allerdings haben sich die Studierenden um ihre späteren Berufsaussichten selbst zu kümmern.

Ob und inwiefern im Zuge der aktuellen Umstrukturierungen an den Universitäten (Einrichtung von Bachelor- und Master-Studiengängen) auch die Theologien sich beteiligen werden, ist derzeit noch offen.

4.1.4 Nicht Geregeltes und nicht Regulierbares

Wenn – vorerst jedenfalls – für die Theologiestudien nur Abschlüsse unter einem bestimmten konfessionellen Vorzeichen möglich sind, heißt das nicht, dass nicht auch Lehrveranstaltungen in der jeweils «anderen» Theologie besucht werden können. Nach unserem Dafürhalten ist das unbedingt wünschenswert – um der notwendigen ökumenischen Verständigung (zwischen den Kirchen und darüber hinaus zwischen den Religionen) willen. Ob und inwieweit solche Lehrveranstaltungen gegenseitig anerkannt werden, ist demgegenüber eine zweitrangige Frage – oder sollte es jedenfalls sein. Vielfach gibt es – Gott sei Dank – Regelungsmöglichkeiten unterhalb oder abseits des offiziell Geregelten, von denen kräftig Gebrauch gemacht werden sollte.

In diesem Zusammenhang sei ausdrücklich empfohlen, auch und gerade in der Theologie die Möglichkeiten eines zwischenzeitlichen Auslandsaufenthalts zu nutzen, um sich einen «ökumenischen» Horizont vermitteln zu lassen. Gerade beim Kennenlernen anderer Kontexte wird manche spezifische deutsche Gegebenheit erst bewusst; und zugleich bekommt man ein intensiveres Gespür dafür, vor welchen Herausforderungen die Menschheit und mit ihr die Kirchen und ihre Theologien momentan stehen.

Nicht zuletzt die vermerkte «historische Kopflastigkeit» und die damit zusammenhängende überwiegende Textorientiertheit bedingen, dass humanwissenschaftliche Anteile innerhalb des Theologiestudiums (Soziologie, Psychologie etc.) immer noch zu kurz kommen. Dies gilt darüber hinaus für das, was das Alltagsgeschäft im theologischen Beruf ausmacht: das mit anderen kommunizieren können. Es kann darum nur strikt angeraten werden, diese Defizite innerhalb des Studiums so gut wie möglich «auf eigene Faust» abzuarbeiten. Einen – allerdings allein nicht hinreichenden und von jedem/jeder Theologiestudierenden weiter auszubauenden – Weg in diese Richtung möchte der nächste Abschnitt aufzeigen.

4.2 Theologiestudium als Praxis

Ein bekanntes Klagelied ist das vieler Studierender über den ihrer Meinung nach mangelnden Praxisbezug ihres Studiums. Dies gilt auch für das Theologiestudium. In der Tat können sich leicht Frustrationsreaktionen einstellen, wenn man etwas studieren will, von dem man nicht weiß, «wofür das gut ist». Insofern muss das Gefühl, das Studium orientiere sich zu wenig an der späteren beruflichen Praxis, als Anfrage an das ihm zugrunde liegende Konzept ernst genommen werden. Gleichwohl sind auch an die Forderung nach «mehr Praxis» im Studium ernsthafte Rückfragen zu stellen. Nach welcher Praxis wird hier gerufen? Soll denn die berufliche Praxis, so wie sie ist (oder so, wie man sie sich im Studium vorstellt), als Regulativ für die Theorie genommen werden? Begibt sich diese Praxis nicht der Chance der Innovation, wenn sie doch nur ständig reproduziert wird? Muss möglicherweise der Ruf nach Praxis dazu herhalten, sich nicht eine als zu mühsam empfundene Theoriearbeit zumuten zu müssen? Und stimmt denn die hier suggerierte Trennung zwischen Theorie und Praxis überhaupt? Fragen über Fragen ...

Wir nehmen sie zum Anlass, eine andere Perspektive in die Debatte darüber einzubringen: Wie wäre es, wenn die Studienzeit nicht als praxisferne, nur mit mehr oder weniger nützlicher Theoriearbeit befasste Lebenszeit betrachtet würde, sondern als – wenn man so will – Praktikum oder Laboratorium eigener Art? Wenn wir im Folgenden diese Perspektive verstärken wollen, dann geschieht das nicht zuletzt aus dem Verdacht heraus, dass die, die gelernt haben, ihr Studium als Praxis ernst zu nehmen und zu gestalten, auch mit später sich ihnen stellenden praktischen Herausforderungen selbständiger und kompetenter umgehen können.

4.2.1 Das Theologiestudium als gemeinsamer Lern- und Lebenszusammenhang

Wissenschaftliche Theologie in Forschen und Lernen soll – so lautet unsere Option – als gemeinsamer Lern- und Lebenszusammenhang von Lehrenden und Lernenden immer wieder neu Gestalt gewinnen. Kompetenz- und Rangunterschiede und unterschiedliche Macht, Interessen durchzusetzen, sollen thematisierbar bleiben und durch gemeinsames inhaltliches Interesse immer wieder an Wichtigkeit verlieren. Wir verstehen diese Forderung als ein Regulativ: Sie ist nicht schon mit dem faktischen Lehrbetrieb identisch. Aber es ist eine idealtypische Vorstellung mit Realisierungschancen: wenn die ökonomischen und politischen Randbedingungen des heutigen Universitätsalltags («die Universität als marktorientierte Firma») immer wieder kritisch thematisiert und verflüssigt, also für die Inhaltlichkeit des Theologie-Treibens nicht als verbindlich angesehen werden; und wenn juristische Randbedingungen (Prüfungs- und Studienordnungen) als notwendige und hilfreiche Struktur akzeptiert, aber im Lern- und Lebensvollzug des Studienalltags immer wieder relativiert werden. Studierende, deren vordringliches Interesse darin besteht, möglichst die

Regelstudienzeit zu unterbieten und die erforderlichen Scheine mit möglichst geringem Aufwand abzuarbeiten (man könnte von einem «Scheinstudium» im mehrfachen Sinn sprechen), studieren alles Mögliche, aber nicht Theologie im zugleich gegenstands- und subjektbezogenen Sinn.

Dazu ist es auch im alltäglichen Studierbetrieb nötig, bestimmten Verhaltenszumutungen immer wieder *nicht* zu entsprechen. So der Verhaltenszumutung, die von Neuerscheinungen auf dem Büchermarkt ausgeht, vor allem im Bereich der Lexika und Handbücher. Ein Beispiel: Es empfiehlt sich, dass Studierende, wenn sie bestimmte Themen bearbeiten, auch einmal die *zweite* Auflage der «RGG» (Religion in Geschichte und Gegenwart) einsehen, selbst wenn die dritte Auflage die hohe Zeit ihrer Aktualität bereits wieder hinter sich hat und die vierte in Vorbereitung ist. Es ist in der theologischen Wissenschaft nämlich keinesfalls so, dass die älteren Forschungsmeinungen immer die sind, die man vergessen kann. Oft kann man gerade hier auf grundlegende Sachverhalte und Positionen stoßen, die aktuelle Fragen voranbringen. Oder: Es ist sinnvoll, den Computer und das Internet als unterstützende Werkzeuge zu nutzen, aber beim Gebrauch nicht das Hirn stillzulegen. Was der Internetzugang einer Universitätsbibliothek beispielsweise an Informationen ausspuckt, wenn man ein bestimmtes Stichwort eingibt, erlaubt bestenfalls eine erste Orientierung und ersetzt keinesfalls den Weg in die Bibliothek selber, wo man in Inhaltsverzeichnissen und Schlagwortregistern von leibhaftigen Büchern schnuppern kann und auf gute Gedanken kommen wird. Die Internetadressen im weltweiten Netz sind im Bereich Theologie und Religion bis auf wenige Ausnahmen[3] noch nicht so weit auf dem Stand des Gesprächs, dass es sich lohnen würde, hier seine Zeit zu vertrödeln. Und, ganz simpel: Das saubere Schriftbild, das mit Schreibcomputern einschließlich der Möglichkeiten graphischer Gestaltung hergestellt werden kann, ist eine prima Sache, ersetzt aber nicht die Notwendigkeit gedanklicher Auseinandersetzung. – Kurz und knapp: Das Postulat, das Theologiestudium als gemeinsamen Lern- und Lebenszusammenhang zu gestalten, lebt davon, dass die Studierenden immer wieder Neugier, Engagement an bestimmten Gegenständen, die Haltung *forschenden Lernens* einnehmen. Dazu gehört die Kompetenz, für bestimmte Zeitabschnitte Schwerpunkte zu setzen und anderes mit weniger Energie zu betreiben; es wird schon wieder seinen Platz finden. Natürlich gilt Entsprechendes auch für die Lehrenden ...

Zur Realisierung dieses Regulativs gehört ferner, dass die alltägliche Beziehungen zwischen Lehrenden und Lernenden, aber auch innerhalb dieser Gruppen immer wieder eine menschenfreundliche Gestalt finden: Konflikte sollen nicht verleugnet, sondern fair ausgetragen werden; der wechselseitige Umgangsstil soll durch Wertschätzung bestimmt sein, wobei es immer wieder darum gehen wird, Nähen und Distanzen authentisch auszubalancieren. Der gemeinsam geteilte Alltag in Universitätsfluren und Seminarräumen, an Mensatischen und Kneipentheken ist immer bedroht, durch entnervende Kleinstrituale, Intrigen, unnötige Machtkämpfe zur kommunikativen Dauerfalle zu werden, die nicht nur gemeinsame inhaltliche Arbeitsvorhaben, sondern auch das Selbstwertgefühl der Beteiligten untergraben können. Es ist schon erstaunlich, welche Fehlstellen an Selbstreflexion und kommunikativer Kompetenz selbst manche hochgebildete Hochschulangehörige alltäglich ausagieren können. Es ist darum viel geholfen, wenn alle Beteiligten diese Gefahren kennen und sich nicht immer neu besinnungslos darin verstricken. Das genannte Regulativ: im gemeinsam geteilten Studienalltag immer wieder eine Gestalt für Theologie als Lern- und Lebensvollzug zu finden, bewirkt keine Verleugnung solcher Realitäten, sondern bietet zuallererst eine Möglichkeit, misslungene kommunikative Situationen, den Missbrauch von Macht, die Verstrickung in Streit- und Imponierrituale als das zu identifizieren, was sie sind. Die regulative Vorstellung bietet eine Chance für ihre Wahrnehmung und Relativierung, wenn nötig auch für Streitbarkeit und für heilsame Distanzierung, ebenso wie immer wieder für neue Anfänge. All dies hat zur unaufgebbaren Voraussetzung: *Die Studierenden* müssen ebenso wie die Lehrenden als *Subjekte* ihres Lern- und Lebenszusammenhanges angesehen werden und – dies ist genauso wichtig – sich selber immer wieder genauso verstehen.

Die *subjektive Seite* des theologischen Wissenschaftsbetriebes kann in unterschiedlicher Weise thematisiert werden. In der Debatte um eine Reform der theologischen Ausbildung, wie sie im protestantischen Bereich über viele Jahre hin in sog. Gemischten Kommissionen (aus Vertretern der Fakultäten – Lehrende und Studierende – und der Kirchen) geführt wurden, hat sich der Begriff der «Studierfähigkeit» etabliert: Gemeint ist ein Bündel von Verhaltensdispositionen sowie methodischen und inhaltlichen Kompetenzen, die die Betroffenen in die Lage versetzen, sich die Gegenstände des Theologiestudiums anzueignen und in ihre persönliche Lebenskonzeption aufzunehmen in einer Weise, dass eine Basis für die Berufsrolle in der zweiten Ausbildungsphase und schließlich im Pfarramt bzw. Lehramt gelegt wird. Dabei wird gleichsam selbstverständlich davon ausgegangen, dass sich diese Studierfähigkeit auch objektivieren und überprüfen lässt.

Eine weitere Möglichkeit, die subjektive Seite ins Spiel zu bringen, liegt z. B. in der Wahrnehmung der besonderen lebensgeschichtlichen Situation junger Erwachsener und ihrer Interpretation mit Hilfe psychoanalytischer und anderer Entwicklungsmodelle (wie sie unter 1.3.2 thematisiert worden sind): Beispielsweise kann, wie aufgezeigt, Erik H. Eriksons Modell eines «Lebenszyklus» von Konflikten, die für bestimmte Lebensalter spezifisch sind, auch auf die Lebenssituation der Studierenden bezogen werden. Hier kann dann als zentraler Lebenskonflikt von jungen Erwachsenen «Intimität versus Isolation» benannt und damit die Aufgabe verbunden werden, ihn mit spezifischen Inhalten der Theologe zu «korrelieren». Neben diesen beiden skizzierten Hinweisen auf die Wahrnehmung der subjektiven Seite des universitären Theologiestudiums gibt es viele weitere; im Sinne einer unabgeschlossenen Liste von Problemanzeigen nennen wir vor allem die Bereitschaft, sich über das unmittelbare Betroffensein hinaus in Perspektiven anderer einzufühlen, sich einzumischen, auch in politischer Perspektive engagiert und konfliktfähig zu werden.

Wir können die mit den Stichworten «Studierfähigkeit» und «Intimität versus Isolation» genannten Problem- und Theorieperspektiven bis zu einem bestimmten Punkt teilen: Studieren setzt ein erhebliches Maß an Selbstkontrolle, an Fähigkeit zu verbindlicher Koordination von Handlungsperspektiven, an Verlässlichkeit und Bereitschaft voraus, bereits erworbene Wissens- und Verhaltensstandards durch neu Gelerntes korrigieren zu lassen. «Studierfähigkeit» aber als subjektive Verhaltensbereitschaft objektivieren und bewerten zu wollen, wäre genau der Schritt zu weit, der den unverrechenbaren Eigenanteil der Subjekte, nämlich ihre *Selbsttätigkeit*, verleugnen würde. Subjektivität verobjektivieren zu wollen wäre ein paradoxes Vorhaben. In ähnlicher Weise sind auch psychoanalytische Modelle wie das von Erikson zu bewerten: Sie helfen, bei sich selbst und bei anderen erwartbare Problemkonstellationen, Konfliktmuster und Verhaltensbereitschaften zu identifizieren. Als verobjektivierende Zuschreibungen würden sie aber das Subjektsein der betroffenen Menschen verfehlen: Es ist immer denkbar, dass Studierende ganz andere Konflikte und Probleme als die nach solchen Interpretationsmodellen für ihr Lebensalter *typischen* zu bearbeiten haben. In jedem Fall ist der Versuch einer möglichst genauen Wahrnehmung dieses eigentümlichen anderen Menschen gefordert, nicht das vorschnelle Vorweg-Bescheid-Wissen.

Das Subjektsein von Menschen, ihre Selbsttätigkeit meint gerade, dass sich menschliches Leben niemals vollständig aus seinen (ökonomischen, politischen, sozialen, rechtlichen usw.) Bedingungen ableiten lässt. Das ist ein Satz, der in der Wahrnehmung pädagogischer Lernprozesse überhaupt weitgehend akzeptiert ist, seitdem unter den Bedingungen neuzeitlicher Moderne ausdrücklich auf Bildungsprozesse reflektiert wird.[4] In jüdisch-christlicher Religionstradition hat die Achtung vor der Unverrechenbarkeit menschlichen Subjektseins ihren Grund bereits in der Rede von der Gottesebenbildlichkeit des Menschen (1. Mose 1, 27).

4.2.2 Theologie lernen

Theologie studieren heißt heute, so viel dürfte deutlich geworden sein, sich auf ein weitgehend unklares Feld einzulassen. Während die Absolventen eines Theologiestudiums in früheren Jahrhunderten als universal gebildete Menschen (genauer: Männer) galten, erinnert heute nur noch die erste Nennung der Theologie in den Vorlesungsverzeichnissen zahlreicher Universitäten an die «goldene Zeit», in der Theologie einmal die «Mutter aller Wissenschaften» war – oder jedenfalls dies zu sein beanspruchte. Die Berufsaussichten, die ein Theologiestudium heute eröffnet, sind unsicher. Dies gilt im Großen und Ganzen für beide Kirchen als potenzielle Anstellungsträger. So ist etwa für den evangelischen Raum festzustellen, dass manche Landeskirchen (z. B. die Evangelische Kirche von Westfalen) für einen überschaubaren Zeitraum kaum oder überhaupt keine Stellen für die zweite Ausbildungsphase und den Pfarramtsberuf mehr anbieten. Während im katholischen Raum Priesteramtskandidaten derzeit – aufgrund des Priestermangels – mit einer absolut sicheren Berufszukunft rechnen können, ist es mit der Möglichkeit der sog. Laientheologen und -theologinnen, im kirchlichen Dienst eine Anstellung zu finden, erheblich schlechter bestellt. Absolventen und Absolventinnen von evangelischen Pfarramtsstudiengängen haben auf absehbare Zeit eine ausgesprochen unsichere Berufsperspektive. Das gilt aber auch für die Absolventen und Absolventinnen von Lehramtsstudiengängen: Je nach Fächerkombination, Schulstufe und Bundesland verschieden, müssen Theologiestudierende des Lehramts mit Wartezeiten oder sogar damit rechnen, in ihrem erlernten Beruf keine Zukunft zu haben. Diese Situation schlägt sich in den Studierendenzahlen sowohl an evangelischen als auch an den katholischen Fakultäten deutlich nieder; sie gehen in erheblichem und teilweise bestürzendem Maß zurück.

Aber auch ohne Blick auf die Berufsaussichten und Auslastungsfrequenzen ist es komplizierter und problematischer als in anderen Fächern, Theologie an der Universität zu belegen. Es sei nur an die Unübersichtlichkeit erinnert, in der dieses Fach vor allem den Studienanfängern und -anfängerinnen begegnet. Oder – um nochmals zwei besonders leidige Probleme aufzugreifen: In den meisten evangelischen theologischen Fakultäten hat sich in Deutschland in der Nachkriegszeit ein deutliches Schwergewicht der historischen Disziplinen herausgebildet (Altes und Neues Testament und Kirchengeschichte, zudem eine vielfach auf historische Fragestellungen – z. B. der Reformation, der Aufklärung – bezogene Systematische Theologie). Gerade in der ersten Studienphase wird diese Tendenz durch die Verpflichtung verschärft, drei alte Sprachen auf Abiturniveau zu lernen und die entsprechenden Prüfungen zu bestehen – eine Anforderung, deren Ermäßigung auch nach 30 Jahren Studienreformdebatte am Widerstand der Fakultäten scheitert. Die Konsequenz ist eine tendenzielle Selbsthistorisierung, in der sich die theologische Wissenschaft denen präsentiert, die sich zu ihrem Studium entschlossen haben und sich dann nicht zu Unrecht über dessen mangelnden Gegenwarts- und Praxisbezug beschweren. In den Lehramtsstudiengängen insbesondere an solchen Standorten, die hier ihren Schwerpunkt haben oder – wie manche Universitäten oder Pädagogische Hochschulen – ausschließlich Lehramtsstudiengänge anbieten, liegt das Problem umgekehrt: Durch die Vorgaben von Studien- und Prüfungsordnungen herrscht eine so eng auf Schulpraxis bezogene Vorstellung dessen vor, was als «Didaktik» soll verstanden werden können, dass die eigenlogische Inhaltlichkeit der theologischen Wissenschaft ebenso auf der Strecke zu bleiben droht wie die Subjektivität von Lernenden und Lehrenden. Theologiestudium wird dann zum Durchlauferhitzer für ein normativ gesetztes Praxisfeld Schule, das vonseiten der universitären Ausbildung und Wissenschaft offenbar keine innovatorischen Anstöße mehr erwartet.

Wie kann unter diesen Bedingungen die Frage beantwortet werden: Wie lernen wir Theologie? Folgende Aspekte wollen wir diskutieren:

• Lassen sich Studienbedingungen und didaktische Probleme bezeichnen, die für das *theologische* Studium spezifisch sind?

• Was heißt es, zu *studieren* und ein sinnvolles Verhältnis zwischen Studium und zu erwartender Berufspraxis herzustellen? Diese Frage soll vor allem aus der Perspektive von Lehramtsstudierenden bedacht werden; und die zu erörternden Probleme teilen die Theologiestudierenden weitgehend mit anderen Lehramtsstudierenden.

• Aber Theologiestudierende in den Lehramtsstudiengängen müssen sich auf ein Berufsbild vorbereiten, das *anders* ist als das zu erwartende Berufsbild ihrer Kommilitonen und Kommilitoninnen in anderen Fächern. *Inwiefern* ist dies so, und was heißt das fürs «Theologie lernen»?

• Wo haben wir selbst als theologische Hochschullehrer Erfahrungen gemacht, im Angebot von theologischen Lehrveranstaltungen auf diese Situation zu reagieren? Mit diesen Beispielen geht es um die Anregung zum Erfahrungsaustausch, nicht um Rezepte, wie's gemacht wird.

1. Theologie gehört mit anderen Geisteswissenschaften – um auf den im Gefolge von Alexander von Schülein bereits eingeführten Begriff nochmals zurückzukommen (s. o., 1.2) – zu den «selbstreflexiven Wissenschaften». Das hat mit Blick auf die Studierenden solcher Fächer zur Folge: Ihnen wird zugemutet, lebensgeschichtlich erworbene und lebensweltlich eingespielte Orientierungen im Studium selbst zu thematisieren und so infrage zu stellen. Der typische Studienverlauf ist deshalb durch eine Orientierungskrise an seinem Anfang bestimmt; sie kann im *Fortgang* des Studiums bearbeitet werden. Die mit Blick auf den Erfolg der wissenschaftlichen und beruflichen Bildung entscheidende Frage ist, ob es gerade in der ersten, verunsichernden Studienphase gelingt, die Inhalte des Fachs mit der Suchbewegung der lernenden Subjekte zu vermitteln. Dies beinhaltet aufseiten der Lehrenden erhebliche methodische Fähigkeiten, mindestens aber die grundlegende Bereitschaft, *den Lernenden etwas zuzutrauen. Sie* zeigt sich in kaum quantifizierbaren Verhaltensbereitschaften wie Akzeptanz, Empathie, aber auch Klarheit und Konfliktfähigkeit.

Das *Theologiestudium* nimmt als «selbstreflexive Wissenschaft» einen untypischen Verlauf. In den vergangenen 20 Jahren sind Langzeituntersuchungen durchgeführt und z. B. von Dietrich Engels in Hinblick auf Frömmigkeitsformen von Theologiestudierenden ausgewertet worden.[5] Das Ergebnis müsste die Lehrenden erschrecken. In der Regel bleiben theologische Meinungen, Frömmigkeitsformen, Vorlieben für theologische Schulen und/oder theologische Lehrer bzw. Lehrerinnen durch den Studienverlauf unbeeindruckt, genauer: Die Studierenden suchen sich – und dies betrifft vor allem die «Vollstudiengänge» an den Fakultäten – die Lehrenden, Veranstaltungen und die Lektüre aus, die bereits vorher bestehende Orientierungen bestärken. Anderes, z. B. in Prüfungen gefordertes Wissen wird auf Kurzzeitgedächtnis gelernt und geht nicht in den dauerhaften Habitus der Person ein.

Was in Untersuchungen der siebziger Jahre für die kommunikative *Wirksamkeit* von Predigten festgestellt wurde – dass Inhalte je nach kognitiver Konsonanz oder Dissonanz aufgenommen oder überhört werden –, gilt offensichtlich allemal für die Wirksamkeit theologischer Ausbildung. Oft wird im Vikariat und im Referendariat, in der *beruflichen Ernst*begegnung mit kirchlichen und schulischen Handlungsfeldern, das Theologiestudium rückblickend als irrelevant erfahren; vielfach wird infolgedessen dort wieder angeknüpft, wo – wie z. B. in der Jugendarbeit – grundlegende lebensgeschichtliche Weichenstellungen erinnert werden.

Was geschieht hier? Offenbar produziert das Theologiestudium ein Problem. Die Kommunikation scheint gestört. Dies wird mehrere Gründe haben. Sie sind jeweils für das Lehramtsstudium und das Pfarramtsstudium unterschiedlich konturiert.

2. Zunächst einige Bemerkungen zum Lehramtsstudium:

2.1 Da Lehramtsstudierende immer zugleich mindestens ein weiteres Fach studieren, sind hier zunächst zahlreiche Aspekte zu nennen, die die Theologiestudierenden mit *anderen* Lehramtsstudierenden teilen.

Gegenwärtig ist in Hinblick auf die Lehramtsstudiengänge Theologie bzw. Religionslehre die Forderung weit verbreitet – sie wird in unterschiedlicher Stoßrichtung von Schul- und Wissenschaftsministerien, Lehrerausbildungszentren, aber auch von studentischer Seite (Fachschaftsvertretungen) erhoben –, die Praxisanbindung des Studiums zu verstärken. Dafür gibt es einerseits sicherlich gute Gründe. Andererseits ist Skepsis angebracht. Dazu seien einige Thesen zur Diskussion gestellt.

Erste These: Es erscheint uns – wie bereits angedeutet – problematisch, das Lehramtsstudium an der Universität und die Tätigkeit an der Schule als «Theorie» und «Praxis» voneinander zu unterscheiden. Beides sind Lehr-Lern-Lebensbereiche. Es wird hier wie dort geredet, nachgedacht, gelesen, etwas getan. Hier wie dort gibt es Theorie und Praxis. Was sich ändert, ist die Rolle: Aus Schülern und Schülerinnen werden zunächst Studenten und Studentinnen und schließlich – wenn alles gut geht – Lehrer und Lehrerinnen. Es bleiben dieselben Menschen. Die Rollen, aber auch die Lebensbereiche wechseln und müssen in ihren eigenen Chancen, ihrem eigenen Gewicht für die Bildungsgeschichte der beteiligten Menschen wahrgenommen werden.

Zweite These: In der Lebensphase des Studiums ist das Studieren an der Universität der Lebensbereich mit Ernstcharakter. Es leuchtet überhaupt nicht ein, wenn in massenwirksamen öffentlichen Erklärungen und in Studienordnungen gefordert, aber auch für viele Studierenden in ihrer Lebensplanung verbindlich wird, das Studium möglichst schnell zu durchlaufen, um endlich in der «Praxis» anzukommen, wie es gern heißt: im Berufsfeld, das von der Lebenswelt der Studierenden aus ja imaginär ist. Und, machen wir uns nichts vor: Die Parole «schneller durchs Studium» heißt für einen erheblichen Teil unter den Studierenden: schneller in die Arbeitslosigkeit. Nein, es geht für die Studierenden darum, die Chance zu nutzen, die sie *als Studierende* haben; sie haben sie in späteren Lebensphasen so nicht wieder.

Begegnungserfahrungen mit der Schule dienen zur Vertiefung des Lebens und Lernens *hier*, zur Konturierung dessen, was *im Studium* interessiert, auch zur Vergewisserung über die eigene Geschichte als Schüler oder Schülerin, auch zum Test, Lehrer bzw. Lehrerinnen und damit Menschen in der späteren Berufsrolle zu beobachten und selbst in diese Rolle hineinzuschlüpfen. Nicht so, dass das Studium jetzt auf eine – wie immer imaginierte – «Praxis» ausgerichtet wird, sondern so, dass der Lebensbereich des Studiums Tiefe bekommt: durch Wahrnehmung des korrespondierenden Lern-Lebens-Feldes Schule, durch Ausprobieren und Zugewinn an Erfahrung mit mir selber in anderen Rollen.

Dritte These: Es geht bei pädagogischem Handeln, ganz gleich an welchem gesellschaftlichen Ort und an welcher Institution, elementar um *zwei* ineinander verschränkte Perspektiven.

Die eine ist das *Zeigen:* Den Lernenden – Kindern und Jugendlichen, Schülern und Schülerinnen; Studenten und Studentinnen – wird gezeigt / präsentiert, was im Gesamt der bestehenden Kultur als lebenswert, erhaltenswert und als weiterzuentwickeln gelten soll. Weil das so umfassend ist, dass es nicht durch bloßes Mitleben mit den Erwachsenen gelernt werden kann, haben sich historisch besondere Institutionen herausgebildet, in denen das Lebenswerte nicht nur gezeigt, sondern *re*präsentiert wird: die Welt noch einmal in pädagogischen Inszenierungen und Institutionen.

Die zweite Großperspektive ist: Unterstützen der Selbsttätigkeit der Lernenden. Das, was in einer Kultur als lebenswert *gezeigt* werden soll, kann nicht so mitgeteilt werden, wie man Bier in Flaschen abfüllt. Die Lernenden nehmen es aus der Perspektive *ihres* Lebensvollzugs in Gebrauch und verändern es dabei – in einer Weise, die durch pädagogische Inszenierungen nicht im Einzelnen beherrscht werden kann, und das ist gut so.

Zukünftige Lehrkräfte in den Schulen müssen in ihrer Ausbildung, je nach Gegenstand ihres Studiums, alles Mögliche lernen. Aber sie sollen vor allem diese beiden Perspektiven habitualisieren, als selbstverständliche, alles umgreifende Haltung verinnerlichen: Zeigen und Selbsttätigkeit von Lernenden unterstützen. Beides ist unaufgebbar ineinander verschränkt, eins ohne das andere nicht zu haben.

Die Universität ist ein vorzüglicher Lebens- und Lernzusammenhang, beides zu üben, aber leider auch, beides zu verlernen. Aktuell geltende Lehramtsprüfungsordnungen sind in dem Punkt hilfreich, dass sie Schwerpunktbildung im Studium unterstützen. Eine Theologiestudentin merkt z. B., dass sie sich vor allem für das Neue Testament oder für Religion in der populären Kultur oder für Symboldidaktik interessiert, sie setzt hier ihren Schwerpunkt, konturiert ihre Interessen: Selbsttätigkeit entwickeln an einem Gegenstand, der in den Universitätsseminaren gezeigt wird und den die Studentin später als Religionslehrerin zeigen wird. Wie sich das Interesse im Prozess forschenden Lernens entwickelt, wird sich herausstellen: Das braucht vor allem *Zeit*. In diesem Prozess wird die Studentin immer deutlicher herausfinden, was sie fasziniert, wo ihr Herz schlägt. Wer diese Erfahrung nicht mit sich selbst gemacht hat, wird im Berufsfeld Schule auch keine SchülerInnen motivieren.

Wir denken übrigens, dass jede universitäre Lehrveranstaltung so geplant werden kann, dass für beide Dimensionen Raum ist: sich das aneignen, was an einem Gegenstand gewusst und gezeigt werden kann, und gemeinsam mit anderen Schwerpunkte nach eigenen Interessen konturieren, z. B. eine Seminarsitzung so vorbereiten, dass alle ins Spiel kommen, dass ein spannendes Gespräch entsteht. Auch das braucht Zeit; es gelingt nicht, wenn ständig der Druck übermächtig ist, eigentlich schon wieder etwas anderes machen zu müssen.

Vierte These: Wir hatten mit der Überlegung begonnen: Es ist Unfug, Universitätsstudium und den Beruf des Lehrer bzw. der Lehrerin als «Theorie» und «Praxis» voneinander zu unterscheiden. Zentrale Kompetenzen, die Lehrkräfte brauchen, können bereits im universitären Lernfeld erprobt werden. Dazu rechnen wir vor allem:

• *mit Stress umgehen lernen.* Aufgaben übernehmen und zuverlässig erledigen, aber sich die Dinge nicht zu sehr zu Herzen nehmen. Desensibilisierung gegenüber Dingen, die schief gehen: Das gehört zum Leben und erst recht zur Schule. Wichtig ist vor allem, sich selbst gern zu haben, auch wenn anscheinend vieles dagegen spricht.

• *Nähe und Distanz* zu Menschen und Aufgaben wahrnehmen und selbst bestimmen lernen. Dazu gehört beispielsweise: ja und nein sagen, durchhalten, was ich als Inhalt und Ziel erkannt habe, Perspektivenverschränkung mit anderen, Achtung vor dem Anderssein anderer.

• *Beziehungsfähigkeit.* Offen sein für Gespräche mit den Menschen, mit denen ich zu tun habe. Das vor allem werden später Kinder und Jugendliche als Lebensgefühl an ihrem Lehrer, ihrer Lehrerin spüren. Diese Beziehungsfähigkeit kann im universitären Raum geübt und vertieft werden: Gefordert ist Gesprächstraining, im Grunde für alle Lehramtsstudierende auch Beratungskompetenz.

• Und auch im Studium, nicht erst als Lehrer oder Lehrerin an der Schule, kann die Haltung der *Partizipation* geübt werden: Beziehung aufnehmen zu Lebenswelten, zu Milieus, zu Lebensstilen, zu den besonderen Orten, an denen sich das Leben von Kindern und Jugendlichen konzentriert.

Fünfte These: All das *braucht Zeit.* Die Zeit des Studiums ist eine wichtige Zeit. Deshalb erscheint die Überlegung sinnvoll, wie sie z. B. von der NRW-Bildungskommission zum «Haus des Lernens» vorgetragen worden ist: acht Semester Regelstudienzeit für alle Lehramtsstudiengänge. Es ist schlechterdings nicht einzusehen, warum die Primarstufen- und Sekundarstufen I-Ausbildung schneller abgewickelt werden soll.

All dies sind, wie gesagt, Problemperspektiven, die Theologiestudierende in den Lehramtsstudiengängen mehr oder weniger mit anderen Lehramtsstudierenden teilen. Es müssen aber auch spezifische Aspekte in den Blick genommen werden.

2.2 Theologiestudierende für das Lehramt müssen sich perspektivisch, im Hinblick auf ihre kommende Berufsrolle, mit diesem Problem vertraut machen: Der Religionslehrer/die Religionslehrerin ist anders.[6] Das liegt nicht nur und nicht zuerst an der Wahrnehmung durch die Kollegenschaft und die Schülerschaft. Das liegt zuerst an dem *Gegenstand*, den der Religionslehrer bzw. die Religionslehrerin als Bestandteil, aber auch im Gegenüber zum Bildungskanon der Schule zu vertreten hat. Das andere des Religionslehrers/der Religionslehrerin kann in dieser Hinsicht – in Hinsicht auf die Gegenstandsbezogenheit ihrer Arbeit – auf diese Formel gebracht werden: Den Religionslehrern und -lehrerinnen wird die Aufgabe zugemutet, Religion in ihr Selbstkonzept als Person zu integrieren.

Integration des Gegenstandes Religion in das Selbstkonzept heißt nicht Identifikation in dem Sinn, dass in der Darstellung von Religion im Unterricht Gegenstand und Person eins würden. Vielmehr gehört dazu auch gerade, dass die Lücke, die Differenz zwischen dem Gegenstand (= Religion) und der Person in der Mitteilung des Gegenstandes zugleich mitgeteilt wird. Dieses Ziel kompliziert aber die Aufgabe der Lehrpersonen eher, als es sie erleichtert.

Gemeint ist vor allem dies: Der Lehrer bzw. die Lehrerin soll die eigene Stellung im Hinblick auf den Gegenstand (Theologie, Religion, Kirche) so weit reflektiert haben – und eine lebensgeschichtlich zentrale Möglichkeit hierfür bietet das Theologiestudium –, dass eine immer wieder vorläufige und veränderbare, aber dennoch jetzt und hier geltende Klarheit und Deutlichkeit erreicht ist und auch kommuniziert werden kann. Dies setzt für die Gestaltung des Theologiestudiums voraus, dass in den Veranstaltungen für existenzielle Reflexion immer wieder Zeit und Raum gegeben wird und dass studienbegleitend Veranstaltungsformen angeboten werden, z. B. selbst organisierte Tutorien, in denen zusätzlich zum Lehrangebot Möglichkeiten selbstverantworteten Lernens erprobt werden können.

Angesichts der Semesterwochenstundenzahlen, die Lehramtsstudierende zu absolvieren haben, hört sich das utopisch an. Es handelt sich aber nicht um eine strukturelle Unmöglichkeit, sondern eher um ein Problem sinnvollen Zeitmanagements und ist in jedem Fall individuell und in gemeinsamer Planung zu schaffen. Erst recht utopisch wäre nämlich die Erwartung, dass man Theologie ohne solche Zeiten und Orte so studieren kann, dass man und frau später als Lehrer und Lehrerin zu einem wahrhaftigen, deutlichen und diskussionsfähigen Gegenüber für die Schüler und Schülerinnen werden könnte. Dieses Problem sei in seiner Inhaltlichkeit noch deutlicher konturiert:

In der Beziehung zu den Schülern und Schülerinnen sehen sich Religionslehrkräfte auf der einen Seite mit der Erwartung konfrontiert, Kirche und Religion im eigenen Lebensvollzug darzustellen. Das schließt – entsprechend zu anderen Fächern – die fachwissenschaftliche Kompetenz ein, darüber hinaus aber auch die persönliche Authentizität der Lehrperson. Zudem sind die Religionslehrer und -lehrerinnen – stärker als ihre Kollegen und Kolleginnen mit anderer fachlicher Orientierung – als Helfer oder Helferinnen gefragt. Sie werden gebraucht zur Beratung in kritischen Lebenssituationen, insbesondere in Beziehungskonflikten mit den Eltern oder mit anders- bzw. gleichgeschlechtlichen Partnern und Partnerinnen.

Auch mit Bezug auf die Lebenskrisen der Gesellschaft – ökologische Krise; Friedenskrise; Krise der Arbeitsgesellschaft – sind Religionslehrer und -lehrerinnen oft stärker als ihre Kollegen und Kolleginnen gefragt, Ängste artikulierbar und bearbeitbar zu machen und Möglichkeiten für ein lebendiges und lebenswürdiges Leben unter diesen Bedingungen zu finden. Weitere Ansprüche an die Rolle des Religionslehrers bzw. der Religionslehrerin kommen hinzu: aus dem Kollegenkreis, von den Eltern, von der Kirche. Offenbar haben wir es mit einem Problem der Anspruchsüberhäufung und mit einer Summierung von untereinander und zum Teil in sich widersprüchlichen Rollenerwartungen zu tun. Demgegenüber ein Selbstkonzept zu erarbeiten setzt notwendig Entscheidungen und Vereinfachungen voraus. Uns liegt dringend daran, dass diese Vereinfachung nicht identisch ist mit einer Inhaltsentleerung des Gegenstandes Religion. Religion kann orientierende und befreiende Kraft nur dann haben, wenn sie ihrer Inhaltlichkeit und Sperrigkeit nicht beraubt wird. Dies hat zur Voraussetzung, dass das

Leben und Lehren von Religion eine inhaltlich deutlich konturierte Gestalt je und je neu gewinnt.

3. Wir haben als Hochschullehrer immer wieder die Erfahrung gemacht, dass dieser Prozess in der universitären Ausbildung von Theologiestudierenden gelingen kann. Einige Beispiele aus dem eigenen Erfahrungsfeld an der Paderborner Universität wollen wir nennen:

• Gesprächskreis Christentum-Judentum-Islam: Gemeinsame Lehrveranstaltung mit evangelischen und katholischen, islamischen und jüdischen Theologen und Theologinnen (alle zwei Semester, jeweils 5–7 Abendsitzungen pro Semester). Bisherige Themen: Abraham; die Frage nach Gott in den Heiligen Schriften; zum Verhältnis von Religion und Politik. Es beteiligen sich Lehramtsstudierende aller Schulstufen aus beiden christlichen Konfessionen, aber auch Kirchengemeindemitglieder und Muslime aus der Stadt Paderborn.

• Interkonfessionelles Seminar: Was ist evangelisch – was ist katholisch? Fragestellungen sind z. B.: Wie ist die katholische, wie ist die evangelische Kirche aufgebaut (einschließlich des Verhältnisses zwischen Kirche und Staat); Amtsverständnis; Sakramentsverständnis; Interpretation der «Gemeinsamen Erklärung zur Rechtfertigungslehre». Studentische Arbeitsgruppen untersuchen diese Themen: Gotteshäuser/Kirchräume; Liturgie (Sonntagsgottesdienst); karitative bzw. diakonische Einrichtungen; Positionen der Kirchen zu aktuellen Problemen (z. B. Sozialwort; Fremde; Homosexualität; Ehe und Familie); Präsenz der Kirchen in den Medien; Kritische Kirchengruppen; Dissidenten (z. B. Gerd Lüdemann, Eugen Drewermann); Religionsbücher; Konfessionsunterschiede im Alltag.

• Paderborner Filmseminare (alle zwei Semester): Ziel: Gestaltfindungsprozess in Durcharbeitung eines biblischen Textes. Vorbereitungsphase: möglichst jeden Tag im Semester den verabredeten biblischen Text lesen. Vorbereitungswochenende: Textphase mit knappen exegetischen Schritten und Informationen. Körperorientierte bibliodramatische Inszenierungsschritte. Aufteilen in Arbeitsgruppen: Drehbuch/Regie/Storyboard; Kamera; Musik; Requisite. Entwicklung einer Filmgeschichte, die die Bewegung/wichtige

Aspekte/das zentrale Symbol/den zentralen Konflikt/das Thema des biblischen Textes in neuer Weise erzählt. Das Zentrum der Veranstaltung bildet ein Wochenende gegen Semesterende: Ein etwa halbstündiger Videofilm wird gedreht. Mittlerweile sind sechs solcher Filme entstanden.

• Göttinger/Paderborner Karwochenseminare im Kloster Reinhausen bei Göttingen, gemeinsam mit Studierenden aus Paderborn und Göttingen (alle zwei Semester, viertägig). Der Reiz dieser Veranstaltung liegt nicht zuletzt darin, gegenüber dem universitären Lehrbetrieb an einem anderen Ort stattzufinden. Hier wird es unternommen, Religion «als Handwerk» einzuüben und hier und jetzt, in Auseinandersetzungen dieser beteiligten Menschen an diesem besonderen Ort und in dieser besonderen Situation zur Gestalt zu bringen. Hierzu gehören gemeinsam gestaltete und gefeierte Gottesdienste: Stundengebete (alle vier Stunden) und abends eine Passionsandacht; schließlich ein gemeinsam vorbereiteter Abschlussgottesdienst. In der Regel ein thematischer Schwerpunkt (z. B. Abendmahl; der Altar; die Johannespassion Johann Sebastian Bachs; das Opfer; Verrat), der Gegenstand unterschiedlicher Zugangsweisen ist: Filmdiskussion, Musikhören, Gesprächsphasen, Inszenierungen. Ein ganzer Tag Gestaltfindungsprozess zu einem biblischen Text: Diskussion, Vorbereitung, Inszenierung durch Kleingruppen vor dem Plenum, gemeinsame Auswertung. Wie im Filmseminar liegt auch hier der Unterschied zu Bibliodrama-Konzepten in der Betonung der «guten Gestalt» als Abschluss des Prozesses.

4. Als Beispiel für das Theologiestudium mit dem Lernziel Pfarramt bzw. pastoraler Dienst: Predigen-Lernen.

Das Predigen-Lernen beginnt mit der Produktivität der Kursteilnehmer und -nehmerinnen, also mit der Ausarbeitung einer gleichsam «spontanen» Predigtidee zu einem gemeinsam gewählten bzw. vorgegebenen Predigttext. Ebenfalls vom ersten Tag an werden die verfertigten Predigten von der Seminargruppe besprochen. Dies wiederholt sich in jedem Schritt der Predigtvorbereitung. Die Lektüre von theoretischen Texten und die Aneignung methodischer Verfahren bleibt streng auf den Prozess von Produktion und Kritik von Predigtversuchen bezogen.

So ist die Aufgabe im ersten Arbeitsgang – die Aufmerksamkeit richtet sich auf die Position des Predigers bzw. der Predigerin –, eine Geschichte zum Predigttext im Stil einer Ich-Erzählung zu verfertigen. Hier haben kreative Elemente Platz: Es können literarische Geschichten, Bilder, Musikstücke gesucht werden, die nach dem Lebensgefühl des bzw. der Einzelnen die «Melodie» des Textes treffen. Im zweiten Schritt kommt die Gemeindesituation der Hörer und Hörerinnen konzentriert in den Blick. Aufgabe ist, je eine Andacht für einen Altenkreis, eine Konfirmandengruppe oder einen Mütterkreis zu schreiben, wiederum zum Predigttext des Seminars. Im nächsten Schritt legt eine Seminargruppe eine knappe historisch-kritische Textexegese vor – Aufgabe ist, die verfügbaren Kommentare zur Kenntnis zu nehmen, bei unterschiedlichen Positionen begründet zu entscheiden, andere Lektüreweisen wahrzunehmen. Die Aufgabe des Predigtversuches ist jetzt, den Eigensinn des Textes gegenüber den Gefühlen und Einfällen des Predigers oder der Predigerin, aber auch gegenüber Vorerfahrungen, Hörgewohnheiten und aktuellen Konflikten in der Gemeinde zur Geltung zu bringen usw.

Für den didaktischen Prozess ist entscheidend, dass der Predigttext von der ersten bis zur letzten Sitzung derselbe und von den verschiedenen genannten Perspektiven aus im Mittelpunkt der Aufmerksamkeit bleibt. Nach und nach kommt es zu einer Umkehrung: Der Predigttext bleibt nicht Objekt unterschiedlicher Perspektiven seiner Wahrnehmung, sondern rückt selbst in die Position des Subjekts der Predigt-Arbeit. Immer neue Lebensbereiche geraten in sein Kraft- und Bedeutungsfeld: die Individualität des Predigers / der Predigerin, die Sozialität der Gemeinde in ihrer gesellschaftlichen Eingebundenheit, die Techniken der wissenschaftlichen Lektüre. Wenn zum Kursende der Gottesdienst in den Mittelpunkt der Aufmerksamkeit rückt, kann seine Charakterisierung als «Weg in das Leben»[7] durch den Seminarprozess nachvollziehbar werden: Geht es doch hier wie dort um eine Schwellenüberschreitung in den Bereich des Heiligen, in der dennoch alltäglich-äußere Operationen nicht aufgehoben, sondern in das Licht des neuen Wortes, der Verheißung gestellt werden. Durch den Seminarprozess kann eine Haltung des Predigers oder der Predigerin im

Gottesdienst vorbereitet werden, den Text der Heiligen Schrift, der bereits in der Lesung laut geworden ist, als *viva vox Evangelii* (lebendige Stimme des Evangeliums) hier und jetzt zur Geltung zu bringen. Der intendierte Prozess lässt sich mit der Formel «Von der Predigt zum Text» beschreiben.

Was hier modellhaft am Beispiel von Lehrveranstaltungen vor allem aus praktisch-theologischen und religionspädagogischen Lernfeldern genannt wurde, lässt sich u.E. ohne Verlust an Gegenstandsbezogenheit auf das wissenschaftliche Lernen in anderen theologischen Disziplinen übertragen. Auch in den historisch orientierten theologischen Disziplinen muss einer Entwicklung entgegengesteuert werden, dass viele Studierende – zusätzlich verunsichert durch die miserablen Berufsaussichten und die Notwendigkeit, einen möglichst guten Zensurendurchschnitt zu «erwirtschaften» – forschungs- und problemorientierte Veranstaltungen und Arbeitsweisen meiden und stattdessen ihr Studium auf kompendienartiges Bimsen unhinterfragter Forschungsergebnisse konzentrieren. Auf dem Spiel steht nicht allein die Qualität wissenschaftlicher theologischer Arbeit an den Universitäten (und hier insbesondere die Frage, wie unter diesen Bedingungen wissenschaftlicher «Nachwuchs heranwachsen» können soll), sondern auch die Erwartungen und Verhaltensbereitschaften, mit denen später in Gemeinde, Schule oder in der Spezialseelsorge hauptamtlich Tätige auf Menschen und Probleme vor Ort zugehen. Warum soll man alt- oder neutestamentliche und kirchengeschichtliche Seminare nicht so gestalten, dass die je eigenen Fragen der Beteiligten Ausgangspunkt des Arbeitsprozesses sind und in der Auseinandersetzung mit dem Gegenstand ein zunehmend scharfes Profil finden – genauso wie «der» Gegenstand in diesem Prozess modifiziert wird, in jedem Fall an Lebendigkeit und Relevanz gewinnt? Dass Lehrveranstaltungen in diesem Sinn konzipiert werden können, ist nicht allein eine Erwartung an die Lehrenden, sondern an alle Beteiligten im Lern- und Lebenszusammenhang theologischer Wissenschaft und Ausbildung.

Anmerkungen

[1] Ein Studiengang für Religionspädagogik wird z. B. an der Katholischen Fachhochschule Nordrhein-Westfalen Abt. Paderborn und an der Evangelischen Fachhochschule in Bochum angeboten. In Hamburg und Dresden ist – als einzigen evangelischen Fachhochschulen in der Bundesrepublik Deutschland – ein theologischer Bestandteil in jedem Semester der Sozialpädagogik-Ausbildung verpflichtend; an den übrigen Standorten wird Theologie in offenerer Form angeboten. Für die katholischen Fachhochschulen gibt es vergleichbare Regelungen innerhalb der Studienpläne.

[2] Vgl. J. Siemann, Artikel Fernstudium Religionspädagogik, in: N. Mette/ F. Rickers (Hg.), Lexikon der Religionspädagogik, Neukirchen-Vluyn 2000.

[3] Vgl. dazu die Informationen bei A. Mertin, Das Internet im Religionsunterricht, Göttingen 2000; sowie W. Nethöfel/P. Tiedemann, Internet für Theologen, Darmstadt 1999.

[4] Vgl. dazu in grundlegender und immer noch vorbildlicher Weise die pädagogischen Vorlesungen Schleiermachers: F.E.D. Schleiermacher, Theorie der Erziehung. Die Vorlesungen aus dem Jahre 1826, in: E. Lichtenstein (Hg.), F.E.D. Schleiermacher. Ausgewählte pädagogische Schriften, Paderborn 2. Aufl. 1964, 36 ff.

[5] Vgl. D. Engels, Religiosität im Theologiestudium, Stuttgart u. a. 1990. – Die folgenden Überlegungen sind im Hinblick auf die Pfarramtsstudiengänge auch ausführlich dargelegt in H.-M. Gutmann, Homiletik als Lehre vom Predigen, in: Pastoraltheologie 85 (1996), 442–456.

[6] Vgl. die entsprechende Formulierung für den Beruf des Pfarrers/der Pfarrerin bei: M. Josuttis, Der Pfarrer ist anders. Aspekte einer zeitgenössischen Pastoraltheologie, München 1982.

[7] Vgl. M. Josuttis, Der Weg in das Leben, München 1991.

[8] Vgl. Chr. Möller, Seelsorgerlich predigen, Göttingen 1983.

5 Auf dem Weg zur Theologie als Beruf

«Ein Projekt der Universität Heidelberg möchte Theologen zu Konfliktmanagern für Wirtschaftsunternehmen umschulen.» Darüber berichtete eine deutschlandweit verbreitete Tageszeitung im Sommer 1999.[1] Angeregt wurde dieses Projekt durch Nachrichten, dass in den USA große Automobilkonzerne Tausende von Theologen bzw. Theologinnen als «change agents» beschäftigen würden, also als kompetente Begleiter und Begleiterinnen von Innovationsprozessen in Unternehmen und den damit einhergehenden Herausforderungen sowohl aufseiten der Belegschaft als auch aufseiten der Kundschaft. Auf die Frage, warum gerade Absolventen und Absolventinnen eines Theologiestudiums für eine solche berufliche Aufgabe befähigt seien, wurde sinngemäß die Antwort des mit dem Heidelberger Projekt befassten Professors zitiert:

> «Sie hätten im Studium gelernt, durch die sorgfältige Arbeit an und mit (biblischen) Texten genau hinzuhören, die feinen Unterschiede in den Akzentuierungen einzelner Autoren aufzuspüren und auch zwischen den Zeilen zu lesen. Außerdem brächten sie eine seelsorgerische Kompetenz mit, die sie befähige, einfühlsam mit unterschiedlichen Menschen (und Interessen) umzugehen. Schließlich hätten Theologen durch die Behandlung von religiösen Fragen ein tieferes Problembewusstsein und eine entsprechend tiefer greifende Kompetenz zur Lösung von Problemen als Leute, die die religiöse Dimension ausblenden.»

Dass Studierende ausgerechnet das Fach Theologie wählen, um später einen Job in der Wirtschaft zu finden, dürfte sicherlich die Ausnahme sein. Gleichwohl stellt sich für eine beträchtliche Zahl zum Schluss ihres Studiums mehr oder weniger bedrängend die Frage, was sie denn nun beruflich mit dem machen sollen, was sie gelernt haben. Es hat sich mittlerweile herumgesprochen, dass die Kirchen infolge zurückgehender finanzieller Einnahmen oder auch aus anderen Gründen zu einer restriktiveren Einstellungspraxis von theologisch ausgebildeten Kräften übergegangen sind. Ebenfalls im Bereich der Schulen werden auf absehbare Zeit für das Fach Religion keineswegs alle eine Anstellung finden, die von ihrem Studium her eine Tätigkeit als Lehrer oder Lehrerin angestrebt haben. Darüber hinaus sind Stellen für Theologen und Theologinnen rar gesät. Am ehesten gibt es Chancen im außerschulischen Bildungsbereich (Jugendhilfe, Erwachsenenbildung u. Ä.). Wenige kommen noch im journalistischen Bereich unter. Die Plätze für eine Lektorentätigkeit in einem (kirchlichen oder theologischen) Verlag sind in den letzten Jahren eher zurückgegangen, als dass sie zugenommen hätten. Wer entsprechende Zusatzqualifikationen mitbringt, kann im weiten Feld der beraterischen Praxis tätig werden. Hier eröffnet sich langfristig am ehesten die Möglichkeit zu einer freiberuflichen Tätigkeit. Mit Studienbeginn direkt eine wissenschaftliche Karriere auf eine theologische Professur hin anstreben zu wollen, zeugt zwar von allerhand Selbstbewusstsein, endet jedoch häufig genug in nachhaltiger Enttäuschung. Mit allen diesen Hinweisen soll nicht bestritten werden, dass es gelingen kann, doch in einem der genannten Bereiche oder auch anderswo mit abgeschlossenem Theologiestudium beruflich tätig werden zu können. Und es kann sowieso den Theologiestudierenden wie den Studierenden überhaupt zu einem hohen Maß an Flexibilität geraten werden (worauf sich allerdings nach unseren Beobachtungen nur eine Minderheit einlässt). Das schließt jedoch nicht aus, sondern ein, dass man sich vor dem Studium und während des Studiums bei den potenziellen «Brötchengebern» über die Anstellungsmöglichkeiten realistische Auskünfte einholt. Man sollte jedenfalls nicht von vornherein auf eine spätere Umschulung spekulieren.

Realistisch ist, dass das Theologiestudium vorrangig für eine Tätigkeit entweder in der Kirche oder in der Schule qualifiziert. Im Folgenden soll darum das jeweilige Profil beider Berufsbilder und der weitere Ausbildungsweg zu ihnen hin skizziert werden. Für den Lehrberuf kann das konfessionsübergreifend geschehen; für die pastoralen Berufe muss nach den beiden (Groß-)Kirchen getrennt vorgegangen werden.

5.1 Das Berufsbild des Pfarrers oder der Pfarrerin in der evangelischen Kirche

Das Berufsbild des evangelischen Pfarrers hat sich in den vergangenen Jahrzehnten dramatisch verändert. Gegen starken Widerstand und durch ausdauerndes Engagement von Frauen in der kirchlichen und theologischen Frauenbewegung, das schon in der Vorkriegszeit einsetzte, konnte in den meisten evangelischen Landeskirchen seit Beginn der sechziger Jahre erreicht werden, dass auch Frauen zum Pfarramt ordiniert werden. Heute dominiert nicht mehr der Typus des «Pfarrherrn»: Es gibt die Pfarrerin und den Pfarrer. Aber auch vom Aufgabenfeld her sind die Veränderungen einschneidend. Schon Anfang der siebziger Jahre hat der Praktische Theologe Ernst Lange darauf hingewiesen[2], dass zu den traditionellen Aufgaben des Pfarramts ständig neue hinzukommen, ohne dass die bisherigen ermäßigt würden. Die Pfarrerin, der Pfarrer leitet als Predigerin und Liturgin den Gottesdienst und begleitet als Seelsorgerin Menschen in Lebenskrisen, er begegnet Jugendlichen im kirchlichen Unterricht und älteren Gemeindemitgliedern im Seniorenkreis und in Gemeidekreisen, die in ihrer Gestalt in der Regel den nichtkirchlichen Vereinen im Dorf bzw. im Stadtteil entsprechen, und er koordiniert das diakonische Engagement vor Ort vom Kindergarten bis manchmal hin zum Pflegedienst. Aber die Pfarrerin soll nicht nur für die kirchenverbundenen, sondern auch für die kirchenfernen Mitglieder als «professionelle Nachbarin», als Bürgin für ein gelingendes Leben in den besonders konfliktbelasteten Lebensbereichen in Politik und Sexualität einstehen und einen zivilreligiösen Basiskonsens und so gesellschaftliche Befriedung absichern helfen.

Damit können andere Ansprüche an diese Berufsrolle direkt in Konflikt geraten: Der Pfarrer ist Zeuge des Evangeliums, das zuerst den Armen gilt, und er soll (und will von seinem eigenen Anspruch her oft auch) als Prophet gesellschaftliche und ökologische Zerstörungen beim Namen nennen: In der Praxis des Kirchenasyls für von Abschiebung bedrohte Asylbewerber gewinnt diese Aufgabe in manchen Gemeinden eine lebensnotwendige Konkretion. In reformatorischer Perspektive will sie das «Priestertum aller

Glaubenden» vor Ort realisieren helfen und gerät bisweilen in Gefahr, die Macht zu verleugnen, die sie als Mensch innehat, der im Namen des Heiligen handelt, oder die ihr sozialpsychologisch schlicht von den Kirchenmitgliedern in der Meinung zugemessen wird, dass es «der Pfarrer schon richten wird». Und die Macht-Thematik ist in jüngerer Zeit für den Pfarrer insofern noch komplexer geworden, als mit dem Unselbstverständlichwerden kirchlich institutionalisierter Religion für weite Teile der Gesellschaft auch die gesellschaftliche Reputation der Pfarrerrolle dramatisch eingebrochen ist.[3]

Insgesamt ist die Berufsrolle des evangelischen Pfarramts durch eine Anspruchsüberhäufung gekennzeichnet, wobei die Ansprüche zu einem erheblichen Teil widersprüchlich sind. Die persönliche Kompetenz, hier einen Weg zu finden, zeigt sich gerade in der Fähigkeit, es nicht allen Seiten recht machen zu wollen, sondern ja und nein zu sagen und beides auch im alltagspraktischen Klein-Klein durchzuhalten; sie zeigt sich vor allem daran, dass die notwendige Schwerpunktsetzung nicht dem Weg des geringsten Widerstandes geschuldet ist, sondern in spiritueller Lebenspraxis und theologischer Reflexion immer wieder neu Gestalt gewinnt.

Seit den siebziger Jahren des gerade vergangenen Jahrhunderts wurden Spezialpfarrämter (z. B. in diakonischen, pädagogischen und publizistischen) Feldern eingerichtet, und in verschiedenen Gemeinden wurden «Teampfarrämter» aufgebaut, in denen sich Pastorinnen Arbeitsbereiche regional oder funktional aufteilen konnten; bisweilen wurden auch nichttheologische Mitarbeiterinnen (z. B. Psychologen oder Sozialpädagogen) in diese Teams aufgenommen. Auf diese Weise wurde versucht, der tatsächlichen Ausdifferenzierung der Berufsrolle durch Spezialisierungen entgegenzukommen.

Dieser Trend ist in nahezu allen evangelischen Landeskirchen rückläufig, motiviert vor allem durch die mit sinkenden Mitgliedszahlen zurückgehenden Kirchensteuereinnahmen, aber auch dadurch, dass sich das leitende Paradigma in der praktisch-theologischen Reflexion gegenwärtig von einer «funktionalen» Wahrnehmung kirchlicher Handlungsfelder stärker auf eine Wahrnehmung der religiösen Dimension der Pfarrerrolle verschiebt. Hinzu kommt, dass weite Teile der diakonischen Arbeit angesichts der Konkurrenz privater Pflegedienste zu Unternehmen privatisiert werden und die wachsende Finanzknappheit dazu zwingt, funktionale Arbeitsbereiche, aber auch mehrere kleinere Kirchengemeinden zu einem Pfarramt zu verbinden. Der Weg geht gegenwärtig nicht in Richtung Spezialisierung, sondern in Richtung Ausdifferenzierung und Konzentration in der Berufsrolle einer Person.

Entsprechend der Weise, wie Martin Luther das «dreifache Amt» eines jeden Christenmenschen – in Entsprechung zum priesterlichen, prophetischen und königlichen Amt Jesu Christi – beschrieben hat[4], können für die Pfarrerin und den Pfarrer als exemplarischen Christenmenschen diese drei Perspektiven für die Konzentration ihrer Berufsrolle wahrgenommen werden – im Sinne von offenen Zielen, die je vor Ort mit Leben gefüllt werden müssen: Pfarrer und Pfarrerinnen verkünden Gottes Wort in Gesetz und Evangelium, verwalten die Sakramente und leiten die gottesdienstliche Feier, sie begleiten Menschen in Lebenskrisen und *zeigen* Kindern und Jugendlichen im kirchlichen Unterricht, was im Lebensvollzug der Kirche und der Christenmenschen in der Gesellschaft gelten soll: In all diesen Bereichen *inszenieren* sie den Weg zur Begegnung mit dem Heiligen («priesterliches Amt»). Sie engagieren sich in gesellschaftlichen Konfliktsituationen aufseiten der Armen, denen das Evangelium Gottes zuerst gilt – auf diesem Weg sind vom Kirchenasyl bis zum «Sozialwort» der beiden großen Kirchen immer wieder Konkretionen gefunden worden; sie arbeiten daran mit, dass betroffene Menschen (z. B. Arbeitslose und Sozialhilfeempfängerinnen) aus der Rolle des Objekts von Fürsorge und Kontrolle herausfinden und zu Beteiligten werden; und sie helfen mit, dass die notwendigen Konflikte in menschenfreundlicher Weise ausgetragen werden («prophetisches Amt»). Und sie *partizipieren* zwischen Schützenverein und Kino, Fußballstadion und Bürgerinitiative, Kneipe und Gemeinderat an der Lebenswelt ihres Ortes und arbeiten daran mit, dass sie entgegen den möglichen Auszehrungen durch Geld- und Politikinteressen als ein lebensfreundlicher Platz mit demokratischer Kultur gestaltet und bewahrt werden kann («königliches Amt»).

Nach dem Theologiestudium werden evangelische Pfarrer und

Pfarrerinnen durch eine in der Regel zweieinhalbjährige zweite Ausbildungsphase auf die Berufsrolle im Pfarramt vorbereitet, dem sog. Vikariat. In der Regel werden nur solche Anwärterinnen mit abgeschlossenem Ersten Theologischen Examen in das Vikariat der Landeskirche aufgenommen, die ihr entstammen und/oder sich möglichst bis zum Beginn des Theologiestudiums in die Anwärterliste auf die zweite Ausbildungsphase in ihrer Landeskirche haben eintragen lassen. Ein Wechsel der Landeskirche ist in der Regel nur im Falle einer Eheschließung möglich; wir empfehlen, sich in diesen Fragen frühzeitig beim jeweiligen Landeskirchenamt zu informieren.

Im Vikariat werden erste Erfahrungen in der Berufsrolle der Pfarrerin in der Gemeinde vor Ort mit theoretischen theologischen Studien im «Predigerseminar» verbunden; neben Kursschwerpunkten in Homiletik (Predigtlehre), Liturgik (Gottesdienstleitung), Poimenik (Seelsorgelehre), Katechetik (kirchlichem Unterricht) sind Spezialisierungen möglich (z. B. Kurse zu kirchlicher Publizistik oder zum Kirchlichen Dienst in der Arbeitswelt). Die Gesamtzeit des Vikariats wird je nach Landeskirche unterschiedlich genutzt: In manchen Landeskirchen gehen die Vikare und Vikarinnen nach einer geschlossenen Phase (für etwa ein Jahr) im Gemeindepfarramt und (für etwa zwei Monate) im schulischen Religionsunterricht wiederum für etwa ein Jahr ins Predigerseminar; in anderen Landeskirchen werden die Predigerseminarkurse wochenweise «eingeschoben», und die Vikare bleiben für die gesamte Zeit in der Gemeinde. Die zweite Ausbildungsphase wird mit einem Zweiten Kirchlichen Examen abgeschlossen, in dem neben einer erneuten Prüfung der wissenschaftlichen theologischen Qualifikation auch auf die mittlerweile erworbenen praktischen Erfahrungen eingegangen wird. Die Ordination zum Pfarramt hängt vom (zumindest befriedigend) bestandenen zweiten Examen ab; darüber hinaus gibt es in manchen Landeskirchen zusätzliche Gespräche, in denen konzentriert auf berufseignende Qualifikationen geachtet wird.

5.2 Pastorale Berufe in der katholischen Kirche

Dass in der katholischen Kirche von pastoralen Berufen im Plural gesprochen werden kann, ist ein relativ neues Phänomen. Im Unterschied zur frühchristlichen Kirche, gefördert durch die Auseinandersetzung zwischen geistlicher und weltlicher Macht im Mittelalter, verstärkt durch die reformatorische Deklaration des Priestertums aller Gläubigen und auf die Spitze getrieben durch die Sakralisierung der kirchlichen Strukturen («Hierarchie» verstanden als «heilige Herrschaft»; eine andere mögliche Wortbedeutung ist: «heiliger Anfang») als Reaktion auf die (sich von der Kirche und damit von Gott abwendende) Moderne hatte die Tendenz zur Klerikalisierung der katholischen Kirche ständig zugenommen. Die Kirche wurde schließlich mit ihrer Hierarchie gewissermaßen gleichgesetzt, was in dem geflügelten Wort seinen charakteristischen Ausdruck fand: «Wenn der Pfarrer kommt, kommt die Kirche.» In der Tat galt nach katholischem Verständnis der – durch die sakramentale Weihe dazu ermächtigte – Klerus als allein befugt, die der Kirche von Jesus Christus anvertrauten Heilsgüter, vorab die Sakramente, dem gläubigen Volk zu vermitteln und ihnen so überhaupt erst den Weg zu ihrem Heil zu eröffnen – eine Auffassung, die teilweise bis heute nachwirkt. Dementsprechend galten Laien als für alle pastoralen Belange unzuständig; ihr kirchlicher Status lässt sich mit dem Stichwort «Objekte der Seelsorge» angeben. Bestenfalls konnten sie als Gehilfen des Klerus fungieren, wie es in der Berufsbezeichnung der in den 20er Jahren des vergangenen Jahrhunderts aufkommenden Gruppe der «Seelsorgehelferinnen» seinen beredten Ausdruck fand.

In dieser Hinsicht hat das Zweite Vatikanische Konzil (1962–1965) eine erhebliche Veränderung im Raum der katholischen Kirche ausgelöst, indem es sich auf das Selbstverständnis der Kirche in ihren Anfängen zurückbesonnen hat. Mit Blick auf die hier zur Debatte stehenden innerkirchlichen Strukturen ist die vom Konzil verabschiedete Dogmatische Konstitution über die Kirche[5] von zentraler Bedeutung, in der ausdrücklich das «gemeinsame Priestertum aller Gläubigen» (Art. 10) offiziell verkündet und somit auch den Laien eine originäre Verantwortung für die Heilssendung der Kirche zugesprochen wird (vgl. Art. 30–38).

Damit hatte das Konzil im Grunde genommen einen Aufbruch der Laien in der katholischen Kirche gutgeheißen, wie er schon ein paar Jahrzehnte vorher – etwa mit der Liturgischen Bewegung, der Jugendbewegung, der ökumenischen Bewegung – eingesetzt hatte und der sich bis in die Theologie hinein auswirkte, indem immer mehr Laien, unter ihnen viele Frauen, darauf drängten, dieses Fach auch an den Fakultäten gemeinsam mit den Priesteramtskandidaten studieren zu können, und dieses nach und nach auch bis zur Möglichkeit der theologischen Promotion und Habilitation erreichten. Die meisten der sog. Laientheologen und Laientheologinnen gingen nach Abschluss ihres Studiums in die Schule, vor allem in das Gymnasium, wo sie Religionsunterricht erteilten. Es gab aber auch vermehrt Laien, die Theologie studierten, um in der pastoralen Praxis tätig werden zu können, ohne sich zum Priester weihen zu lassen.

Diese Möglichkeit wurde schließlich mit den Beschlüssen des Zweiten Vatikanischen Konzils eingeräumt. Vorerst Einzelne, dann immer mehr Laien, die mit dem Diplom das Studium der katholischen Theologie abgeschlossen hatten, zunächst nur Männer, dann auch Frauen wurden in den Diözesen des deutschsprachigen Raums mit einem pastoralen Dienst beauftragt. Auf diese Weise kam es zu jenem Plural von pastoralen Diensten im katholischen Raum, von dem zu Beginn dieses Abschnitts die Rede war.

Unbeschadet besonderer diözesaninterner Regelungen haben sich in der katholischen Kirche in Deutschland für Laien im pastoralen Dienst folgende beiden Berufsprofile herauskristallisiert:

1. Der *Pastoralreferent/die Pastoralreferentin*. Es sind Laien mit einem theologischen Hochschulabschluss (in der Regel Diplom-Studiengang), die in einer Pfarrgemeinde oder auf übergemeindlicher Ebene in der seelsorglichen Praxis tätig und für die ihnen zugewiesenen Sachgebiete verantwortlich sind. Das Spektrum der möglichen Aufgabenfelder ist sehr breit, sodass unterschiedliche Schwerpunktsetzungen vorgenommen werden können und es so unmöglich ist, ein konkretes Berufsprofil anzugeben: Es umfasst im Grunde alle kirchlichen Handlungsfelder in Verkündigung, Liturgie, Gemeindeaufbau und Diakonie mit Ausnahme

der (sakramentalen) Vollzüge, für die die Priesterweihe Voraussetzung ist (Eucharistiefeier; Bußsakrament). Entsprechend groß ist der Spielraum für eine individuelle Ausgestaltung und Prägung der beruflichen Tätigkeit.

In vielen Diözesen sind sog. Bewerberkreise für Studierende eingerichtet, die später in der jeweiligen Diözese als Pastoralreferenten oder -referentinnen eingesetzt werden möchten; sie sehen eine berufsorientierende und spirituelle Begleitung während des Studiums vor.[6]

Nach dem Studium folgt die Phase der Berufseinführung von ca. drei Jahren Dauer – mit pastoralen, spirituellen und persönlichkeitsbildenden Elementen; sie wird mit der Zweiten Dienstprüfung abgeschlossen.

2. Der *Gemeindereferent/die Gemeindereferentin*. Um diesen kirchlichen Beruf zu erreichen, gibt es verschiedene Ausbildungswege: entweder das Studium mit dem Schwerpunkt Theologie/ Praktische Theologie/Religionspädagogik an einer (kirchlichen) Fachhochschule (bzw. an einer dafür eingerichteten Fachakademie oder einem Seminar) oder eine vergleichbare berufs- und praxisbegleitende Ausbildung. In der Regel sind dafür vier Jahre in Anschlag zu bringen. Die Ausbildung ist mit der Ersten Dienstprüfung beendet. An sie schließt die in der Regel zweijährige Phase der Berufseinführung an, an deren Ende die Zweite Dienstprüfung steht.

Wie die Berufsbezeichnung besagt, ist das Hauptarbeitsfeld von Gemeindereferenten und -referentinnen die Kirchengemeinde, in der sie – in Absprache mit den übrigen pastoralen Diensten – schwerpunktmäßig in verschiedenen Handlungsfeldern (Gemeindekatechese; Kinder-, Jugend-, Erwachsenenarbeit; kirchliche Bildungsarbeit; sozial-karitative Dienste; Gottesdienstgestaltung; Begleitung und Beratung von Gruppen und Mitarbeiterkreisen) eingesetzt sind.

3. Mit dem hauptberuflichen Einsatz von Laien im pastoralen bzw. kirchlichen Dienst ist der «Beruf» des *Priesters* nicht abgeschafft und soll er auch nicht abgeschafft werden. Allerdings ist leicht nachvollziehbar, dass das Nebeneinander von Priestern und Laien in der Seelsorge – beide im «Fulltimejob» mit Tätigkeiten,

die weitestgehend zum Verwechseln ähnlich sind – eine verschärfte Anfrage an die Identität des «Priestertums des Dienstes bzw. des hierarchischen Priestertums» (so die Umschreibungen in Art. 10 der erwähnten Kirchenkonstitution) in der Kirche mit sich gebracht hat. Die darüber besonders in der Dogmatik und teilweise höchst diffizil geführte Debatte erweckt vielfach den Eindruck, dass sie mit dem konkreten beruflichen Alltag, in dem Priester ebenso wie Laien stecken, nicht mehr viel zu tun hat. Tatsache ist, dass nach einer Anfangsphase des Suchens und Erprobens aus der unverkennbaren Sorge heraus, für den Priester ließe sich keine eigene Identität mehr ausmachen, sich von kirchenoffizieller Seite her das Bestreben darauf richtet, diese in ihrer Eigenart klarer erkennbar werden zu lassen. Umgekehrt hat die in diesem Zusammenhang zum Leitmotto gewordene Devise «Ein Priester kann nur durch einen Priester ersetzt werden» zur Folge, dass die hauptberuflichen Laien vielfach den Eindruck gewinnen, um der Profilbildung des Priesters willen in die zweite oder dritte Reihe versetzt zu werden. Unterstützt wird das dadurch, dass das für die ganze Weltkirche gültige Kirchenrecht die Letztverantwortung in pastoralen Belangen grundsätzlich nur bei einem Priester angesiedelt wissen will.

Der in einer solchen rechtlichen Über- bzw. Unterordnung angelegte Konfliktstoff kommt insofern nicht zum Zuge, wie es gelingt, im konkreten Alltag einen partnerschaftlichen Umgang zwischen den verschiedenen pastoralen Berufsgruppen zu praktizieren. Dennoch ist unübersehbar, dass die anfänglich mit der Einrichtung der neuen pastoralen Dienste (für Laien) einhergegangene Euphorie, damit würde es auf Dauer zu einer völligen Neustrukturierung der kirchlichen Dienste kommen, der nüchternen Einschätzung gewichen ist, dass sich diesbezüglich so bald nichts ändern wird.

Dies gilt also auch für den Priester. Es zeichnet sich nicht ab, dass sich die Zugangsvoraussetzungen zur Priesterweihe in der katholischen Kirche ändern werden; laut geltendem Kirchenrecht kann sie nur ein getaufter Mann, der die Zölibatsverpflichtung eingegangen ist, gültig empfangen. Hinsichtlich ihrer Ausbildung absolvieren die Priesteramtskandidaten in der Regel einen Diplom-Studiengang in katholischer Theologie; während dieser Zeit wohnen sie in der Regel gemeinsam in Konvikten bzw. Priesterseminarien, wo die Einführung in die priesterliche Spiritualität und in die künftige Seelsorgearbeit erfolgt. Eine zweite Phase der theoretischen und praktischen Ausbildung von ein bis zwei Jahren schließt sich an; während dieser Zeit, die zum Teil in einer Pfarrgemeinde, zum anderen Teil im Priesterseminar verbracht wird, erfolgt die Weihe zum Diakon und an ihrem Ende die Priesterweihe. Die ersten drei bis fünf Dienstjahre ist der neu geweihte Priester als Kaplan oder Vikar in einer Gemeinde tätig und übt sich währenddessen – was dann mit dem Abschluss des sog. Pfarrexamens (= Zweite Dienstprüfung) rechtlich bestätigt wird – in die spätere Tätigkeit der Leitung einer Pfarrei ein. Dabei sei ergänzend vermerkt, dass die Priesterweihe nicht unweigerlich mit der späteren Übernahme einer Pfarrerstelle verbunden ist. Priester können auch mit anderen seelsorglichen Aufgaben betraut oder in der kirchlichen Verwaltung eingesetzt werden. Nicht zuletzt können sie als Wissenschaftler (z. B. Theologieprofessoren) tätig werden.

Es wäre unsinnig, abstreiten zu wollen – und der «Priestermangel» belegt es hinreichend: Wer sich in der derzeitigen Situation entschließt, katholischer Priester zu werden, exponiert sich. Entsprechend gefestigt muss die Entscheidung sein – und immer neu werden, um durchgetragen werden zu können. Die dadurch eröffnete Freistellung zum Einsatz für die Sendung der Kirche kann reichliche Entschädigung und Lebenserfüllung mit sich bringen. Dasselbe kann für den Entschluss gelten, eine theologische Tätigkeit als Mann oder Frau mit der Zugehörigkeit zu einer Ordensgemeinschaft zu verbinden.

Es lag nahe, in diesem Abschnitt die Hauptaufmerksamkeit auf die besonderen Profile der pastoralen Berufe (mit theologischer Ausbildung) in der katholischen Kirche zu richten. Der Vollständigkeit halber sei erwähnt, dass das, was im vorhergehenden Abschnitt über das Pfarramt in der evangelischen Kirche – insbesondere über dessen spirituellen Gehalt, aber auch über seine emotionale Belastung – ausgesagt worden ist, weitestgehend auf die katholische Kirche übertragen werden kann, und zwar auf alle pastoralen Berufe gleichermaßen. Umgekehrt können die bezeichneten Konfliktpotenziale zwischen ordinierten und nicht ordinierten

Mitarbeitern und Mitarbeiterinnen wie in katholischen, so auch in evangelischen Kirchengemeinden ausgemacht werden; sie müssen je vor Ort in eine «gute Gestalt» gebracht werden.

Würde dieses Gemeinsame zwischen den beiden großen Kirchen stärker gesehen und ernst genommen, würde manche Schwierigkeit, die sich derzeit aufgrund von vermeintlich für notwendig gehaltenen Anstrengungen ergibt, sich voneinander abzugrenzen, sich von selbst erledigen – und könnte sich eine angesichts der heutigen Herausforderungen wirklich notwendige Pluralität innerhalb der pastoralen Dienste auf der Basis von Gleichberechtigung entfalten.

5.3 Als Religionslehrer oder -lehrerin in der Schule

Was einen Lehrer oder eine Lehrerin, die an der Schule auch das Fach Evangelische oder Katholische Religionslehre erteilen, ausmacht, was sie mit ihren Kolleginnen und Kollegen gemeinsam haben, aber auch was sie unterscheidet, ist bereits unter dem Punkt «Theologie lernen» (4.2.2) erörtert worden. Von daher brauchen hier nur noch einige allgemeine Informationen zur Zweiten Ausbildungsphase für die Lehrämter gegeben werden.

Nach erfolgreichem Abschluss der Ersten Staatsprüfung können sich Lehramtsstudierende zum Vorbereitungsdienst für Lehrämter bewerben. Dieser Ausbildungsabschnitt dauert in der Regel 24 Monate. Ziel ist es, die zukünftigen Lehrerinnen und Lehrer mit den für ihren Beruf notwendigen erzieherischen und unterrichtlichen Qualifikationen bekannt zu machen und auszustatten. Im Rahmen der Zweiten Staatsprüfung am Ende des Vorbereitungsdienstes wird geprüft, ob dieses Ziel erreicht worden ist.

Der Vorbereitungsdienst steht im Dialog von schulischer Praxis und Studienseminar. Die *schulpraktische Ausbildung* erfolgt unter Betreuung von Ausbildungslehrerinnen und -lehrern. Sie findet in den Fächern der Ersten Staatsprüfung statt. Nach einer ca. halbjährigen Einführungsphase, in der «Basisinformationen» zur Unterrichtspraxis vermittelt und Hilfen zur Beobachtung von unterrichtlich relevanten Faktoren an die Hand gegeben werden, wird von den Referendaren und Referendarinnen in einem bestimmten Umfang eigenverantwortlich Unterricht erteilt. Während des Referendariats werden regelmäßig Hospitationen durchgeführt. Hauptseminar- und Fachleiterinnen und -leiter machen sich ein Bild vom Unterricht der Auszubildenden und können sie so konkret beraten und unterstützen. Eine regelmäßige Rückmeldung über ihre Leistung bekommen die Lehramtsanwärterinnen und -anwärter auch durch ihre Ausbildungslehrerinnen und -lehrer sowie durch die Ausbildungskoordinatorin oder den Ausbildungskoordinator der Schule.

Begleitend zur schulpraktischen Ausbildung werden die Auszubildenden im Rahmen des *Studienseminars* betreut. Das Seminar gliedert sich in Haupt- und Fachseminare. Im Hauptseminar werden allgemein-didaktische Fragestellungen behandelt. Außerdem geht es hier um Erziehungsfragen und um das Arbeitsfeld Schule, Schulrecht und Verwaltung. In den Fachseminaren werden fachdidaktische Themen behandelt, Gegenstände der Unterrichtspraxis und Methoden werden erörtert.

Der Vorbereitungsdienst wird von den Seminarausbilderinnen und -ausbildern und der Schulleiterin oder dem Schulleiter mit einer zusammenfassenden Note bewertet, die auch in die *Zweite Staatsprüfung* eingeht. Im Rahmen dieser Staatsprüfung sind im zweiten Ausbildungsjahr als Leistungen zu erbringen: eine schriftliche Hausarbeit mit Schwerpunkt auf der Reflexion unterrichtlicher und/oder pädagogischer Praxis, zwei bis drei unterrichtspraktische Prüfungen (Lehrproben) sowie eine mündliche Prüfung (Kolloquium). Das bestandene Examen ist Voraussetzung, um sich als Lehrkraft für den Schuldienst bewerben zu können.

Für Religionslehrer und -lehrerinnen gibt es in diesem Zusammenhang eine Besonderheit, die bisweilen Unsicherheit auslöst: Um ihr Fach erteilen zu können, müssen sie von ihrer jeweiligen Kirche die Zustimmung dazu bekommen. In der evangelischen Kirche wird diese Zustimmung *vocatio* (Berufung) genannt; in der katholischen Kirche heißt sie *missio canonica* (kanonische Sendung). Für den Vorbereitungsdienst wird sie vorläufig erteilt, nach dem Zweiten Staatsexamen endgültig verliehen. Sie muss bei der zuständigen kirchlichen Stelle (in der Regel ist es die Schulabteilung im jeweiligen Landeskirchenamt oder im bischöflichen Generalvikariat oder Ordinariat) beantragt werden. Diese Besonderheit für den Religionsunterricht hängt damit zusammen, dass dieses Fach laut Art. 7,3 Grundgesetz in Übereinstimmung mit den Grundsätzen der Religionsgemeinschaften erteilt wird und der Staat damit den Kirchen – oder auch je nach Religionsunterricht den anderen betroffenen Religionsgemeinschaften – eine große, wenn nicht entscheidende Mitwirkungsmöglichkeit bei der Ausgestaltung dieses Fachs (Erarbeitung und Genehmigung von Lehrplänen; Genehmigung von Religionsbüchern; Gestaltung von Fortbildung etc.) gibt. Da – wie dargelegt – im Religionsunterricht die Lehrperson eine wichtige Rolle spielt, liegt es nahe, dass die Kirchen Wert darauf legen, sich darauf verlassen zu können, dass dieses Fach «in ihrem Sinn» erteilt wird. Die katholische Kirche fasst diese kirchliche Bindung des Religionsunterrichts noch enger, insofern sie davon ausgeht, dass dieses Fach im Auftrag des jeweiligen Ortsbischofs erteilt wird.

Es muss nüchtern gesehen werden, dass – insbesondere in Zweifelsfällen – die Kirchen mit dieser ihrer förmlich zu erteilenden Zustimmung ein Regulierungsinstrumentarium in der Hand haben; denn eine einmal erteilte Zustimmung kann bei Vorliegen schwerwiegender Verstöße – im katholischen Bereich heißt es: gegen Glaubens- und Sittenlehre der Kirche – durchaus widerrufen werden (was faktisch allerdings äußerst selten vorkommt). Das dadurch leicht aufkommende Gefühl, gewissermaßen der ständigen Kontrolle ausgesetzt zu sein, kann zur Belastung werden. Um dem entgegenzuwirken, wird von kirchenoffizieller Seite Wert darauf gelegt (und mit einer dem entsprechenden Praxis auch zu bekunden versucht), dass die kirchliche Zustimmung nicht vorrangig als Akt der Kontrolle zu interpretieren ist, sondern als Ausdruck des gegenseitigen Vertrauens und der wechselseitigen Solidarität. So heißt es etwa in einem Grundlagentext der katholischen Kirche in Deutschland zum Religionsunterricht:

«Ein vertrauensvolles Verhältnis zwischen den Religionslehrern und den kirchlichen Amtsträgern ist wichtig. ... In der Lehrbeauftragung des Religionslehrers nimmt der Bischof im Namen der Kirche den angebotenen beruflichen Dienst des Religionslehrers an; zugleich mit diesem Auftrag wird so die Solidarität der Kirche mit dem Religionslehrer und des Religionslehrers mit der Kirche bekundet.»[7]

In einem «Brief des Deutschen Katecheten-Vereins an alle, die nach der Missio canonica fragen, um katholischen Religionsunterricht zu erteilen»[8] wird dieser Passus aufgegriffen und weiterführend wie folgt kommentiert:

«Die hier formulierte Gegenseitigkeit ist ausschlaggebend. Von Gegenseitigkeit lebt ja die Kirche insgesamt. Alle Gaben des Heiligen Geistes in ihr sind einander zugeordnet. Die Begabungen aller tragen dazu bei, die Kirche Zeichen und Werkzeug für die Vereinigung mit Gott wie die Einheit der ganzen Menschheit sein zu lassen (Vat. II, Lumen gentium 1).

Missio ist somit Ausdruck für Vertrauen, für wechselseitige Wertschätzung und das Einstehen füreinander. Darauf dürfen Sie sich verlassen; darauf hat sich mit dem Synodenbeschluss auch die ‹amtliche› Kirche festgelegt. Mit der kirchlichen Beauftragung drückt der Bischof seine Solidarität mit den Religionslehrerinnen und Religionslehrern aus. Er nimmt die gegebene Zusage, diesen Auftrag gewissenhaft zu erfüllen und den damit verbundenen Anforderungen an die eigene Person nach Kräften zu entsprechen, dankbar an. Im Namen der Kirche gibt er einer Bereitschaft Ausdruck, Sie bei der Erfüllung Ihrer Aufgabe zu begleiten und Ihnen durch seine religionspädagogischen Mitarbeiter und Mitarbeiterinnen Anregung und Hilfe zukommen zu lassen (Schulabteilungen, Katechetische Institute, Arbeitsgemeinschaften u.v.a.m.). Im Vordergrund steht allemal die Bekundung des Vertrauens, der Dankbarkeit und der Hilfe. Die ‹Förderung› geht den ‹Forderungen› voraus! Der Bischof verbindet mit der kirchlichen Beauftragung die Bitte um den Segen Gottes. Dadurch wissen sich die Religionslehrkräfte in ihrem schulischen Auftrag, der in den Sakramenten Taufe und Firmung grundgelegt ist, bestärkt und ermutigt.

Wohl in keinem anderen Fach gibt es so viel Unterstützung. Hinzu kommen noch die Impulse aus den freien Zusammenschlüssen und Verbänden der Religionslehrerschaft, aus ihren Zeitschriften und Tagungen zum Beispiel. So sind Sie wirklich nicht allein gelassen mit ihrer Aufgabe, ‹Religion› zu unterrichten.»

5.4 Aufbaustudium, Zweitstudium und andere Möglichkeiten

Nicht alle möchten direkt nach ihrem Studium eine berufliche Laufbahn einschlagen, sondern ihr Studium erweitern oder vertiefen; oder sie möchten schlicht und einfach mal «andere Luft» atmen. Wie ein solcher weiterer Weg aussieht, hängt sehr stark von der jeweiligen Einzelinitiative ab; Standardordnungen gibt es dafür nicht mehr. Stichwortartig seien einige Möglichkeiten für ein solches «Studium nach dem Studium» angegeben:

• Wer in der Theologie vertiefend wissenschaftlich arbeiten möchte, hat die Möglichkeit, zu einem noch nicht bearbeiteten Spezialthema eine Dissertation anzufertigen und zum Doktor der Theologie (Dr. theol.) bzw. zum Doktor der Philosophie (Dr. phil.) zu promovieren. Realistischerweise sind dafür mindestens drei bis vier Jahre anzusetzen. Die erforderliche finanzielle Unterstützung während dieser Zeit kann gesichert werden durch eine Anstellung als Wissenschaftlicher Mitarbeiter oder Wissenschaftliche Mitarbeiterin oder durch ein Graduiertenstipendium (maximale Förderungsdauer: 3 Jahre).

• Wer ergänzend zur Theologie oder auch als Alternative dazu ein weiteres Fach studieren möchte, kann dies im Rahmen eines Zweitstudiums tun.

• Vermehrt wird auch innerhalb der Theologie die Möglichkeit angeboten, sich in einem Aufbaustudium fachlich zu spezialisieren (z. B. in der Caritas- bzw. Diakoniewissenschaft).

• Viel zu wenig Gebrauch gemacht wird von der Möglichkeit, zur Erweiterung des «ökumenischen Horizonts» einige Semester an einer theologischen Hochschule im Ausland zu verbringen oder pastorale Praktika in einem anderen Land oder Erdteil durchzuführen.

• Es kann allerdings auch die Möglichkeit erwogen werden, zunächst in die berufliche Praxis «einzusteigen», um später einmal eine Freizeit («Sabbatjahr») zu nehmen, aus der Distanz heraus die gemachten Erfahrungen zu vertiefen oder zu kurz gekommenen wissenschaftlichen Interessen nachzugehen.

• Auf das breite Angebot zur Weiterbildung (z. B. Kommunikationstrainings, Gesprächsführung, Gruppendynamik etc.) kann nur generell verwiesen werden.

Anmerkungen

1 Vgl. Frankfurter Rundschau vom 12. 8. 1999.
2 Vgl. E. Lange, Die Schwierigkeit, Pfarrer zu sein, in: ders., Predigen als Beruf. Aufsätze zu Homiletik, Liturgie und Pfarramt, München 2. Aufl. 1987, 142–166.
3 Vgl. zur Komplexität und Befremdlichkeit der Pfarrerrolle vor allem M. Josuttis, Der Pfarrer ist anders, a. a. O. (Kap. 4, Anm. 7).
4 Vgl. M. Luther, Traktat von der christlichen Freiheit. 1520. WA 7,49–73.
5 Der Text findet sich (in deutscher Übersetzung nebst einem einführenden Kommentar) in: K. Rahner/H. Vorgrimler, Kleines Konzilskompendium, Freiburg/Br. 1966 (seitdem mehrfache Auflagen), 105–200.
6 Zur genaueren Information sei (das gilt für *alle* kirchlichen Berufe) auf die «Diözesanstellen Berufe der Kirche» verwiesen, die jeweils im Bischöflichen Ordinariat bzw. Generalvikariat der Diözese angesiedelt sind. Dort gibt es vielfältiges und spezielles Informationsmaterial sowie die Möglichkeit zur Beratung.
7 Beschluss: Der Religionsunterricht in der Schule, in: L. Bertsch u. a. (Hg.), Gemeinsame Synode der Bistümer in der Bundesrepublik Deutschland, Bd. I, Freiburg/Br. 1976, 123–152, hier: 150f. (3.6).
8 Dokumentiert in: Katechetische Blätter 120 (1995), 445–449.

6 Ausblick: «Studium theologiae semper est reformandum»

(Es bedarf einer fortwährenden theologischen Studienreform)

Die wie ein «roter Faden» die vorangegangenen Überlegungen durchziehende Einschätzung, dass Theologie und ihr Studium ein in vielerlei Hinsicht risikobehaftetes Unternehmen sind – was keineswegs als Abschreckung gemeint ist (!) –, möchten wir abschließend nochmals auf den Punkt bringen, indem wir tentativ – im Sinne eines Such- und Versuchsprozesses – die theologische Existenz als eine «abenteuerliche Existenz» bestimmen. Abenteuerlich soll hier nicht im Sinne von «verwegen» u. ä. verstanden werden (es geht uns nicht etwa um eine Parole wie: «Tarzan auf die Kanzel!»). Wir zielen vielmehr auf den engen Zusammenhang von Abenteuer und Risiko ab. Wer sich auf Abenteuer einlässt, riskiert etwas, weil er oder sie den Ausgang des Wagnisses nicht genau abzuschätzen weiß. Es kann etwas auf sie oder ihn zukommen, womit sie nicht gerechnet haben. Abenteuer einzugehen heißt, auf Überraschungen gefasst sein zu müssen. Der französische Begriff «aventure» – in Anlehnung an das lateinische «advenire», d. h. ankommen, entgegenkommen – bringt das treffend zum Ausdruck: Abenteuer haben die, die sie eingehen, nicht in der Kontrolle – gehen sie doch davon aus, dass sie sich auf Unvorhergesehenes einlassen.

Dass er als etwas Überraschendes, Unvorhergesehenes entgegenkommt, ist eine Eigenschaft, die der biblischen Überlieferung zufolge gerade für Gott bzw. seine Begegnung mit den Menschen kennzeichnend ist (vgl. z. B. 2. Mose 3; Jona 1; Lukas 24, 13–35). In diesem Sinn kann man den Glauben an Gott umschreiben als ein Wagnis, nämlich das Wagnis, dass Gott einem oder einer in einer Weise «entgegenkommt» – in der mehrfachen Bedeutung des Wortes –, mit der man oder frau vorher so nicht gerechnet hat, möglicherweise gar nicht rechnen wollte. Das gilt zwar für jede gläubige Existenz. Aber wenn es hier für die theologische Existenz ausdrücklich in Anschlag gebracht wird, so soll darauf verwiesen werden, dass der oder die theologisch (Aus-)Gebildete damit letztlich nichts dem oder der «normalen» Gläubigen voraushat, also kein Experte oder keine Expertin des Gottesglaubens in dem Sinn ist, dass er oder sie alles von Gott wüssten und ihn von daher genau einkalkulieren könnten. Es gibt keine Gottes-Experten, sondern – metaphorisch gesprochen – Gottes-Abenteurer. Und davon sollte auch bei Theologinnen und Theologen etwas erkennbar sein.

Wenn seit einiger Zeit mit Bezug auf die Lage des Christentums in unserem Kontext verschiedene Krisenszenarien entwickelt werden – angefangen von der Krise der Kirche(n) über die Krise der Theologie(n) bis hin zur «Gotteskrise» –, dann hängt das möglicherweise damit zusammen, dass selbst in den Reihen seiner Gläubigen zu wenig das Riskante und Irritierende, das Gott oder das Göttliche immer für Menschen impliziert, wahrgenommen und wahrgehabt gewollt wird. Wie die Kirche gern Gott nach ihrer Maßgabe – etwa mit Hilfe ihrer dogmatischen Formulierungen – verbindlich festgemacht wissen will, so tut es die Theologie gern mit Hilfe ihrer wissenschaftlichen Methoden. Gott möge es sich – bitte schön – nicht erlauben, sich einfach darüber hinwegzusetzen!

Auch wenn mit diesen Bemerkungen nicht umgekehrt einem totalen theologischen Chaotentum das Wort geredet werden soll, auch wenn nicht zu verkennen ist, dass Dogmen und Methoden ihren Sinn haben: Gerade die Theologie muss immer wieder darauf Acht geben, dass sie nicht in Versuchung gerät, Gott domestizieren zu wollen – ähnlich wie er kirchlicherseits immer wieder zu «verkirchlichen» versucht wird. Gott steht nicht in menschlicher Verfügung; er (oder sie) ist auch kein klar definier- und vermessbares Objekt irgendeiner Wissenschaft. Sich auf ihn einzulassen, zuzulassen, dass er entgegenkommt, wie er es will, ist riskant, abenteuerlich. Wo davon nichts mehr in Kirche und Theologie zu spüren ist, mögen sie alles Mögliche und sogar Wichtige tun – aber mit Gott hat es dann wahrscheinlich nicht viel zu tun.

Die Abenteuerlichkeit der Theologie und der theologischen Existenz ergibt sich auch von dem anderen Pol her, mit dem sie es konstitutiv zu tun hat: dem Menschen bzw. – besser – den Menschen. Warum der Plural zu bevorzugen ist, dürfte im Verlauf der Lektüre dieses Buchs deutlich geworden sein: Mensch sein gibt es nur in Verschiedenheit – einer Verschiedenheit, die zunächst durch verschiedenste Faktoren bedingt ist: Alter, Geschlecht, kulturelle und nationale Zugehörigkeit, sozialer Status, Religion u. a. m. Eine Verschiedenheit, die vom Schöpfungsglauben her letztlich in der einzigartigen und unverwechselbaren Würde ihren Grund hat, mit der Gott jeden Menschen ausstattet: ob weiß oder schwarz, einheimisch oder ausländisch, behindert oder nicht behindert, getauft oder nicht getauft etc. Was aus solchem Glauben für das Handeln folgt, hat Thomas Pröpper in zwei «kategorischen Imperativen» zusammengefasst, die aus dem «kategorischen Indikativ des Glaubens» resultieren: «Begegne jeder möglichen Freiheit (d. h. jedem Menschen als konstitutiv freiem Wesen, N.M.) so, dass du sie schon anerkennst und zuvorkommend als wirkliche behandelst», und: «Gib niemals einen Menschen auf und verweigere ihm deine Anerkennung nicht, auch wenn er sie (noch) nicht erwidert oder nicht mehr erwidern kann.» Und er kommentiert diese beiden Sätze wie folgt:

> «Dies bedeutet Verantwortung für die noch Unmündigen, Treue zu den Schwachen und hoffnungslos Kranken, aber auch Hinwendung zum Gegner. Es verlangt Konfliktfähigkeit und die Bereitschaft zum Risiko der Gewaltlosigkeit, das Ertragenkönnen von Unrecht, um durch Vergeltung nicht neues Unrecht zu schaffen, und die Übung zum Widerstand ohne Hass. Die Liebe zum Feind, die das Evangelium einfordert, bleibt Kriterium gläubigen Handelns.»[1]

Es versteht sich von selbst, dass ein Handeln, wie es hier im Blick ist, nicht möglich ist, solange man lediglich in den eigenen vier Wänden verbleibt. Christliche Existenz und theologische Existenz, die den zitierten Imperativen Genüge tut, ist unweigerlich eine Seinsweise, die ihren Ort – durchaus neben der mystischen Versenkung und nicht zuletzt aus ihr heraus dazu in die Lage versetzt (wie umgekehrt) – in der Öffentlichkeit und inmitten der darin stattfindenden Auseinandersetzungen sucht und hat. Es ist gerade dieses Angehaltensein zu einer wachen Zeitgenossenschaft, die das Christsein und die Reflexion darüber so spannend werden lassen kann: sich ständig neu darin einzuüben, die «Zeichen der Zeit» so zu deuten, dass die Spuren Gottes in der Welt von heute erkennbar werden: da wo Ungerechtigkeit abgebaut und ein Stück mehr Gerechtigkeit durch ein Miteinander-Teilen dessen, was man jeweils hat, geschaffen wird; wo die Logik der Macht im Sinne der Bemächtigung des anderen zugunsten der Anerkennung des anderen in seiner Andersartikeit aufgegeben wird; wo jahrhundertelang Unterdrückte Stück für Stück ihre ihnen zustehende Freiheit durch- und ins Recht setzen; wo die Fremdheit nicht als Anlass zum Ausschluss genommen, sondern zumindest geduldet wird; wo in Konflikten unermüdlich Ansätze zur Versöhnung gesucht werden; wo gegen alle Resignation und Zynismus Hoffnung auf Zukunft durchgetragen wird; wo die Begrenzung des menschlichen Lebens – trotz aller auf Grenzenlosigkeit drängenden technologischen Bemühungen – zuversichtlich angenommen wird; wo in Situationen der Aussichtslosigkeit die Betroffenen nicht einfach sich selbst überlassen werden etc.

In diesem Sinn ist es richtig, wenn der Glaube mit Grenzsituationen in Zusammenhang gebracht wird. Aber es ist ein anderer Zusammenhang, als er vielfach gemeint ist: keine bloße «Kontingenzbewältigung» als ein Sich-dem-vermeintlich-Unausweichlichen-Beugen, sondern ein Sich-Reiben und -Abarbeiten an dem, woran gerade solche Grenzsituationen stoßen lassen, und zwar im Sinne der Unterscheidung zwischen dem, was vermeidbar ist und aktiv überwunden werden kann, und dem, was unvermeidlich und zu ertragen ist und wo Trost und Mitleid als zutiefst menschliche Gesten der Verbundenheit am Platz sind. Ebenso wenig wie der (christliche) Glaube für solche Situationen jeweils fertige Lösungen parat hätte, kann die Theologie sich anmaßen, über die Weltformel zu verfügen, die es erlauben würde, alle sich stellenden Probleme erfolgreich angehen zu können. Aber es ist schon hilfreich, wenn wenigstens die richtigen und wichtigen Fragen gestellt werden und diese nicht einfach überspielt und verdrängt werden, z.B. die Frage, ob denn die Menschen wirklich alles dürfen, was sie können. Wenn Christen und Christinnen sich in diesem Sinne engagieren und wenn die Theologie dies kritisch-reflektierend begleitet und sich dafür entsprechend ihrem wissenschaftlichen Bereich einsetzt – notfalls als unbequemer Störfaktor, weil sie etwa dort existierende Tabus antastet und Mythen aufdeckt –, stehen sie praktisch und theoretisch (für manch einen oder eine vielleicht doch noch überzeugend) dafür ein, dass die Gottesrede zwar durchaus ein Relikt vergangener Zeiten ist, aber ein solches, das an Aktualität nicht eingebüßt hat.

Allerdings, was hier «nach außen» postuliert wurde, gilt auch «nach innen»: Abenteuerliches lässt sich strukturell-institutionell nur schwerlich bändigen. Von daher wird es verständlich, dass die für die Gestaltung von Kirche und Theologie unverzichtbaren Ordnungen sich schwer damit tun. Und von daher lässt es sich – um es an der Thematik dieses Buchs konkret festzumachen – möglicherweise nachvollziehen, woran es liegt, dass etwa in Sachen Konzeption des Theologiestudiums seit über 200 Jahren sich nichts Grundlegendes verändert hat.

Was sich bewährt hat, soll nicht ohne Not verändert werden, lautet eine durchaus zutreffende Faustregel. Aber trifft das für das Theologiestudium, so wie es derzeit ist, tatsächlich zu? Ist die Theologie nicht mit Herausforderungen konfrontiert und hat sie nicht infolgedessen einen dermaßen erheblichen Gestaltwandel erfahren, dass dieses auch für ihr Studium Konsequenzen haben müsste?

Gute Ansätze in diese Richtung hat es in den vergangenen Jahren genügend gegeben – aus der Überzeugung heraus, dass sich etwas ändern muss. Aber das Schicksal, das über Jahre hinweg mühsam erarbeitete Studienreformkonzepte erleiden mussten, könnte Anlass sein, bezüglich der Reformfähigkeit dieser Wissenschaft erhebliche Zweifel zu bekommen. Einzelne Fachdisziplinen machten sie nämlich zunichte, indem sie lediglich danach fragten, ob ihr Anteil im «Stundenkuchen» der Studiengänge vergrößert oder verkleinert worden sei – eine kurzsichtige Bezogenheit auf Eigeninteressen, die kein Verständnis für das Ganze aufzubringen bereit war.[2]

Auch wenn sich gegenwärtig das Klima für mögliche Veränderungen nicht verbessert hat, sondern der Gegenwind teilweise noch heftiger geworden ist, sei das Feld nicht einfach denen überlassen, die den theologischen Status quo einfach stabilisieren, wenn nicht gar noch weiter zurückdrehen möchten. In diesem Sinn möchten die folgenden Postulate zu einer – nicht nur wünschenswerten, sondern längst fälligen – Reform des Theologiestudiums beitragen und einer sich verbreitenden Resignation, es ließe sich eh nichts ändern, nicht das letzte Wort lassen. Sie gehen davon aus, dass sich die Voraussetzungen des Theologiestudiums erheblich verändert haben, angefangen von der nicht mehr ohne weiteres gegebenen kirchlichen Sozialisation der Studierenden über die Pluralität innerhalb der Theologie selbst bis hin zu der Ausdifferenzierung des Berufsfeldes von Theologen und Theologinnen. Dabei soll das Studium zum Erwerb einer theologischen Urteilskraft verhelfen, verbunden mit pastoralen und (päd-)agogischen Handlungskompetenzen, «die ‹Denken und Handeln im Geiste Jesu› angesichts der gegenwärtigen Situation ermöglichen»[3] – und es hat sich dabei dessen bewusst zu sein, dass das ohne Risiko, sich auf Neues, Ungewohntes, Nicht-Bewährtes einzulassen, nicht zu haben ist.

1. An die Stelle des kumulativen Lernens hat das Prinzip des *exemplarischen Lernens* zu treten. Als kumulativ wird ein Lernen im Sinne einer ständigen Addition von Wissensbeständen verstanden, die schließlich, wenn sie angeeignet sind, zur Anwendung gebracht werden können. Davon zu unterscheiden ist ein dialektisches bzw. existenzielles Lernen: Dieses wird ausgelöst – oder kann ausgelöst werden – durch die Konfrontation mit «Erfahrungen, die – werden sie wirklich zugelassen – bisher erworbene Weisen des Umgangs mit Wirklichkeit sowie das eigene Selbstverständnis sprengen. Ihre adäquate Verarbeitung zwingt zur Selbstfindung und zum Aufbau von Handlungskompetenzen auf einem neuen Niveau.»[4]

Dass bislang im Theologiestudium weitgehend das kumulative Lernen dominiert, hängt mit der erfolgten Ausdifferenzierung der Einzeldisziplinen zusammen und mit der Vorstellung, dass die Studierenden sich zumindest mit den jeweiligen Grundkenntnissen in diesen Einzeldisziplinen vertraut machen müssten. Auf diese Weise kommt es zwangsläufig zu einer Anhäufung von Wissensinhalten, die schließlich abgeprüft werden. Die Studierenden erleben so die Theologie als eine Addition dieser Einzeldisziplinen. Mit der Frage, wie diese zusammengehören, werden sie weitgehend allein gelassen. Der Stundenplan ist dermaßen voll, dass kaum mehr Freiräume gegeben sind.

Exemplarisches Lernen meint demgegenüber, von der Vorstellung, alle möglichen Inhalte müssten vermittelt werden, loszukommen und stattdessen die Studierenden – gemeinsam mit den Lehrenden – zur Auseinandersetzung mit ausgewählten komplexen theologischen Fragestellungen zu führen, die unter Berücksichtigung der unterschiedlichen Dimensionen (z. B. biblisch, historisch, dogmatisch, religionspsychologisch etc.) und unter Zuhilfenahme der entsprechenden Fächer einer Lösung zuzuführen sind. Der Vorteil eines solchen «Projektstudiums»[5] ist, dass anhand des jeweiligen Problems gelernt werden kann, wie die verschiedenen Bereiche innerhalb der Theologie zusammengehören (wobei diese «Einheit» keineswegs immer organisch ausfallen muss, sondern sich auch als sperrig erweisen kann) und dass zugleich ein vergleichender Einblick in die «Logik» der Einzeldisziplinen ermöglicht wird. Hinzu kommt, dass das Studium praxisorientierter erfolgen kann, ohne deswegen theorieloser zu werden.[6] Und es kommt unweigerlich – ein dialektisches Lernen begünstigend – die existenzielle Dimension ins Spiel, was nicht mit einem beliebigen Subjektivismus zu verwechseln ist.

Wie sich so etwas inhaltlich ausgestalten könnte, dazu hat Helga Kuhlmann einige interessante Vorschläge entwickelt:

> «Fachintern wäre einiges anders zu gewichten. Die theologische Ethik, die in der Öffentlichkeit nicht selten mit theologischer Kompetenz identifiziert wird, ist der Dogmatik gleichzustellen, ohne dass sie damit ihre Verbindung zur Dogmatik aufkündigen muss. Religionsvergleichende und ökumenische Studien sowie empirische Studien über Religiosität sollten größeren Raum bekommen. Des Weiteren halte ich es für wichtig, in Forschung und Lehre gegenwartsrelevante Themen in Auseinandersetzung mit klassischen Themen und Ansätzen aufzugreifen, das betrifft sowohl Fragen der Technisierung und Ökonomisierung wie durch die feministische Theologie und neue religiöse Bewegungen aufgeworfene Fragen nach Spiritualität, Natur, Leiblichkeit, Sterben, Gewalt, Sex und Gender, die Frage nach dem Verständnis und den Grenzen von Leben sowie nach dem Leben nach dem Tod. Diese Themen als ‹Mode› oder als ‹Zeitgeist› abzuqualifizieren, verkennt die Chance, die darin liegt, dass Menschen in ihren lebensweltlichen Zusammenhängen nach den Möglichkeiten eines christlichen Umgangs mit diesen Problemen fragen, missachtet den Reichtum der jüdisch-christlichen Tradition, die sich die-

sen Fragen ohne Dünkel zugewandt hat, und geht leichtfertig über den Ernst der Suche von Frauen und Männern nach tragfähigen Antworten eines reflektierten Glaubens auf die in den Nöten ihres Lebens aufbrechenden individuellen und gesellschaftlichen Probleme hinweg.»[7]

Zum Teil sind in diesem Zitat bereits die folgenden Punkte vorweggenommen:

2. Das Prinzip des exemplarischen Lernens gibt dem *partizipativen Lernen* einen Vorrang vor dem rezeptiven Lernen. Partizipatives Lernen meint, dass die Lernenden bzw. Studierenden aktiv den Prozess des Lernens und Forschens mitgestalten können. Dieses ist keineswegs eine neue Idee, sondern sie liegt der klassischen Vorstellung der Universität als Lehr-Lern-Gemeinschaft zugrunde. Lehren und Lernen sollen demnach als Wechselverhältnis begriffen und konzipiert werden. Am ausdrücklichsten ist das beim gemeinsamen forschenden Lernen eingelöst. Aber selbst im propädeutischen (d. h. auf das wissenschaftliche Arbeiten vorbereitenden und in es einführenden) Bereich kann die Selbständigkeit und aktive Beteiligung der Studierenden gefördert werden. Dies geschieht insbesondere dadurch, dass nicht nur Inhalte vermittelt werden, sondern – wiederum exemplarisch – die Erkenntnisprozesse dazu rekonstruiert und kritisch evaluiert (überprüft) werden.

Mit diesen Bemerkungen soll nicht abgestritten werden, dass auf rezeptives Lernen nicht gänzlich verzichtet werden kann. Aber es ist dort verfehlt, wo es nur um eines bestimmten Stoffs willen gefordert wird und es nicht zu Möglichkeiten partizipativen Lernens überleitet. Beides sollte in einem gediegenen Verhältnis zueinander stehen, was mit Blick auf die geltende Studienordnung heißt, dass der Anteil von Wahlmöglichkeiten beträchtlich zu erhöhen ist.

3. Gerade in der Theologie und ihrem Studium ist mit dem partizipativen Lernen ein weiterer Aspekt verbunden. Involvieren sie doch, wie ausführlich dargelegt, in hohem Maß den eigenen Glauben und damit die ganze Existenz. Dabei kann das Theologie-Lernen teils als verunsichernd, teils als befreiend erfahren werden; nicht selten führt es in Krisen, in deren Verlauf es auch zu einer Transformation des bisherigen Glaubens kommen kann. Das bedeutet, dass die Studierenden alles andere als eine «tabula rasa»

sind, die zuallererst mit theologischen Lehren voll zu stopfen wäre. Sondern sie bringen bereits ihre je individuelle «Theologie» mit sich. Diese ausdrücklich thematisieren und aufarbeiten zu können, ist nicht nur Sache der spirituellen Begleitung. Sondern im Sinne einer kritisch-diskursiven Vergewisserung muss sich dies auch das Theologiestudium – im Sinne des bereits charakterisierten *existenziellen Lernens* – angelegen sein lassen, will es wirklich ein lebenslanges Theologie-Lernen in Gang bringen und nicht in verhängnisvoller Weise wissenschaftlich-kritische Reflexion und spirituelle Erbauung auseinander driften lassen. Zur theologischen Existenz gehören lebenslange Bildung und Reifung in beiden Bereichen – mitsamt den sowohl existenziell-psychischen als auch intellektuell-kognitiven Krisen und Transformationen, die damit einhergehen.

4. Zum Erwerb einer heute angemessenen theologischen Urteilskraft ist es erforderlich, dass das Theologiestudium als *ökumenisches Lernen* konzipiert wird. Für ökumenisches Lernen[8] ist kennzeichnend, dass es auf ein weltkirchliches Bewusstsein zielt und in gleichem Maß sensibel ist für den je eigenen Kontext, dass es die ganze ökumenische Christenheit in den Blick nimmt und darüber hinaus fähig werden lässt zum interkulturellen und -religiösen Dialog und dass es sich von der Sorge um die gegenwärtigen und künftigen Lebensbedingungen für alle Menschen und um eine bewohnbare Erde leiten lässt.

Das kann und braucht hier nicht im Einzelnen entfaltet zu werden. Es sei lediglich daran erinnert, dass gerade im Bereich der katholischen Kirche an einer bewährten Tradition angeknüpft werden kann, die nur in modifizierter Weise fortgesetzt werden müsste: Um solche weltkirchlichen und ökumenischen Erfahrungen auch im Studium machen zu können – was nach Kräften gefördert zu werden verdient –, führen nicht länger alle Wege bloß nach Rom, sondern in alle Welt.

Anmerkungen

[1] Th. Pröpper, Erlösungsglaube und Freiheitsgeschichte. Eine Skizze zur Soteriologie, München 2. Aufl. 1988, 224.

[2] Beispielhaft ließe sich dies aufzeigen an der Geschichte der Theologiestudienreformdiskussion der jüngeren Zeit auf katholischer Seite, die zwar gescheitert, dafür aber gut dokumentiert ist: vgl. die sechsbändige Dokumentation «SKT – Studium Katholische Theologie», hg. von der Kommission «Curricula in Theologie» des Westdeutschen Fakultätentages durch E. Feifel, Zürich/Einsiedeln/Köln 1973–1980. – Vgl. auch als «historisches Dokument» auf evangelischer Seite W. Herrmann/G. Lautber (Hg.), Theologiestudium. Entwurf einer Reform, München 1965.

[3] W. Fürst, Praktisch-theologische Urteilskraft, Zürich/Einsiedeln/Köln 1986, 220.

[4] H. Peukert, Kontingenzerfahrung und Identitätsfindung. Bemerkungen zu einer Theorie der Religion und zur Analytik religiös dimensionierter Lernprozesse, in: J. Blank/G. Hasenhüttl (Hg.), Erfahrung, Glaube und Moral, Düsseldorf 1982, 76–102, hier: 101.

[5] Vgl. dazu u. a. G. Otto, Curricula für das Studium der Praktischen Theologie?, in: F. Klostermann/R. Zerfaß (Hg.), Praktische Theologie heute, München/Mainz 1974, 567–585, bes. 579 ff. – Zu einer entsprechenden Gesamtkonzeption des Studiums vgl. insbesondere D.S. Browning, A Fundamental Practical Theology, Minneapolis 1991.

[6] Zur angemessenen Bestimmung vgl. z. B. W.G. Jeanrond, Zwischen Praxis und Theorie: Theologie in der Orientierungskrise, in: Concilium 28 (1992), 486–490.

[7] H. Kuhlmann, Die Unselbstverständlichkeit des christlichen Glaubens – eine Chance für die Theologie an der Universität?, in: Pastoraltheologie 87 (1998), 518–533, hier: 532.

[8] Aus der zahlreichen Literatur zum Thema sei hier verwiesen auf G. Orth (Hg.), Dem bewohnbaren Erdkreis Schalom. Beiträge zu einer Zwischenbilanz ökumenischen Lernens, Münster o. J.; K. Piepel, Lerngemeinschaft Weltkirche, Aachen 1992.

Mitarbeit: Hanno Hagemann

1 Nützliche Arbeitsinstrumente für das Studium und einführende Literatur

Im Theologiestudium wird sehr viel mit Literatur gearbeitet, sodass Verzeichnisse, die einen·überschaubaren Überblick über das Gesamt der Theologie und ihrer Einzeldisziplinen verschaffen, eine wertvolle Hilfe sind. Dies leisten zwei Kataloge, die – jährlich aktualisiert – von Zusammenschlüssen theologischer Verlage kostenlos zur Verfügung gestellt werden und in gut sortierten Buchhandlungen ausliegen:

• Studium Theologie. Ein evangelisch-katholisches Literaturverzeichnis. Es enthält Lehrbücher, Quellen- und Nachschlagewerke sowie Literatur für Seminare, Übungen und zur Examensvorbereitung aus über 50 Verlagen (Vertrieb: Otfried Seipel, Gütersloher Verlagshaus, Postfach 450, 33311 Gütersloh).

• Religion, Ethik, Philosophie. Lehr- und Arbeitsmittel für Schule und Gemeinde. Ein stärker auf die Schulpraxis ausgerichtetes Kompendium der lieferbaren Bücher und Materialien aus 50 Verlagen für die Fachgebiete Religion, Ethik, Philosophie, Werte und Normen und LER., herausgegeben vom Verlagsring Religionsunterricht (VRU; Vertrieb: VRU-Informationsstelle, Postfach 2208, 77912 Lahr).

Es zeichnet sich ab, dass elektronische Literaturdateien (CD-ROMs oder Internet) auch im theologischen Bereich immer stärkere Verbreitung finden. Eine empfehlenswerte Adresse, um an umfangreiche Datenbanken heranzukommen, die sehr gut erschließbar sind (über Schlagwörter etc.), ist das Comenius-Institut (Schreiberstr. 12, 48149 Münster).

Apropos «Internet»: Ohne dem wird es auch im Theologiestudium bald kaum mehr gehen. Es gibt zwei leicht verständliche Einführungen:

• Andreas Mertin, Internet im Religionsunterricht, Göttingen 2000.

• Wolfgang Nethöfel/Paul Tiedemann, Internet für Theologen, Darmstadt 1999.

Im theologischen Schrifttum begegnen zahlreiche Abkürzungen (für Zeitschriften, Lexika, Standardwerke etc.), die mit der Zeit zwar vertraut werden, besonders anfangs aber eher verwirrend erscheinen. Zu ihrer Entschlüsselung dient als gewissermaßen verbindliche Grundlage:

• Siegfried M. Schwertner, Internationales Abkürzungsverzeichnis für Theologie und Grenzgebiete, Berlin u. a. 2. Aufl. 1999 (abgekürzt: IATG). Ansonsten ist jedem mehrbändigen theologischen Lexikon im 1. Band ein Abkürzungsverzeichnis vorangestellt.

Für Studienanfänger und -anfängerinnen verwirrend ist weiterhin die Fülle von Fremd- und Fachwörtern; sie werden «übersetzt» in

• Friedrich Hauck/Gerhard Schwinge, Theologisches Fach- und Fremdwörterbuch, Göttingen 8. Aufl. 1997.

Seit längerem bestens bewährt hat sich als allgemeine Einführung in das wissenschaftlich-theologische Arbeiten sowie in die theologische Bücherkunde

• Albert Raffelt, Proseminar Theologie, Freiburg/Br. 2. Aufl. 1992.

Eine Hinführung zur Theologie nicht als akademische Theologie, sondern als ein «Handwerk», das erlernt werden kann, liegt vor mit

• Clemens Sedmak, Theologie als «Handwerk». Eine kleine Gebrauchsanweisung, Regensburg 1999.

Die folgende Literaturübersicht konzentriert sich auf zur Einführung geeignete oder einen Überblick vermittelnde Standardwerke zum Gesamt der Theologie und ihren Einzeldisziplinen (Stand: Frühjahr 2000).

2 Allgemeine Einführungen und Grundlagentexte

Karl Barth, Einführung in die evangelische Theologie, Zürich 4. Aufl. 1987.

Der Glaube der Christen. Bd. 1: Ein ökumenisches Handbuch, Bd. 2: Ein ökumenisches Lexikon, hg. von Eugen Biser/Ferdinand Hahn/Michael Langer, München/Stuttgart 1999.

Roman Heiligenthal u. a., Einführung in das Studium der Evangelischen Theologie, Stuttgart 1999.

Barbara Henze (Hg.), Studium der Katholischen Theologie, Paderborn u. a. 1995.

Dorothee Sölle, Gott denken. Einführung in die Theologie, München 1997.

Josef Wohlmuth (Hg.), Katholische Theologie heute. Eine Einführung in das Studium, Würzburg 2. Aufl. 1995.

Zu den verschiedenen Bibel-Ausgaben wird auf die exegetischen Handbücher verwiesen.

Heinrich Denzinger, Enchiridion symbolorum definitionum et
declarationum de rebus fidei et morum/Kompendium der
Glaubensbekenntnisse und kirchlichen Lehrentscheidungen.
Lateinisch-Deutsch, hg. von Peter Hünermann, Freiburg/Br. u. a.
38. Aufl. 1997 (DH).

Deutscher evangelischer Kirchenausschuss (Hg.), Die Bekenntnisschriften
der evangelisch-lutherischen Kirche, Göttingen 1992.

Wichtige Grundlagentexte zum christlichen Glauben enthalten auch das
«Evangelische Gesangbuch» sowie das «Gotteslob».

3 Allgemeine Lexika und Nachschlagewerke

Evangelisches Kirchenlexikon (EKL). Internationale theologische
Enzyklopädie, hg. von Erwin Fahlbusch u. a., 4 Bde. und Registerband,
Göttingen 3. Aufl. 1986 ff.

Lexikon für Theologie und Kirche (LThK), hg. von Walter Kasper, 10 Bde.
und Registerband, Freiburg/Br. u. a. 3. Aufl. 1993 ff.

Neues Handbuch theologischer Grundbegriffe (NHThG), hg. von Peter
Eicher, erweiterte Neuausgabe in 5 Bden, München 1991 (Neuaufl. i.V.).

Die Religion in Geschichte und Gegenwart (RGG), hg. von Hans Dieter
Betz u. a., 8 Bde. und Registerband, Tübingen 4. Aufl. 1998 ff.

Theologische Realenzyklopädie (TRE), hg. von Gerhard Krause und
Gerhard Müller, Berlin/New York 1976 ff.

Wie ersichtlich, handelt es sich bei den meisten der hier aufgeführten
Lexika um neu bearbeitete Neuauflagen von Vorgängerwerken; es sei
ausdrücklich auch auf die jeweils älteren Auflagen, die meist auch in den
Bibliotheken zu finden sind, verwiesen.

4 Bibel und Exegese
4.1 Allgemein

Ingo Baldermann, Einführung in die Bibel, Göttingen 4. Aufl. 1993.

Horst Berg, Ein Wort wie Feuer: Wege lebendiger Bibelauslegung,
München 3. Aufl. 1996.

Christoph Dohmen/Thomas Söding, Eine Bibel – zwei Testamente.
Positionen Biblischer Theologie, Paderborn u. a. 1995.

Jahrbuch für Biblische Theologie (JBTh), hg. von Ingo Baldermann u. a.,
Neukirchen-Vluyn 1985 ff.

Klaus Koch, Was ist Formgeschichte?, Neukirchen-Vluyn 5. Aufl. 1989.

Kompendium Feministische Bibelauslegung, hg. von Luise Schottroff und
Marie-Theres Wacker, Gütersloh 2. Aufl. 1998.

Bernhard Lang, Die Bibel. Eine kritische Einführung, Paderborn u. a. 1994.

Neues Bibel-Lexikon, hg. von Manfred Görg und Bernhard Lang, Zürich 1991 ff.

Werner Stenger, Biblische Methodenlehre, Düsseldorf 1987.

Peter Stuhlmacher. Wie treibt man Biblische Theologie?, Neukirchen-Vluyn 1995.

4.2 Altes Testament

Rainer Albertz, Religionsgeschichte Israels in alttestamentlicher Zeit, 2 Bde., Göttingen 2. Aufl. 1996 f.

Frank Crüsemann, Die Tora: Theologie und Sozialgeschichte des alttestamentlichen Gesetzes, Gütersloh 2. Aufl. 1997.

Alfons Deissler, Die Grundbotschaft des Alten Testaments, Freiburg/Br. 1995 (Neuausgabe).

Herbert Donner, Geschichte des Volkes Israel und seiner Nachbarn in Grundzügen, 2 Teile, Göttingen 2. Aufl. 1995.

Gerhard von Rad, Theologie des Alten Testaments, 2 Bde., 10. Aufl. Gütersloh 1992 f.

Rolf Rendtorff, Das Alte Testament: Eine Einführung, Neukirchen-Vluyn 5. Aufl. 1995.

Werner H. Schmidt, Einführung in das Alte Testament, Berlin 5. Aufl. 1995.

Hans-Christoph Schmitt, Arbeitsbuch Altes Testament, Göttingen 2000.

Theologisches Handwörterbuch zum Alten Testament, hg. von Ernst Jenni und Claus Westermann, 2 Bde., Gütersloh 5. Aufl. 1994 f.

Theologisches Wörterbuch zum Alten Testament, hg. von Heinz-Josef Fabry und Helmer Ringgren, 9 Bde. und Registerband, Stuttgart 2. Aufl. 1994 ff.

4.3 Neues Testament

Klaus Berger, Theologiegeschichte des Urchristentums. Theologie des Neuen Testaments, Tübingen/Basel 2. Aufl. 1995.

Rudolf Bultmann, Theologie des Neuen Testaments, hg. von Otto Merk, Tübingen 9. Aufl. 1984.

Hans Conzelmann/Andreas Lindemann, Arbeitsbuch zum Neuen Testament, Stuttgart 12. Aufl. 1998.

Wilhelm Egger, Methodenlehre zum Neuen Testament. Eine Einführung in linguistische und historisch-kritische Methoden, Freiburg/Br. 4. Aufl. 1995.

Exegetisches Wörterbuch zum Neuen Testament, hg. von Hort Balz und Gerhard Schneider, 3 Bde., Stuttgart u. a. 2. Aufl. 1992.

Annette Merz / Gerd Theißen, Der historische Jesus. Ein Lehrbuch, Göttingen 2. Aufl. 1997.

Jürgen Roloff, Neues Testament, Neukirchen-Vluyn 7. Aufl. 1999.

E.P. Sanders, Paulus. Eine Einführung (Reclam UB 9365), Stuttgart 1995.

Luise Schottroff, Lydias ungeduldige Schwestern: Feministische Sozialgeschichte des frühen Christentums, Gütersloh 2. Aufl. 1996.

Elisabeth Schüssler-Fiorenza, Zu ihrem Gedächtnis ... Eine feministisch-theologische Rekonstruktion der christlichen Ursprünge, Gütersloh 2. Aufl. 1993.

Thomas Söding, Wege der Schriftauslegung. Methodenbuch zum Neuen Testament, Freiburg / Br. 1998.

Ekkehard Stegemann / Wolfgang Stegemann, Urchristliche Sozialgeschichte, Stuttgart u. a. 2. Aufl. 1997.

Theologisches Wörterbuch zum Neuen Testament, hg. von Gerhard Kittel und Gerhard Friedrich, Stuttgart u. a. 1979.

5 Judaica / jüdische Theologie

Der Babylonische Talmud, übers. von Lazarus Goldschmidt, 12 Bde., Berlin 4. Aufl. 1996

Leo Baeck, Das Wesen des Judentums, Gütersloh 1998.

Encyclopaedia Judaica, New York 1971 f.

Martin Hengel (Hg.), Übersetzung des Talmud Yerushalmi, Tübingen 1975 ff.

Hermann Lichtenberger u. a., Jüdische Schriften aus griechisch-hellenistischer Zeit, Gütersloh 1973 ff.

Johann Maier, Die Qumran-Essener. Texte vom Toten Meer I–III (deutsche Übersetzung), München / Basel 1995 f.

Leo Prijs, Die Welt des Judentums, München 3. Aufl. 1996.

Karl-Heinz Rengstorf / Leonhard Rost, Die Mischna. Text, Übersetzung und ausführliche Erklärung, Berlin 1956 ff.

Peter Schäfer / Johann Maier (Hg.), Kleines Lexikon des Judentums, Stuttgart 2. Aufl. 1987.

Günter Sternberger, Einleitung in Talmud und Midrasch, München 4. Aufl. 1993.

Ders., Der Talmud. Einführung – Texte – Erläuterungen, München 3. Aufl. 1994.

6 Kirchengeschichte

Kurt Aland, Kirchengeschichte in Zeittafeln und Überblicken, Gütersloh
2. Aufl. 1991.

Georg Denzler/Carl Andresen, dtv-Wörterbuch Kirchengeschichte,
München 5. Aufl. 1997.

Die Geschichte des Christentums. Von den Anfängen bis zur Gegenwart,
hg. von Jean-Marie Mayeur u. a., 14 Bde., Freiburg/Br. 1991 ff.

Handbuch der Dogmen- und Theologiegeschichte, hg. von Carl Andresen,
3 Bde., Göttingen 2. Aufl. 1998.

Kirchen- und Theologiegeschichte in Quellen, hg. von Heiko A. Oberman
u. a., Neukirchen-Vluyn 1994 ff.

Bernhard Lohse, Epochen der Dogmengeschichte, Münster 8. Aufl. 1994.

Bernd Moeller, Geschichte des Christentums in Grundzügen, Göttingen
6. Aufl. 1996.

Wolfgang Schnabel (Hg.), Grundwissen zur Theologie- und
Kirchengeschichte, 5 Bde., Gütersloh 1988 ff.

7 Systematische Theologie
7.1 Allgemein

Leornardo und Clodoviş Boff, Wie treibt man Theologie der Befreiung?,
Düsseldorf 1986.

Hermann Deuser, Kleine Einführung in die Systematische Theologie,
Stuttgart 1999.

Ignacio Ellacuría/Jon Sobrino (Hg.), Mysterium Liberationis.
Grundbegriffe der Theologie der Befreiung, 2 Bde., Luzern 1995 f.

Handbuch Systematischer Theologie, hg. von Carl Heinz Ratschow,
Gütersloh 1979 ff.

Johann Baptist Metz, Zum Begriff der neuen Politischen Theologie.
1967–1997, Mainz 1997.

Lucia Scherzberg, Grundkurs Feministische Theologie, Mainz 1995.

Systematische Theologie. Konzeptionen und Probleme im
20. Jahrhundert, hg. von Hermann Fischer und Georg Strecker,
Stuttgart 1992.

Wörterbuch der Feministischen Theologie, hg. von Elisabeth Gössmann
u. a., Gütersloh 1991 (Neuaufl. i.V.).

Joachim Zehner, Arbeitsbuch Systematische Theologie: Eine
Methodenhilfe für Studium und Praxis, Gütersloh 1998.

7.2 Fundamentaltheologie

Heinrich Fries, Fundamentaltheologie, Graz 2. Aufl. 1985.

Eberhard Jüngel, Gott als Geheimnis der Welt, Tübingen 6. Aufl. 1992.

Klaus Müller (Hg.), Fundamentaltheologie, Regensburg 1998.

Karl Heinz Neufeld, Fundamentaltheologie, Stuttgart 1993.

Gerhard Sauter, Zugänge zur Dogmatik. Eine Fundamentaltheologie, Göttingen 1998.

Perry Schmidt-Leukel, Grundkurs Fundamentaltheologie, München 1999.

7.3 Dogmatik

Christofer Frey, Dogmatik. Ein Studienbuch, Gütersloh 3. Aufl. 1993.

Wilfried Härle, Dogmatik, Berlin/New York 1999.

Handbuch der Dogmatik, hg. von Theodor Schneider, 2 Bde., Düsseldorf 2. Aufl. 1995.

Lexikon der katholischen Dogmatik, hg. von Wolfgang Beinert, Freiburg/Br. 1997.

Friedrich Mildenberger, Grundwissen der Dogmatik, Stuttgart 4. Aufl. 1995.

Karl Rahner, Grundkurs des Glaubens, Freiburg/Br. u. a. 1976.

Edmund Schlink, Ökumenische Dogmatik, Göttingen 2. Aufl. 1993.

7.4 Ethik/Moraltheologie

Johannes Fischer, Leben aus dem Geist. Zur Grundlegung christlicher Ethik, Zürich 1994.

Handbuch der christlichen Ethik, hg. von Anselm Hertz u. a., 3 Bde.., Freiburg/Br. u. a. 2. Aufl. 1993.

Friedhelm Hengsbach u. a. (Hg.), Jenseits Katholischer Soziallehre. Neue Entwürfe christlicher Gesellschaftsethik, Düsseldorf 1993.

Gerfried W. Hunold/Thomas Laubach, Theologische Ethik. Ein Werkbuch, Tübingen/Basel 1999.

Ulrich H.J. Körtner, Evangelische Sozialethik. Grundlagen und Themenfelder, Göttingen 1999.

Hartmut Kress/Karl-Fritz Daiber, Theologische Ethik – Pastoralsoziologie, Stuttgart 1996.

Jean-Pierre Wils/Dietmar Mieth, Grundbegriffe der christlichen Ethik, Paderborn u. a. 1992.

7.5 Ökumenische Theologie

Dokumente wachsender Übereinstimmung. Sämtliche Berichte und Konsenstexte interkonfessioneller Gespräche auf Weltebene, hg. von Hans Meyer u. a., 2 Bde., Paderborn / Frankfurt 1992.

Reinhard Frieling u. a., Konfessionskunde. Orientierung im Zeichen der Ökumene, Stuttgart 1999.

Peter Neuner, Ökumenische Theologie. Die Suche nach der Einheit der christlichen Kirchen, Darmstadt 1997.

Konrad Raiser, Ökumene im Übergang. Paradigmenwechsel in der ökumenischen Bewegung, München 1989.

Dietrich Ritschl / Werner Ustorf, Ökumenische Theologie – Missionswissenschaft, Stuttgart 1994.

7.6 Missionswissenschaft / Kontextuelle Theologie

Jahrbuch für kontextuelle Theologien, hg. vom Missionswissenschaftlichen Institut Missio e.V., Frankfurt / M. 1994 ff.

Karl Müller / Theo Sundermeier (Hg.), Lexikon missionstheologischer Grundbegriffe, Berlin 1987.

Robert J. Schreiter, Abschied vom Gott der Europäer. Zur Entwicklung regionaler Theologien, Salzburg 1992.

Franz Verstraelen e.a. (eds.), Missiology. An Ecumenical Introduction, London 1995.

Joachim Wietzke (Hg.), Was heißt Mission?, Hamburg 1990.

7.7 Religionstheologie

Karl-Josef Kuschel (Hg.), Christentum und nichtchristliche Religionen, Darmstadt 1994.

Hans-Gerd Schwandt (Hg.), Pluralistische Theologie der Religionen. Eine kritische Sichtung, Frankfurt / M. 1998.

8 Praktische Theologie
8.1 Gesamt

Peter C. Bloth, Praktische Theologie, Stuttgart 1994.

Reimund Blühm u. a., Kirchliche Handlungsfelder, Stuttgart 1993.

Anton A. Bucher, Einführung in die empirische Sozialwissenschaft. Ein Arbeitsbuch für TheologInnen, Stuttgart 1994.

Handbuch Praktische Theologie, hg. von Herbert Haslinger, 2 Bde., Mainz 1999 f.

Das Handeln der Kirche in der Welt von heute. Ein pastoraltheologischer

Grundriss, hg. von der Konferenz der bayerischen Pastoraltheologen, München 1994.

Michael Meyer-Blanck / Birgit Weyel, Arbeitsbuch Praktische Theologie, Gütersloh 1999.

Eberhard Winkler, Praktische Theologie elementar, Neukirchen-Vluyn 1997.

Friedrich Wintzer u. a., Praktische Theologie, Neukirchen-Vluyn 5. Aufl. 1997.

8.2 Liturgiewissenschaft / Homiletik

Wilfried Eigemann, Einführung in die Homiletik, Tübingen / Basel 2000.

Handbuch der Liturgik, hg. von Hans-Christoph Schmidt-Lauber und Karl-Heinrich Bieritz, Göttingen 1995.

Hans-Günter Heimbrock, Gottesdienst: Spielraum des Lebens, Weinheim 1998.

Manfred Josuttis, Der Weg ins Leben. Eine Einführung in den Gottesdienst auf verhaltenswissenschaftlicher Grundlage, Gütersloh 2. Aufl. 1993.

Michael Kunzler, Die Liturgie der Kirche, Paderborn 1995.

Bernhard Lang, Heiliges Spiel. Eine Geschichte des christlichen Gottesdienstes, München 1998.

Hans Martin Müller, Homiletik, Berlin / New York 1996.

Klaus Müller, Homiletik. Ein Handbuch für kritische Zeiten, Regensburg 1994.

8.3 Kirchenrecht

Winfried Aymans / Klaus Mörsdorf, Kanonisches Recht, 2 Bde., Paderborn 1991 / 1997.

Handbuch des Staatskirchenrechts in der Bundesrepublik Deutschland, hg. von Joseph Listl u. Dietrich Pirson, 2 Bde., Berlin 2. Aufl. 1994 / 95.

Peter Krämer, Kirchenrecht, 2 Bde., Stuttgart 1992 f.

Richard Puza, Katholisches Kirchenrecht, Heidelberg 2. Aufl. 1993.

Albert Stein, Evangelisches Kirchenrecht, Neuwied 3. Aufl. 1992.

8.4 Religionspädagogik

Gottfried Adam / Rainer Lachmann (Hg.), Religionspädagogisches Kompendium, Göttingen 5. Aufl. 1997.

Handbuch religionspädagogischer Grundbegriffe, hg. von Gottfried Bitter und Gabriele Miller, 2 Bde., München 1986 (Neuaufl. i.V.).

Jahrbuch der Religionspädagogik (JRP), hg. von Peter Biehl u. a., Neukirchen-Vluyn 1985 ff.

Lexikon der Religionspädagogik (LexRP), hg. von Norbert Mette und
Folkert Rickers, Neukirchen-Vluyn 2000.
Norbert Mette, Religionspädagogik, Düsseldorf 1994.
Karl Ernst Nipkow, Bildung in einer pluralen Welt, 2 Bde., Gütersloh 1998.
Friedrich Schweitzer, Lebensgeschichte und Religion. Religiöse
Entwicklung und Erziehung im Kindes- und Jugendalter, Gütersloh
4. Aufl. 1999.

8.5 Seelsorgewissenschaft
Isidor Baumgartner (Hg.), Handbuch der Pastoralpsychologie, Regensburg
1990.
Manfred Josuttis/Heinz Schmidt/Stefan Schlopp, Auf dem Weg zu einer
seelsorgerlichen Kirche, Göttingen 2000.
Joachim Scharfenberg, Einführung in die Pastoralpsychologie, Göttingen
2. Aufl. 1994.
Klaus Winkler, Seelsorge, Berlin/New York 1996.
Jürgen Ziemer, Seelsorgelehre. Eine Einführung für Studium und Praxis,
Göttingen 2000.

8.6 Diakonik
Hermann Steinkamp, Solidarität und Parteilichkeit. Für eine neue Praxis in
Kirche und Gemeinde, Mainz 1994.
Reinhard Turre, Diakonik, Neukirchen-Vluyn 1991.

9 Theologische Grenzgebiete
9.1 (Religions-)Philosophie
Wilhelm Gräb (Hg.), Religion als Thema der Theologie,
Gütersloh 2000.
Norbert Hoerster (Hg.), Glaube und Vernunft. Texte zur
Religionsphilosophie, Stuttgart 1988.
Willi Oelmüller u. a. (Hg.), Diskurs: Religion, Paderborn 3. Aufl. 1995.
Ders./Ruth Dölle-Oelmüller, Grundkurs Religionsphilosophie, München
1997.
Hans Zirker, Religionskritik, Düsseldorf 3. Aufl. 1995.

9.2 Religionspsychologie/Religionssoziologie
Karl Wilhelm Dahm/Volker Drehsen/Günter Kehrer, Das Jenseits der
Gesellschaft. Religion im Prozess sozialwissenschaftlicher Kritik,
München 1975.
Bernhard Grom, Religionspsychologie, Göttingen 1992.

Christian Henning/Erich Nestler, Religionspsychologie heute,
Frankfurt/M. 2000.
Volkhard Krech, Religionssoziologie, Bielefeld 1999.
Joachim Matthes, Religion und Gesellschaft/Kirche und Gesellschaft.
Einführung in die Religionssoziologie I und II, Reinbek 1967 f.
Michael Utsch, Religionspsychologie, Stuttgart 1998.
Wörterbuch der Religionspsychologie, hg. von Siegfried R. Dune,
Gütersloh 1993.
Wörterbuch der Religionssoziologie, hg. von Siegfried R. Dunde,
Gütersloh 1994.

9.3 Religionswissenschaft

Handbuch religionswissenschaftlicher Grundbegriffe, hg. von Hubert
Cancik u. a., Stuttgart 1988 ff.
Metzler Lexikon Religion Gegenwart – Alltag – Medien, hg. von
Christoph Auffrath u. a., 3 Bde. und Registerband, Stuttgart 1999 f.
Das Oxford-Lexikon der Weltreligionen, hg. von John Bowker, übersetzt
und bearbeitet von Karl-Heinz Golzio, Düsseldorf/Darmstadt 1999.
Fritz Stolz, Grundzüge der Religionswissenschaft, Göttingen 2. Aufl. 1997.

10 Theologische Zeitschriften (Auswahl)

Concilium. Internationale Zeitschrift für Theologie (Mainz)
Diakonia. Internationale Zeitschrift für die Praxis der Kirche
(Freiburg/Mainz)
Evangelische Kommentare (EK). Monatsschrift zum Zeitgeschehen in
Kirche und Gesellschaft (Stuttgart)
Evangelische Theologie (EvTh) (Gütersloh)
Herder Korrespondenz (HK). Monatshefte für Gesellschaft und Religion
(Freiburg/Br.)
Internationale Zeitschriftenschau für Bibelwissenschaft und Grenzgebiete
(IZBG) (= International Review of Biblical Studies) (Düsseldorf)
Junge Kirche (JK) (Dortmund)
Katechetische Blätter (KatBl). Zeitschrift für Religionsunterricht,
Gemeindekatechese, Kirchliche Jugendarbeit (München)
Lutherische Monatshefte (LM). Ökumenische Korrespondenz. Kirche im
Dialog mit Kultur, Wissenschaft und Politik (Hannover)
Pastoraltheologie (PTh). Monatsschrift für Wissenschaft und Praxis in
Kirche und Gesellschaft (Göttingen)
Publik-Forum. Zeitung kritischer Christen (Oberursel)

Schlangenbrut. Streitschrift für feministisch und religiös interessierte
Frauen (Münster)
Stimmen der Zeit (Freiburg/Br.)
Theologische Literaturzeitung (ThLZ). Monatsschrift für das gesamte
Gebiet der Theologie und Religionswissenschaft (Leipzig)
Theologische Revue (ThRv) (Münster)
Verkündigung und Forschung (VF) (München)
Zeitschrift für Evangelische Ethik (ZEE). Studien, Kommentare,
Dokumente (Gütersloh)
Zeitschrift für Pädagogik und Theologie. Der evangelische Erzieher (ZPT)
(Frankfurt/M.)
Zeitschrift für Theologie und Kirche (ZThK) (Tübingen)

11 Studienorte (Hochschulen) und Studienmöglichkeiten
1. Evangelische Theologie
Abkürzungen

BL	Bundesland (Aufschlüsselung s. u.)
LP	Lehramt in der Primarstufe
LS I	Lehramt in der Sekundarstufe I
LS II	Lehramt in der Sekundarstufe II
LGr	Lehramt an Grundschulen
LGrH	Lehramt an Grund- und Hauptschulen
LH	Lehramt an Hauptschulen
LHR	Lehramt an Haupt- und Realschulen
LR	Lehramt an Realschulen
LG	Lehramt an Gymnasien
S	Lehramt an Sonderschulen
LB	Lehramt an berufsbildenden Schulen
M	Magister
Th/Ki	1. Theologische Prüfung oder Kirchliche Abschlussprüfung
D/F	Diplom oder Fakultätsexamen

Schlüssel der Bundesländer-Abkürzungen:

BW	Baden-Württemberg
B	Bayern
Be	Berlin
Br	Bremen
Ha	Hamburg
H	Hessen
MV	Mecklenburg-Vorpommern
Nie	Niedersachsen

NW	Nordrhein-Westfalen
RhP	Rheinland-Pfalz
Saa	Saarland
S	Sachsen
SAn	Sachsen-Anhalt
SH	Schleswig-Holstein
T	Thüringen

Anmerkung

Die Bezeichnung der Studiengänge in den einzelnen Bundesländern variiert leicht, so heißt der hier mit Sek I gekennzeichnete Studiengang in Hamburg ‹Lehramt an der Grund- und Mittelstufe›. In Sachsen heißt das hier verwendete Kürzel LR ‹Lehramt an Mittelschulen›, in Sachsen-Anhalt steht LHR für ‹Lehramt an Sekundarschulen›, in Thüringen steht das Kürzel LHR für ‹Lehramt an Regelschulen›.

Stand der Tabelle: Winter-Semester 1999/2000.

Hochschule	BL	LP	LS I	LS II	LGr	LGrH	LH	LHR	LR	LG	S	LB	M	Th/Ki	D/F
Rheinisch-Westfälische Technische Hochschule Aachen	NW			●											
Universität Augsburg	B				●		●		●	●			●[2]	●	
Otto-Friedrich-Universität Bamberg	B				●		●		●	●		●	●		
Universität Bayreuth	B				●		●		●				●		
Freie Universität Berlin	Be												●		
Humboldt-Universität zu Berlin	Be			●				●		●			●[4]	●	●
Kirchliche Hochschule Bethel	NW	●											●	●	
Universität Bielefeld	NW	●		●[2]									●[2]	●	
Ruhr-Universität Bochum	NW			●									●	●[2]	
Rheinische Friedrich-Wilhelms-Universität Bonn	NW			●									●	●[2]	
Technische Universität Carolo-Wilhelmina zu Braunschweig	Nie				●[3]			●[3]							
Universität Bremen	Br	●	●	●											
Technische Hochschule Darmstadt	H	●	●									●	●[2]		
Universität Dortmund	NW	●	●	●								●	●		
Technische Universität Dresden	S		●	●	●							●	●		
Gerhard-Mercator-Universität-Gesamthochschule Duisburg	NW		●	●	●							●[1]	●[2]		
Pädagogische Hochschule Erfurt	T				●			●					●		●
Friedrich-Alexander-Universität Erlangen-Nürnberg	B				●		●	●	●	●			●	●	●
Universität-Gesamthochschule Essen	NW	●	●												
Bildungswissenschaftliche Hochschule Flensburg, Universität	SH					●									
Johann Wolfgang Goethe-Universität Frankfurt am Main	H				●	●		●	●	●	●		●	●	●
Pädagogische Hochschule Freiburg	BW					●			●	●					●
Theologische Hochschule Friedensau	RhP										●		●		●
Justus-Liebig-Universität Gießen	H							●		●	●		●	●	●
Georg-August-Universität Göttingen	Nie				●				●	●		●	●	●	●
Ernst-Moritz-Arndt-Universität Greifswald	MV				●[3]			●[3]		●	●		●[2]	●	●
Martin-Luther-Universität Halle-Wittenberg	SAn				●			● ●		●			●	●	●
Universität Hamburg	Ha		●									●	●	●	●
Universität Hannover	Nie				●[3]			●[3]	●				●[2]		
Pädagogische Hochschule Heidelberg	BW					●			●	●			●[4]	●	●
Ruprecht-Karls-Universität Heidelberg	BW				●[3]			●[3]		●					
Universität Hildesheim	Nie							●		●			●		
Friedrich-Schiller-Universität Jena	T									●					●
Pädagogische Hochschule Karlsruhe	BW					●									

Hochschule	BL	LP	LS I	LS II	LGr	LGrH	LH	LHR	LR	LG	S	LB	M	Th/Ki	D/F
Universität-Gesamthochschule Kassel	H				•			•	•	•					
Christian-Albrechts-Universität zu Kiel	SH										•[5]			•	•
Universität Koblenz-Landau	RhP					•					•	•	•	•	
Universität zu Köln	NW	•		•									•		•
Universität Leipzig	S	•			•								•		•
Pädagogische Hochschule Ludwigsburg	BW					•				•					
Universität Lüneburg	Nie				•[3]			•[3]							
Johannes-Gutenberg-Universität Mainz	RhP								•	•	•	•	•	•	•
Philipps-Universität Marburg	H				•		•		•	•	•	•	•[6]	•	•
Ludwig-Maximilians-Universität München	B	•		•	•		•		•		•		•	•	•
Westfälische Wilhelms-Universität Münster	NW	•		•									•	•	•
Augustana Hochschule Neuendettelsau	B													•	
Lutherische Theologische Hochschule Oberursel	H													•	
Carl von Ossietzky-Universität Oldenburg	Nie				•[3]			•[3]	•	•	•	•	•		
Universität Osnabrück	Nie			•	•[3]			•[3]	•	•		•	•		
Universität-Gesamthochschule Paderborn	NW	•					•	•					•		
Universität Regensburg	B				•		•	•	•	•			•		
Universität Rostock	MV						•[7]		•[7]	•[7]			•		
Universität des Saarlandes	Saa					•							•		•
Pädagogische Hochschule Schwäbisch-Gmünd	BW	•	•										•[2]		
Universität-Gesamthochschule Siegen	NW	•		•									•		
Eberhard-Karls-Universität Tübingen	BW	•							•				•	•	•
Pädagogische Hochschule Weingarten	BW					•			•						
Kirchliche Hochschule Wuppertal	NW			•									•	•	
Bergische Universität-Gesamthochschule Wuppertal	NW	•	•	•									•[2]		
Bayerische Julius-Maximilians-Universität Würzburg	B				•		•		•	•	•		•		

1 nur als Zweitfach
2 nur als Nebenfach
3 in Niedersachsen gibt es die Möglichkeit des Studiums für Grund-, Haupt- und Realschulen mit Schwerpunkt LGr oder Schwerpunkt LHR
4 nur als zweites Hauptfach oder Nebenfach, in Heidelberg auch als Monostudiengang
5 an der FH Kiel
6 nur als Hauptfach
7 in Verbindung mit Lehramt für Gesamtschulen

2. Katholische Theologie

Abkürzungen:

BL   Bundesland (Aufschlüsselung s. u.)

Es werden nur die grundständigen Studiengänge angeführt, also nicht die Möglichkeiten zur Promotion oder zum Lizenziat.

GS/PS	Lehramt Grundschule bzw. Primarstufe
GS/HS	Lehramt Grund- und Hauptschule
HS/RS/SI	Lehramt Hauptschule und/oder Realschule bzw. SI
Gymn/SII	Lehramt Gymnasium bzw. SII
S	Lehramt an Sonderschulen
BS	Lehramt an Berufsbildenden Schulen bzw. SIIB
Mag	Magister (in der Regel im Nebenfach)
D/KiP	Diplom oder Kirchliche Prüfung
FH	Diplom an der Fachhochschule

Schlüssel der Bundesländer-Abkürzungen:

BW	Baden-Württemberg
B	Bayern
Be	Berlin
Br	Bremen
Ha	Hamburg
H	Hessen
MV	Mecklenburg-Vorpommern
Nie	Niedersachsen
NW	Nordrhein-Westfalen
RhP	Rheinland-Pfalz
Saa	Saarland
S	Sachsen
SAn	Sachsen-Anhalt
SH	Schleswig-Holstein
T	Thüringen

Stand der Tabelle: Winter-Semester 1998/1999

Hochschule	BL	GS/P	GS/HS	HS/RS/SI	Gymn/SII	S	BS	Mag	D/KiP	FH
Rheinisch-Westfälische Technische Hochschule Aachen	NW							•		
Universität Augsburg	B	•		•	•		•	•	•	
Otto-Friedrich-Universität Bamberg	B	•		•	•		•	•	•	
Universität Bayreuth	B	•						•	•	
Philosophisch-Theologische Hochschule Benediktbeuern	B								•	
Freie Universität Berlin	Be			•	•			•		
Universität Bielefeld	NW	•		•				•	•	
Ruhr-Universität Bochum	NW			•	•			•	•	
Rheinische Friedrich-Wilhelms-Universität Bonn	NW				•			•		
Technische Hochschule Darmstadt	H						•	•		
Universität Dortmund	NW	•		•		•		•	•	
Technische Universität Dresden	S	•		•	•			•	•	
Katholische Universität Eichstätt	B	•		•	•			•		
Katholische Fachhochschule Eichstätt	B									•
Philosophisch-theologisches Studium Erfurt	T	•		•	•					
Friedrich-Alexander-Universität Erlangen-Nürnberg	B	•								
Universität-Gesamthochschule Essen	NW	•		•						
Phil.-Theol. Hochschule St. Georgen Frankfurt am Main	H	•								
Johann Wolfgang Goethe-Universität Frankfurt am Main	H			•	•	•		•	•	
Albert-Ludwigs-Universität Freiburg	BW			•	•			•	•	
Pädagogische Hochschule Freiburg	BW		•							
Kath. Fachhochschule Freiburg	BW									•
Theologische Fakultät Fulda	H								•	
Justus-Liebig-Universität Gießen	H	•		•	•	•		•	•	
Universität Hannover	Nie		•	•	•	•	•	•		
Pädagogische Hochschule Heidelberg	BW		•	•		•		•		
Universität Hildesheim	Nie		•	•	•	•				
Pädagogische Hochschule Karlsruhe	BW		•	•						
Universität-Gesamthochschule Kassel	H	•		•	•					
Christian-Albrechts-Universität zu Kiel	SH		•	•		•				

Hochschule	BL	GS/P	GS/HS	HS/RS/SI	Gymn/SII	S	BS	Mag	D/KiP	FH
Universität Koblenz-Landau	RhP		●	●		●	●	●		
Universität zu Köln	NW	●		●	●	●	●	●		
Pädagogische Hochschule Ludwigsburg	BW		●			●				
Johannes-Gutenberg-Universität Mainz	RhP				●				●	
Kath. Fachhochschule Mainz	PhP									●
Philipps-Universität Marburg	H	●						●		
Ludwig-Maximilians-Universität München	B	●		●	●		●	●	●	
Westfälische Wilhelms-Universität Münster	NW	●		●	●				●	
Phil.-theol. Hochschule Münster	NW								●	
Universität Osnabrück	Nie	●		●	●		●	●		
Universität-Gesamthochschule Paderborn	NW	●		●	●		●			
Theologische Fakultät Paderborn	NW								●	
Kath. Fachhochschule NW Abt. Paderborn	NW									●
Universität Passau	B	●		●	●			●	●	
Universität Regensburg	B	●		●	●			●		
Universität des Saarlandes Saarbrücken	Saa		●				●	●		
Phil.-theol. Hochschule St. Augustin	NW		●						●	
Pädagogische Hochschule Schwäbisch-Gmünd	BW	●				●				
Universität-Gesamthochschule Siegen	NW			●	●		●	●		
Universität Trier	RhP	●		●	●			●	●	
Theologische Fakultät Trier	RhP			●	●			●	●	
Eberhard-Karls-Universität Tübingen	BW				●			●	●	
Theologische Hochschule Vallendar	RhP							●	●	
Universität Vechta	Nie	●		●	●		●	●		
Pädagogische Hochschule Weingarten	BW		●					●		
Bergische Universität-Gesamthochschule Wuppertal	NW	●						●		
Bayerische Julius-Maximilians-Universität Würzburg	B	●		●	●	●		●	●	

12 Verwendete Literatur

Adorno, Th.W., Einleitung, in: ders. u.a., Der Positivismusstreit in der deutschen Soziologie, Neuwied 1972.

Albertz, R., Religionsgeschichte Israels in alttestamentlicher Zeit, 2 Bde., Göttingen 2. Aufl. 1996.

Arens, E., Ist Theologie Luxus?, in: Orientierung 63 (1999), 81–84.

Ders. (Hg.), Gottesrede – Glaubenspraxis. Perspektiven theologischer Handlungstheorie, Darmstadt 1994.

Barth, H.-M., Einander Priester sein. Allgemeines Priestertum in ökumenischer Perspektive, Göttingen 1990.

Barth, K., Fides quaerens intellectum. Anselms Beweis der Existenz Gottes im Zusammenhang seines theologischen Programms (1931), in: Karl Barth Gesamtausgabe II, Akademische Werke, Zürich 1981.

Blasberg-Kuhnke, M., Lebenswirklichkeit und Glaubenssituation junger Erwachsener als Herausforderung an praktisch-theologische Ausbildung und pastorale Praxis, in: Schifferle, A. (Hg.), Verantwortung und Freiheit, Fribourg 1990, 413–428.

Dies., Theologie studieren als Praxis, in: Religionspädagogische Beiträge 39/1997, 3–18.

Brecht, B., Kalendergeschichten, Reinbek 1953 (= Gesammelte Werke 12, Frankfurt/M. 1967).

Brief des Deutschen-Katecheten-Vereins an alle, die nach der Missio canonica fragen, um katholischen Religionsunterricht erteilen, in: Katechetische Blätter 120 (1995), 445–449.

Brooten, B., Junia – hervorragend unter den Aposteln, in: Moltmann-Wendel, E. (Hg.), Frauenbefreiung. Biblische und theologische Argumente, München 4. Aufl. 1986, 148–151.

Browning, D.S., A Fundamental Practical Theology, Minneapolis 1991.

Buber, M., Gottesfinsternis, Gerlingen 2. Aufl. 1994.

Bucher, A.A., Einführung in die empirische Sozialwissenschaft. Ein Arbeitsbuch für TheologInnen, Stuttgart 1994.

Ders./Arzt, S., Vom Katecheten zur Religionspädagogin. Eine empirische Untersuchung über die Studienmotive, die religiöse Sozialisation und die Studienerwartung von jungen TheologInnen, in: Religionspädagogische Beiträge 42/1999, 19–47.

Bultmann, R., Neues Testament und Mythologie. Das Problem der Entmythologisierung der neutestamentlichen Verkündigung (1941), in: Jüngel, E. (Hg.), Offenbarung und Heilsgeschehen, München 1988.

Ders./Jaspers, K., Die Frage der Entmythologisierung, München 1954.

Burke, P., Helden, Schurken und Narren. Europäische Volkskultur in der frühen Neuzeit, Stuttgart 1981.

Butler, J., Das Unbehagen der Geschlechter, Frankfurt/M. 1991.

Conzelmann, H., Die Mitte der Zeit, Tübingen 1954.

Die dogmatische Konstitution über die Kirche «Lumen Gentium», in: Rahner, K./Vorgrimler, H., Kleines Konzilskompendium, Freiburg/Br. 1966 (seitdem mehrfache Auflagen), 105–200.

Douglas, M., Ritual, Tabu und Körpersymbolik. Sozialanthropologische Studien in Industriegesellschaft und Stammeskultur (1970), Frankfurt/M. 1986.

Drey, J.S., Kurze Einleitung in das Studium der Theologie mit Rücksicht auf den wissenschaftlichen Standpunkt und das katholische System, Tübingen 1819.

Duby, G., Die drei Ordnungen. Das Weltbild des Feudalismus, Frankfurt/M. 1986.

Durkheim, E., Die elementaren Formen des religiösen Lebens (1912), Frankfurt/M.1981.

Ebeling, G., Die Bedeutung der historisch-kritischen Methode für die protestantische Theologie und Kirche, in: ZThK 47 (1950), 1–46.

Eicher, P., Neuzeitliche Theologien. A. Die katholische Theologie, in: ders. (Hg.), Neues Handbuch theologischer Grundbegriffe. Erweiterte Neuausgabe, Bd. 4, München 1991, 7–47.

Engels, D., Religiosität im Theologiestudium, Stuttgart u. a. 1990.

Erhart, H., «Darum wagt es, Schwestern …» Zur Geschichte evangelischer Theologinnen in Deutschland, Neukirchen-Vluyn 1994.

Erikson, E.H., Identität und Lebenszyklus, Frankfurt/M. 8. Aufl. 1980.

Ders., Der vollständige Lebenszyklus, Frankfurt/M. 1988.

Fenger, A.-L., Geschichte des christlichen Mönchtums, in: Informationen für Religionslehrerinnen und Religionslehrer, Bistum Limburg, 2/1997, 2 ff.; 3/1997, 25 ff.

Fornet-Betancourt, R. (Hg.), Befreiungstheologie: Kritischer Rückblick und Perspektiven für die Zukunft, Bd. 3: Die Rezeption im deutschsprachigen Raum, Mainz 1997.

Fowler, J.W., Stufen des Glaubens. Die Psychologie der menschlichen Entwicklung und die Suche nach Sinn, Gütersloh 1991.

Frank, K.S., Geschichte des christlichen Mönchtums, Darmstadt 5. Aufl. 1996.

Friesl, Chr., TheologiestudentInnen '93. Identität und Beruf, Wien 1993.

Fürst, W., Praktisch-theologische Urteilskraft, Zürich-Einsiedeln-Köln 1986.

Gemeinsame Erklärung zur Rechtfertigungslehre, Frankfurt/Paderborn 1999.

Graff, P., Geschichte der Auflösung der alten gottesdienstlichen Formen in der evangelischen Kirche Deutschlands bis zum Eintritt der Aufklärung und des Rationalismus, Göttingen 1921.

Grundmann, H., Religiöse Bewegungen des Mittelalter, Berlin 1935.

Gutiérrez, G., Theologie der Befreiung (1972), Mainz 10. Aufl. 1992.

Ders., Praxis de liberación, Madrid 1974.

Gutmann, H.-M., Homiletik als Lehre vom Predigen, in: Pastoraltheologie 85 (1996), 442–456.

Habermas, J., Theorie des kommunikativen Handelns, 2 Bde., Frankfurt/M. 1981.

Hünermann, P., Gott – ein Fremder in unserem Haus, Freiburg/Br. 1996.

Jeanrond, W.G., Zwischen Praxis und Theorie: Theologie in der Orientierungskrise, in: Concilium 28 (1992), 486–490.

Josuttis, M., Der Pfarrer ist anders. Aspekte einer zeitgenössischen Pastoraltheologie, München 1982.

Ders., Der Weg in das Leben, München 1991.

Kähler, M., Der sogenannte historische Jesus und der geschichtliche biblische Christus (1892), hg. von Wolf, E. (ThB 2), München 1953.

Kirchenamt der EKD (Hg.), Was jeder vom Islam wissen muss. Gütersloh 3. Aufl. 1991.

Klein, St., Theologie im Kontext der Lebensgeschichte, in: Diakonia 26 (1995), 30–36.

Kogon, E./Metz, J.B. (Hg.), Gott nach Auschwitz, Freiburg/Br. 1979.

Küng, H., Das Christentum, München 1994 (Taschenbuch 1999).

Küng, H./Tracy, D. (Hg.), Das neue Paradigma von Theologie. Strukturen und Dimensionen, Zürich/Gütersloh 1986.

Künzli, A., Gotteskrise, Reinbek 1998.

Kuhlmann, H., Die Unselbstverständlichkeit des christlichen Glaubens – eine Chance für die Theologie an der Universität?, in: Pastoraltheologie 87 (1998), 518–533.

Kuhlmann, H. (Hg.), «Und drinnen waltet die züchtige Hausfrau». Zur Ethik der Geschlechterdifferenz, Gütersloh 1995.

Lambert, M., Ketzerei im Mittelalter. Häresien von Bogumil bis Hus, München 1981.

Lang, B., Heiliges Spiel. Eine Geschichte des christlichen Gottesdienstes, München 1998.

Lange, E., Die Schwierigkeit, Pfarrer zu sein. In: ders., Predigen als Beruf.

Aufsätze zu Homiletik, Liturgie und Pfarramt, München 2. Aufl. 1987, 142–166.

Leinsle, U.G., Einführung in die scholastische Theologie, Paderborn u. a. 1995.

Lohmann, I./Weiße, W. (Hg.), Dialog zwischen den Kulturen. Erziehungshistorische und religionspädagogische Gesichtspunkte interkultureller Bildung, Münster u. a. 1994.

Lohse, B., Askese und Mönchtum in der Antike und in der alten Kirche, München/Wien 1969.

Luther, M., Traktat von der christlichen Freiheit (1520), Weimarer Ausgabe 7, 49–73.

Mertin, A., Das Internet im Religionsunterricht, Göttingen 2000.

Mette, N./Steinkamp, H., Sozialwissenschaften und Praktische Theologie, Düsseldorf 1983.

Metz, J.B., Gott. Wider den Mythos von der Ewigkeit der Zeit, in: Peters, T.R./Urban, C. (Hg.), Ende der Zeit? Die Provokation der Rede von Gott, Mainz 1999, 32–49.

Ders., Theologie als Biographie, in: Concilium 12 (1976), 311–315.

Möller, B., Geschichte des Christentums in Grundzügen, Göttingen 2. Aufl. 1979.

Möller, Chr., Seelsorgerlich predigen, Göttingen 1983.

Müller, J., Der pastoraltheologisch-didaktische Ansatz in Franz Stephan Rautenstrauchs «Entwurf zur Einrichtung der theologischen Schulen», Wien 1969.

Nethöfel, W./Tiedemann, P., Internet für Theologen, Darmstadt 1999.

Orth, G. (Hg.), Dem bewohnbaren Erdkreis Schalom. Beiträge zu einer Zwischenbilanz ökumenischen Lernens, Münster o. J.

Otto, G., Curricula für das Studium der Praktischen Theologie?, in: Klostermann, F./Zerfaß, R. (Hg.), Praktische Theologie heute, München-Mainz 1974, 567–585.

Pannenberg, W., Wissenschaftstheorie und Theologie, Frankfurt/M. 1973.

Perlitt, L., Bundestheologie im Alten Testament, Neukirchen-Vluyn 1969.

Peukert, H., Kontingenzerfahrung und Identitätsfindung. Bemerkungen zu einer Theorie der Religion und zur Analytik religiös dimensionierter Lernprozesse, in: Blank, J./Hasenhüttl, G. (Hg.), Erfahrung, Glaube und Moral, Düsseldorf 1982, 76–102.

Ders., Pädagogik, in: LThK 3. Aufl. VII (Freiburg/Br. 1998), 1257–1264.

Ders., H., Was ist eine praktische Wissenschaft?, in: Fuchs, O. (Hg.), Theologie und Handeln, Düsseldorf 1984, 64–79.

Piepel, K., Lerngemeinschaft Weltkirche, Aachen 1992.

Pithan, A. (Hg.), Religionspädagoginnen des 20. Jahrhunderts, Göttingen 1997.

Pröpper, Th., Erlösungsglaube und Freiheitsgeschichte. Eine Skizze zur Soteriologie, München 2. Aufl. 1988.

Ouaknin, M.-A., Das verbrannte Buch. Den Talmud lesen, Berlin 1990.

Rahner, K. Erfahrungen eines katholischen Theologen, in: Lehmann, K. (Hg.), Vor dem Geheimnis Gottes den Menschen verstehen, Freiburg/Br. 1984, 105 – 119.

Runciman, S., Häresie und Christentum. Der mittelalterliche Manichäismus (1947), München 1988.

Schleiermacher, F.D.E., Der christliche Glaube nach den Grundsätzen der Evangelischen Kirche im Zusammenhange dargestellt, Bd. 1, hg. von M. Redeker, Berlin 7. Aufl. 1960.

Ders., Kurze Darstellung des theologischen Studiums zum Behuf einleitender Vorlesungen. Kritische Ausgabe, hg. von H. Scholz, Hildesheim 1977.

Ders., Theorie der Erziehung. Die Vorlesungen aus dem Jahre 1826, in: Lichtenstein, E. (Hg.), Schleiermacher, F.D.E., Ausgewählte pädagogische Schriften, Paderborn 2. Aufl. 1964, 36 ff.

Schmitthenner, U., Der konziliare Prozess. Gemeinsam für Gerechtigkeit, Frieden und Bewahrung der Schöpfung. Ein Kompendium, Idstein 1998.

Schottroff, L./Stegemann, W., Jesus von Nazareth, Hoffnung der Armen, Stuttgart 1978.

Schottroff, L. (Hg.), Kompendium Feministischer Bibelauslegung, Gütersloh 1998.

Schülein, J.A., Selbstbetroffenheit. Über die Aneignung und Vermittlung sozialwissenschaftlicher Kompetenz, Frankfurt/M. 1977.

Siemann, J., Artikel Fernstudium Religionspädagogik, in: Mette, N./Rickers, F. (Hg.), Lexikon der Religionspädagogik, Neukirchen-Vluyn 2000.

Stuhlmacher, P., Wie treibt man Biblische Theologie? (Biblisch-theologische Studien 24), Neukirchen-Vluyn 1995.

Synodenbeschluss «Kirche und Arbeiterschaft», in: Bertsch, L. u. a. (Hg.), Gemeinsame Synode der Bistümer in der Bundesrepublik Deutschland, Bd. 1, Freiburg/Br. 1976, 321 – 364.

Synodenbeschluss: Der Religionsunterricht in der Schule, in: ebd., 123 – 152.

Synodenbeschluss «Unsere Hoffnung», in: ebd., 84 – 111.

Tylor, E.B., The Origins of Culture (1871), New York/Rom 1958.

Unser Glaube. Die Bekenntnisschriften der evangelisch-lutherischen Kirche. Ausgabe für die Gemeinde, Gütersloh 1986.

van der Ven, J.A., Entwurf einer empirischen Theologie, Kampen/Weinheim 1990.

Vielhauer, Ph., Geschichte der urchristlichen Literatur. Einleitung in das Neue Testament, die Apokryphen und die apostolischen Väter, Berlin/New York 1975.

Waldenfels, B., Sinnesschwellen. Studien zur Phänomenologie des Fremden 3, Frankfurt/M. 1999.

Weinrich, M., Theologie und Biographie. Zum Verhältnis von Lehre und Leben, Wuppertal 1999.

Wellhausen, J., Prolegomena zur Geschichte Israels, Berlin 4. Aufl. 1895.

Wengst, K., Christologische Formeln und Lieder im Urchristentum, Gütersloh 1972.

Werbick, J., Glaube im Kontext, Zürich u. a. 1983.

Ders., Glaubenlernen aus Erfahrung, München 1989.

Whitehead, A.N., Wie entsteht Religion? (1926), Frankfurt/M. 1990.

Wiederkehr, D. (Hg.), Der Glaubenssinn des Gottesvolkes – Konkurrent oder Partner des Lehramtes?, Freiburg/Br. 1994.

Wittgenstein, L., Tagebücher 1914–1916, in: ders., Schriften 1, Frankfurt/M. 1960, 85–277.

Zerfaß, R., Die Kompetenz des Verkündigers und ihr christliches Fundament, in: Pastoraltheologische Informationen, Folge 8, Frankfurt/M. 1979, 38–56.

rowohlts enzyklopädie

Orientierung – was sie kann, was sie will

Ansgar Nünning/Andreas H. Jucker
Anglistik/Amerikanistik (55614)

Johannes Bergemann
Archäologie (55612)

Dieter Lenzen
Erziehungswissenschaft (55605)

Ralf Schnell
Germanistik (55609)

Siegfried J. Schmidt/Guido Zurstiege
Kommunikationswissenschaft (55618)

Hartmut Böhme/Peter Matussek/Lothar Müller
Kulturwissenschaft (55608)

Manfred Geier
Linguistik (55602)

Helmut Rösing/Peter Petersen
Musikwissenschaft (55619)

Ferdinand Fellmann
Philosophie (55601)

Helmut König
Politikwissenschaft (55611)

Siegfried Grubitzsch/Petra Muckel
Psychologie (55610)

Albert Gier
Romanistik (55607)

Hans-Martin Gutmann/Norbert Mette
Theologie (55613)

10/2000